#ESP10140

O próximo minuto

CB078798

0

PRÓXIMO

MINUTO

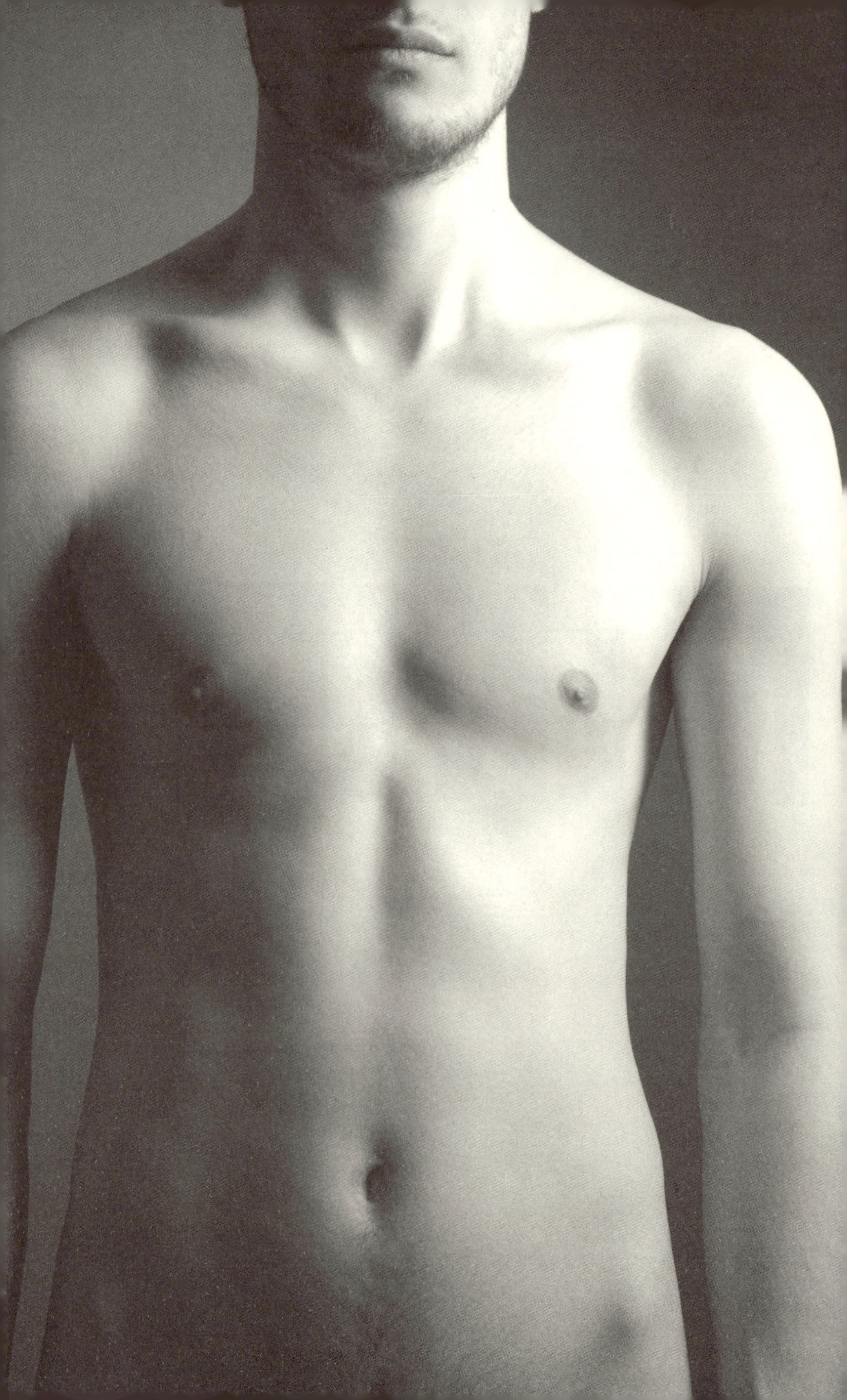

1ª edição | novembro de 2012 | 10.000 exemplares

Copyright © 2012 Casa dos Espíritos

Casa dos Espíritos Editora
Rua Floriano Peixoto, 438
Contagem | MG | 32140-580 | Brasil
Tel./Fax: +55 (31) 3304-8300
editora@casadosespiritos.com
www.casadosespiritos.com

EDIÇÃO, PREPARAÇÃO E NOTAS
Leonardo Möller

CAPA, PROJETO GRÁFICO E EDITORAÇÃO
Andrei Polessi | Audaz

REVISÃO
Laura Martins

FOTO DO AUTOR
Douglas Moreira

IMPRESSÃO E ACABAMENTO
EGB

FSC

Dados Internacionais de Catalogação na Publicação (CIP)
(Câmara Brasileira do Livro, SP, Brasil)

Inácio, Ângelo (Espírito).
O próximo minuto / pelo espírito Ângelo Inácio ; [psicografado por] Robson Pinheiro. – Contagem, MG : Casa dos Espíritos Editora, 2012.

ISBN 978-85-99818-24-4

1. Espiritismo 2. Psicografia 3. Romance espírita I. Pinheiro, Robson. II. Título.

12-13854 CDD-133.9

Índices para catálogo sistemático:
1. Romance espírita : Espiritismo 133.9

O PRÓXIMO MINUTO

ROBSON PINHEIRO

PELO ESPÍRITO ÂNGELO INÁCIO

casadosespíritos

Os direitos autorais desta obra foram cedidos gratuitamente pelo médium Robson Pinheiro à Casa dos Espíritos Editora, que é parceira da Sociedade Espírita Everilda Batista, instituição de ação social e promoção humana, sem fins lucrativos.

Compre em vez de copiar. Cada real que você dá por um livro espírita viabiliza as obras sociais e a divulgação da doutrina, às quais são destinados os direitos autorais; possibilita mais qualidade na publicação de outras obras sobre o assunto; e paga aos livreiros por estocar e levar até você livros para seu crescimento cultural e espiritual. Além disso, contribui para a geração de empregos, impostos e, consequentemente, bem-estar social. Por outro lado, cada real que você dá pela fotocópia ou cópia eletrônica não autorizada de um livro financia um crime e ajuda a matar a produção intelectual.

Nesta obra respeitou-se o Acordo Ortográfico da Língua Portuguesa (1990), ratificado em 2008.

Sumário

O próximo minuto
pelo espírito Ângelo Inácio, 17

1
Um deus grego vindo de Nova Iorque, 20

2
Um dia qualquer, 3h31 da madrugada, 48

3
Entremeios, 88

4
3h32 da madrugada da vida, 116

5
Na dimensão mental, 154

6
Que é preciso para ser homem?, 188

7
Enfrentando os traumas, 222

8
Sombras, paisagens e imagens soturnas, 246

9
Saindo do armário, do maia, da ilusão, 284

10
Despertamento, 304

11
O filho pródigo, 332

12
O despertar de duas vidas, 374

13
Renascido para amar, 398

14
3h33 da madrugada, 434

Referências bibliográficas, 473

O próximo minuto

pelo espírito Ângelo Inácio

O próximo minuto de sua vida pode ser o resto de sua vida. Um minuto apenas e muita coisa pode mudar no mundo; muitas decisões tomadas e muitos fenômenos ocorrem no planeta em apenas 60 segundos. É apenas um minuto, mas esse tempo pode ser longo se você estiver atrasado para pegar um avião, ônibus ou trem. E é muito importante e delicado, caso você o perca. Em um minuto, muitos problemas podem ser evitados, e muitos desastres, minimizados.

Para o espírito, para o homem que enfrenta o desafio da morte, o próximo minuto pode representar a salvação, pode significar a total transformação de sua vida, seus conceitos e sua visão do mundo. Trata-se apenas de um minuto, mas a eternidade é feita de minutos e segundos. E cada um deles pode ser marcante para o resto de sua vida, de cada vida no mundo.

O tempo não espera ninguém, mas a percepção do tempo depende, e muito, da necessidade ou da eventual urgência que você tem, bem como da importância que você atribui a cada um dos fatos que constitui sua vida.

Em um minuto, mais de 12 bilhões de litros de água são despejados no oceano apenas pelo Rio Amazonas. Num único minuto, a atmosfera descarrega cerca de 7 mil relâmpagos sobre o planeta. Milhões de litros de água descem pelas Cataratas do Iguaçu neste minuto em que lê esta página.

Mas o que pode representar um minuto em sua vida? Como seria um minuto para você, caso estivesse no último momento de sua existência? Como você encararia um minuto, caso pudesse evitar a morte de uma pessoa – a sua, por exemplo – ou a de sua mãe, de seu filho; de alguém a quem ama, afinal?

Qual o valor de um minuto?

Em um minuto, pode-se modificar para sempre a rota de uma vida e definir-se o futuro de um ou de muitos; e o destino do mundo, quem sabe, em um minuto poderia ser decidido, apenas com o apertar de um botão.

O valor do minuto ou do próximo minuto depende muito da situação pessoal, da urgência que se tem, da maneira de se viver; enfim, daquilo que é importante para cada um. No próximo minuto, tudo pode ser diferente para você, para mim, para o mundo.

Então, caro leitor, aproveite bem seu próximo minuto, porque, depois dele, você nunca mais será o mesmo.

Ângelo Inácio
Belo Horizonte, 2 de novembro de 2012.

1

UM DEUS GREGO VINDO DE NOVA IORQUE

O avião sobrevoou a Cidade Maravilhosa, preparando-se para o pouso. Embaixo, o Cristo Redentor rapidamente deslizava à esquerda da aeronave enquanto o Pão de Açúcar preenchia a paisagem, emoldurando a Baía de Guanabara, entre tantos outros pontos turísticos que preservavam a beleza da paisagem carioca. O contraste das favelas podia ser visto logo em seguida, enquanto se realizava a aproximação. Assim que recebeu a autorização para pousar, o piloto conduziu a aeronave em direção à pista do Aeroporto Internacional Antônio Carlos Jobim ou, simplesmente, Galeão.

Ralph estava feliz em retornar ao Brasil, esta terra encantada. O clima tropical era um capítulo à parte, pois ele delirava diante do calor – do ambiente e da gente fogosa, que sabia muito bem arrancar samba do pé e fazer carnaval mesmo diante das mais sérias dificuldades sociais e econômicas. Medindo 1,87m, magro, elegante e discreto, Ralph era uma figura que impressionava quem o visse. Sorriso amplo emoldurando a face, estampava na fisionomia um misto de sedução e sensualidade pouco disfarçados por sua alegria contagiante. Estava com saudades do Brasil, da família e de alguns amigos que fizera nessa terra maravilhosa. Esperava ficar mais tempo desta vez.

Enquanto o avião taxiava, emoções fortes pareciam aflorar; Ralph, por um momento, pareceu vacilar, sem saber ao certo o que se passava em seu íntimo. Um sentimento estranho tentava irromper da alma e emergir em meio à alegria de rever amigos e familiares. Lágrimas quase vinham à tona, mas Ralph se conteve assim que o comissário de bordo anunciou a chegada e deu as boas-vindas aos passageiros. O tumulto no interior da aeronave começava, quando a maioria dos passageiros se preparava para desembarcar. Ralph deixou-se envolver pela situação, permitindo que as emoções se suavizassem diante da iminência do desembarque.

Kelly estava radiante na companhia de Hugo, o irmão machista, porém muito amado. No fundo, ela temia pelo reencontro de Hugo e Ralph, pois da última vez que ele viera ao Brasil, ocorreram discussões e mais discussões entre os dois primos. Contudo, com a interferência da mãe de Kelly e Hugo, as coisas se acalmaram, transformando-se numa espécie de paz armada.

Kelly amava o primo norte-americano e há muito o aguardava. Além do parentesco próximo, os dois haviam desenvolvido uma amizade intensa, de tal modo que Kelly se sentia à vontade para conversar com o primo sobre os problemas pessoais e íntimos. Já Hugo só viera ao aeroporto por insistência de Kelly, que inventou que seu carro apresentava problemas elétricos e, portanto, precisava da ajuda do irmão para buscar Ralph no Galeão.

O aeroporto estava regurgitando de gente naquele horário. Kelly gostaria muito de ter trazido o noivo Dany, a fim de que conhecesse o primo logo em sua chegada. Estava tudo acertado, porém Dany se sentiu indisposto no último momento. Alegava um mal-estar súbito e inexplicável; algo, talvez, puramente emocional. Tudo bem. Kelly resolveu que apresentaria o noivo ao primo na festa surpresa que preparara para ele, juntamente com alguns amigos de Ralph. Seria o momento ideal.

Ainda no aeroporto tentou descontrair Hugo, que se comportava de maneira a deixar clara a sua aversão pelo primo. Aliás, como ele dizia, não tinha nada contra o primo, o que o incomodava era seu comportamento – segundo Hugo, abominável. Depois de muito insistir e de algumas brincadeiras, Kelly conseguiu arrancar um sorriso dos lábios do irmão, o que ajudou a tornar o momento do reencontro um pouco menos tenso.

Ela mal podia esperar pelo primo. Hugo, no fundo, também sentia ciúmes da ligação tão intensa entre Kelly e Ralph. Muitas vezes, chegava em casa e lá estava a irmã ao telefone, falando com o primo de outro continente. As conversas, geralmente, duravam longo tempo. Hugo desejava que a irmã se comportasse com ele da mesma forma como agia com o primo. Havia dentro de Hugo certa decepção e, ao mesmo tempo, ciúmes da amizade que cultivavam a irmã e Ralph. Além disso...

Ralph finalmente apareceu em meio às pessoas que desembarcavam, com o carrinho repleto de bagagem. O sorriso largo, acompanhado da elegância no vestir, chamava a atenção tanto de Kelly quanto de outras pessoas. Hugo não deixou de notar o charme do primo e desejou secretamente ser um pouco mais elegante. Ralph chamava a atenção – isso ele não podia negar.

Quando Hugo e Ralph se encontraram, a tensão se estabeleceu. Kelly, efusiva, abraçou o primo com todo o carinho que poderia expressar em suas atitudes, da forma mais explícita possível. Hugo, por sua vez, quase se sentiu ofendido com o olhar do primo ou – quem sabe? – com a elegância e o charme que o destacavam em meio à gente ali presente.

– Olá, Hugo! – pronunciou o visitante, visivelmente feliz por chegar ao Brasil e encontrar parte da família.

– Você, como sempre, está chamando muita atenção – Hugo resmungou para o primo, numa forma grosseira que evidenciava certa inveja e ciúme da irmã.

– Puxa, primo, não vai me dar um abraço? Eu o incomodo tanto assim? – falou Ralph, aproximando-se para abraçar Hugo, que se sentiu aconchegado nos braços do rapaz.

Enquanto os braços do primo o envolviam, Hugo sentiu-se ao mesmo tempo preenchido e muito inquieto. Decididamente, não queria se expor assim. Acreditava – ou procurava se convencer – que todos olhavam para o primo por saberem que ele era *gay*. Embora Ralph não deixasse transparecer a orientação afetivo-sexual, ao menos não de forma tão nítida e patente, assim mesmo Hugo o via desse modo.

Sabendo Ralph do jeito machista do primo brasileiro e do quanto o incomodava a presença e o jeito tão carismático, decidiu abusar um pouco, olhando para Kelly, que se divertia com o reencontro:

– Puxa, você está um charme, primo! Olhe que, se não fôssemos parentes tão próximos, de repente...

Hugo corou completamente; sentiu o mundo ruir aos seus pés de vergonha. Para ele, era como se todos ao redor tivessem ouvido a conversa – que, a bem da verdade, foi absolutamente discreta – e passassem a encará-lo. Não sabia como se comportar.

Kelly interveio na situação, em meio a um largo sorriso de Ralph, que logo a abraçou. Enquanto se dirigiam ao estacionamento, Hugo fez de tudo para ficar alguns passos atrás, pois não queria ser visto com o primo de maneira alguma. Afinal, ele era um *boiola*, e decididamente não se dava bem com essa gente, conforme pensava e afirmava constantemente à irmã. Contudo, o sentimento que nutria pelo primo não era exatamente de raiva ou aversão. Embora tivesse dificuldade em reconhecer, sentia muito mais ciúmes da proximidade de Ralph com a irmã do que realmente horror ao primo. Aliado a isso, considerava-o secretamente muito bonito para os padrões da sua roda de amigos. E essa beleza o incomodava, pois Ralph chamava a atenção de moças e rapazes, indistintamente. Mesmo conservando uma atitude relativamente discreta, a simples presença do primo deixava-o incomodado sobremaneira. Mas Hugo nem sabia o que realmente o perturbava tanto. Ou sabia? O fato é que se sentia muito incomodado.

Dirigiam-se a Ipanema, onde Kelly e Hugo moravam, quando Ralph confessou aos primos que não se sentiria à vontade no apartamento de ambos, tendo em vista o incômodo evidente do primo. Sabendo disso, antes mesmo de embarcar, reservara um aposento num hotel próximo, e ali se sentiria muito mais à vontade.

Kelly olhou meio de lado para Hugo, como a repreendê-lo, mas compreendeu a atitude de Ralph.

No fundo, Hugo sentia-se aliviado com essa atitude do primo, embora procurasse interpretar a situação de outro modo, pensando:

"Aposto que preferiu ficar no hotel para estar mais à vontade com seus machos... Vergonha para a família! Não quero nem saber o que meus amigos pensariam se o conhecessem. Bem, fica melhor assim, pois aí nenhum dos meus amigos precisará conhecer esse boiola!"

– Que está pensando, tão calado assim, meu irmão? Ficou feliz ao ouvir a notícia de que Ralph não se hospedará conosco?

– Claro que não, Kelly! Você não me conhece direito – Hugo ficou ainda mais incomodado. Temia que seus pensamentos estivessem transparecendo, como que sendo devassados pela irmã e, quem sabe, pelo primo.

Com uma gostosa gargalhada, Ralph não perdia a oportunidade de provocar. No percurso do carro pela Av. Vieira Souto, Ralph comentava elegantemente a respeito dos rapazes que via ao longo do caminho:

– Preciso visitar mais o Brasil... Parece que o pessoal daqui tem uma saúde incrível!

E, abanando-se com as mãos, como a espantar o calor advindo de uma fonte imaginária, não bastasse o calor da Cidade Maravilhosa, complementou:

– Meu Deus! Que calor!... Isso aqui inspira a gente a tirar a roupa, não é, Kelly? Não concebo ficar no Rio com toda esta roupa no corpo.

Kelly riu gostosamente, pois sabia que o comentário tinha por objetivo importunar o irmão.

– Não se preocupe, meu querido primo – acrescentou ela, mordaz. – Em breve você tirará tanto a roupa e tantas vezes que nem se dará conta de que está fazendo todo este calor.

Novas gargalhadas, como se os dois estivessem combinando a participação em alguma balada só para provocar Hugo, que, àquela altura, estava a ponto de gritar de tanta raiva. Sim, o incômodo evoluiu para a raiva, duramente contida. Ainda bem que Kelly se assentara à frente no automóvel, que era conduzido pelo irmão, enquanto Ralph se acomodara no banco de trás. Ele sabia como sua presença era indigesta e, se fosse ao lado de Hugo, talvez a situação se complicasse ainda mais.

Após deixarem o primo no belo hotel em Ipanema, Hugo e Kelly se despediram, prometendo retornar em breve para buscá-lo. Afinal, ainda naquela noite Kelly promoveria um encontro para comemorar a chegada tão esperada de Ralph. Convidara alguns familiares e amigos, inclusive alguns amigos de Hugo, sem que este soubesse.

A noite chegou, e a luz da Lua conferia um toque especial à cobertura do apartamento, que fora preparada para a recepção ao visitante. Com discrição e extremo bom gosto, Kelly se esmerou na decoração do ambiente. Não eram muitos os convidados, porém foram escolhidos a dedo. Com certa vontade de dar uma lição no irmão, que se tornara bastante rude, Kelly fez questão de convidar três amigos dele.

– Você é louca, Kelly! Convidou o Sebastian e aqueles dois?... Eu não queria que conhecessem o boiola do meu primo, de jeito nenhum. E logo o Jean? Ele não tem travas na língua. Pelo amor de Deus, o que você fez? É alguma vingança contra mim?

– Ora, meu irmão – respondeu Kelly, disfarçadamente, enquanto recebia os convidados –, você sabe muito bem que adoro nosso primo. Aliás, nem sei por que sente tanta raiva dele, assim! Vocês eram tão amigos há alguns anos, quando ainda adolescentes... De repente, você se mostra assim, tão inquieto com a presença dele.

– Você está enganada, irmã! Nunca fomos

amigos. Nunca! Ele vinha a nossa casa duas vezes ao ano e não tinha com quem conversar. Eu, por outro lado, tinha segundas intenções: queria aprimorar meu inglês. Só isso; mas nunca fomos amigos, como pensa.

– Você tem é ciúmes, Hugo! Admita. Todos os olhares se voltam para Ralph quando ele passa; mulheres e homens. E isso o incomoda. Como você dá uma de galã e conquistador, mulherengo convicto, não admite que haja alguém que concorra com você e, mais ainda: que as mulheres prefiram ficar ao lado de Ralph, que é *gay*, do que ao lado de quem diz ser hétero...

– Digo, não; eu sou!

– Se é tão bem resolvido assim com sua sexualidade, por que se desconcerta tanto na presença de Ralph? Se tem tanta convicção sobre sua sexualidade, sobre sua orientação afetiva, por que não se deixa levar pelo humor das brincadeiras do nosso primo? Por que se incomoda tanto com o sucesso que ele faz aonde chega?

Sem responder ao comentário da irmã, Hugo apontava a roda de pessoas, amigos e familiares em torno do primo, que parecia se divertir.

– Veja como ele está tentando se passar por macho. Parece até que as mulheres são míopes. Não enxergam direito? Está na cara, pra qualquer um, que ele é bichona. Ou será que elas querem convertê-lo?

– Que é isso, meu irmão? Ralph chegou hoje mesmo de viagem e, afinal, todos estavam esperando por ele, com exceção do Sebastian, do Jean e do Felipe, que ainda não o conheciam. Mas, quanto à conversão, você sabia que quase toda mulher morre de vontade de converter um *gay* e transformá-lo em hétero, né? É quase uma fantasia nossa. Então, todo o charme do nosso primo e a forma como lida com todas nós, mulheres, e que adoramos, não deixam de exercer um fascínio sobre nós. Veja a Bia, por exemplo, está o tempo todo abraçada com ele; não desgruda.

– Ela sabe a respeito dele. Por que está dando em cima assim, descaradamente?

– Ah! O mistério das mulheres, meu irmão... – disse Kelly, suspirando, enquanto preparava um *drink*. – Ou como vocês, homens, diriam: tirar uma casquinha não faz mal a ninguém. Vai que dá certo!

– Que nojo!... Vocês me dão arrepio.

– Que é isso? Olhe como seus *amiguinhos* estão se divertindo na conversa com nosso primo. Vá lá também, senão quem vai dar o que falar é você.

Hugo teve de admitir que sua atitude poderia despertar a atenção dos amigos. Aproximou-se do círculo de pessoas que conversavam com

Ralph. O primo, para zoar com ele, aproveitou o momento e propôs um brinde:

– Quero brindar aos meus primos Hugo e Kelly – todos elevaram as taças de champanhe ao ar, a partir do convite do rapaz. – Aos primos muito queridos, que me receberam com tanto carinho e prepararam esta recepção.

A alegria foi geral. E, para espanto e indignação de Hugo, e para agravar seu ciúme, um dos seus amigos pessoais, Sebastian, adiantando-se a qualquer um que pretendesse algo parecido, ofereceu-se a Ralph:

– Assim que terminarmos, quero lhe mostrar alguns lugares interessantes. Em Ipanema abriu uma balada que vale a pena você conhecer. Serei seu acompanhante nos dias em que estiver aqui.

Kelly olhou discretamente para Hugo, sem se pronunciar. Um sorriso discreto passou em seus lábios, o que não ficou despercebido por Ralph.

– Claro que aceito de bom grado sua oferta. Afinal, fiquei tantos anos sem vir ao Brasil que nem sei onde estão os melhores lugares.

– Ah! Se quiser ficar mais à vontade, tenho dois carros. Deixo um com você, caso queira. Assim, não precisa alugar nenhum nos dias em que permanecer aqui no Rio.

Hugo ficou boquiaberto com a oferta do amigo. Todos sabiam quanto ele era apegado a seus carros. Ele tinha um BMW de luxo e um Lamborghini. Ambos eram a coisa mais preciosa e de que Sebastian mais tinha ciúmes na vida. Jamais os emprestava. Aliás, quem quer que tivesse um daqueles dois carros dificilmente os emprestaria, sobretudo para um recém-conhecido. Mas Sebastian... Hugo não entendia. Será que seu amigo também era *gay*? De forma alguma! Isso jamais! Sebastian era um *playboy* conhecidíssimo na noite de Ipanema e andava com as mulheres mais lindas... Não poderia em hipótese alguma ser um *gay* enrustido. Hugo levantou-se sem saber o que fazer ou dizer, deixando à mostra sua inquietação.

– É claro que você vai aceitar a oferta de Sebastian, não é Ralph? – indagou Kelly, interessada em enturmar o primo para que ficasse mais à vontade.

Um pouco desconcertado, pois não sabia o que o amigo do primo pensava a respeito do tipo de balada que gostaria de conhecer, Ralph consentiu assim mesmo, diante da insistência da prima.

– Claro que sim! Será muito bom ter companhia, principalmente que tenha bom gosto e conheça a noite carioca...

Algumas das mulheres trocaram olhares,

pois acabavam de perder a chance de acompanhar Ralph. Ao menos é o que pensavam. E como uma ou outra conhecia a fama de Sebastian, deduziram que ele levaria o visitante a conhecer as mais belas mulheres cariocas. Kelly, percebendo o descontentamento das amigas, logo procurou criar uma distração, chamando todos para a área externa, de onde poderiam observar melhor o movimento na orla. Sebastian fez questão de ficar conversando com Ralph no mesmo lugar onde estavam.

– Há quanto tempo mesmo você não vem ao Brasil, Ralph?

– Puxa... Creio que há uns sete ou oito anos; talvez, dez.

– Ah! Então tem muito a conhecer por aqui. Se me permitir, levarei você a um dos lugares mais badalados da zona sul carioca...

– Puxa! – falou Ralph meio sem jeito, tentando disfarçar que estava sem graça e, ao mesmo tempo, querendo sondar o novo amigo. – Será muito bom, pois nem sei mais como andar por aqui. Com tanta gente bonita nessa cidade maravilhosa, temo ficar desprotegido.

– Nem precisa se preocupar – disse Sebastian, aproximando-se ainda mais de Ralph, quase tocando-o. – Estarei por perto, se permitir, sem querer ser indiscreto. Garanto que não irá se arrepender, e nossa proximidade poderá ser muito promissora. Aliás, por acaso não quer esticar um pouco esta noite e ir lá em casa escolher o carro que mais lhe agrada?

Ralph, se estava desconfiado de algo, agora tinha certeza. Estava levando uma cantada do amigo machão do primo. Meu Deus – pensou Ralph –, esses caras com fama de garanhões, hoje em dia, andam resistindo tão pouco...

Levantando-se quase que bruscamente, fez menção de ir ao encontro da prima, que estava reunida com as amigas e os demais convidados na área aberta da cobertura.

– Vamos pensar nisso hoje ainda – respondeu ele. – Prometo avaliar sua oferta. Mas preciso ver como estarei ao final desta festa, pois cheguei hoje mesmo e Kelly nem me deu tempo de descansar da viagem.

Dando um largo sorriso, Ralph saiu em direção às meninas, que riam de alguma coisa que observavam embaixo, na orla de Ipanema, a qual não estava assim tão distante do prédio onde se encontravam. Sebastian seguiu Ralph de perto, esboçando colocar o braço sobre seu ombro, como se fossem velhos amigos. A desculpa dada não bastou para livrar Ralph da companhia do novo amigo. É claro que o gesto não passou despercebido por Kelly e muito menos por Hugo, que saiu do ambiente quase sem fôlego, descendo um andar e deixando os convidados na cobertura.

– Então espero você decidir – disse Sebastian. – Qualquer coisa me fale, pois estarei à inteira disposição. E nem pense em recusar o carro. Faço questão de que aceite minha oferta.

– Sim, sim, vou pensar seriamente... – aquiesceu Ralph, buscando desconversar e não deixar transparecer para os demais o teor inesperado da conversa com o amigo do primo.

Assim que Hugo desceu para o outro pavimento, impaciente e inquieto por causa da atitude do amigo Sebastian, jogou-se no sofá da sala de estar. Seus pensamentos estavam em ebulição diante dos sentimentos e emoções que vinham à tona. Parece que a visita de Ralph desencadeara reações relacionadas a vários conflitos duramente reprimidos em seu interior. Que estava acontecendo com ele? Que tipo de pensamento emergia de sua mente? Tinha estado tão seguro de si nos últimos dez anos que jamais imaginaria lidar com emoções tão conflitantes como as que via aparecer. Fechou os olhos durante um suspiro profundo, e sua mente, em meio a esse turbilhão de eventos marcantes, regressou dez anos. As lembranças, por mais incômodas que fossem, eclodiam com toda a força, e Hugo não conseguia detê-las. Ou não queria, apesar de aparentar o contrário.

Sua memória registrou um dia qualquer de verão, em que se divertia com o primo Ralph numa praia do Rio de Janeiro. Notou que muitos garotos olhavam para o primo de maneira diferente, e Ralph, um garotão de 18 anos, olhar e sorriso sensuais, exercia certo fascínio sobre ele próprio e também sobre muitos meninos e meninas seus conhecidos. Sempre saíam juntos quando Ralph vinha ao Brasil com os tios ou mesmo sozinho. Aproveitava para treinar seu inglês nas conversações com o primo. O dia chegara ao fim e os dois se dirigiram ao sobrado onde, na época, moravam Hugo e sua família. Kelly era especialmente achegada ao primo e isso deixava Hugo muito incomodado, pois parecia que os dois disputavam a amizade de Ralph. Desde os primeiros encontros com o primo, Hugo notara a atenção que as meninas lhe dirigiam. Então, desculpava-se, usava a presença de Ralph também para tirar partido das meninas. E Ralph parecia não se importar. Ou quem sabe jogasse com as emoções do primo, que também tinha 18 anos, como ele. No fundo, no fundo, quem manipulava quem? Parecia que Ralph se deliciava com a situação. Era malicioso. E, enfim, nem Kelly, naquela época, muito menos Hugo, sabiam qual era o jogo de Ralph. Ele gostava mesmo de meninas ou meninos? Quem sabe, dos dois? Até então, Hugo não se preocupava mais do que qualquer outra pessoa. Simplesmente ignorava as próprias emoções e sensações. Nada mais. Pelo menos até ali.

Jogado sobre a cama do quarto, naquele dia distante Hugo esperava Ralph tomar banho enquanto conversavam num volume alto, a fim de sobrepor a voz de ambos ao barulho do chuveiro. Quando Ralph saiu do banheiro com algumas gotas de água ainda escorrendo pelo corpo quase musculoso – na verdade, um corpo mais para definido do que para malhado –, Hugo estremeceu ao ver o primo trocar de roupa à sua frente. Os pensamentos foram muito além do habitual. Ficou paralisado diante da figura do rapaz, que parecia se despir lentamente, talvez querendo provocar algo no primo, que, tinha certeza, o olhava de alguma maneira. Quando Ralph se virou, já vestido com um calção branco que lhe realçava a cor bronzeada, Hugo tentou esconder o olhar ou desviá-lo. Mas o sorriso quase libidinoso e malicioso do primo não o deixou disfarçar. Fora surpreendido pelo olhar pleno de magnetismo. E, por um instante, Hugo pareceu perder completamente os sentidos. Atirou-se com toda a força em direção ao primo e, agarrando-o pela cintura, beijou-o longamente – o que foi imediatamente correspondido por Ralph. Hugo não saberia dizer quanto tempo se passou durante o beijo a que se entregara, mas, ao se afastar do primo, suado, ofegante, e antes que o apelo sexual fosse algo irrefreável, saiu correndo feito louco. Dirigiu-se à praia mais próxima e continuou correndo por longo tempo. Os pensamentos afogueados, as emoções em ebulição. Era como se quisesse correr da atração quase irresistível que não conseguira represar, correr do que surgia dentro de si mesmo. Não saberia como encarar o primo novamente. Em algum momento,

porém, teria de voltar para casa, o mesmo lugar onde ele se hospedava. Mas, definitivamente, não ficaria no mesmo quarto onde Ralph dormia. De forma nenhuma. E como encararia a irmã? E se Ralph tivesse contado tudo para ela? Ele não era *gay* e não poderia ser confundido com um. Em hipótese alguma!

Apreensivo e com o coração apertado, Hugo finalmente dirigiu-se para o sobrado da família, após uma ou duas horas. Os pais viajavam na companhia dos pais de Ralph; logo que chegou, encontrou a irmã e o primo juntos, rindo gostosamente, com se nada houvesse acontecido. Ralph não contara nada a Kelly. Mas disso Hugo só saberia anos depois. Por muito tempo, ficou preocupado pensando se a irmã saberia de alguma coisa, do ocorrido entre ele e o primo. E, para mascarar a situação íntima, decidiu arranjar uma namorada, investir nas baladas mais audaciosas; a partir de então, teve muitas garotas, muitas mulheres, criando fama de machão, de hétero convicto e praticante. Era o orgulho do pai.

Ralph voltara para a terra natal; como o primo permaneceu o mais silencioso possível, não dando chance a nenhuma conversa, manteve-se tranquilo, sem forçar qualquer situação entre ambos. Kelly, por sua vez, deduziu que os dois tivessem tido alguma discussão na praia naquele dia. Como Hugo não escondia seu ciúme em relação à proximidade do primo com a irmã – na verdade, essa atitude ocorria mais devido ao medo do que poderia ser revelado a ela –, ambos se mantiveram afastados.

As recordações de Hugo foram perturbadas quando Ralph desceu as escadas rapidamente e o chamou, interrompendo o fluxo da memória:

– Venha, primo! As meninas estão esperando. Todas perguntam por você.

– Veado desgraçado! – insultou o primo sem o menor pudor. Ralph foi pego desprevenido e sentiu-se chocado com as palavras duras do primo.

Sem dizer palavra, Ralph subiu as escadas, atônito com a reação de Hugo. Depois de despistar, alegando estar extremamente cansado e com dor de cabeça, despediu-se de todos, deixando Kelly intrigada.

Sebastian o acompanhou, depois de muita insistência, até o hotel. Dentro do carro, não aguentando mais, Ralph explodiu em pranto. Chorou copiosamente. Sebastian parou o carro num acostamento qualquer e esperou que o novo amigo se acalmasse. A situação favoreceu a proximidade de ambos. Abraçando Ralph, Sebastian acariciou seus cabelos, passou o braço em torno de seus ombros e, sentindo seu perfume, deixou-se inebriar com a sensação de paz que invadiu a ambos naquela madrugada. Beijaram-se ali mesmo, num misto de carinho, ternura e compaixão inspirados pelo momento que Ralph vivenciava. Sebastian permaneceu em silêncio; não perguntou nada, respeitando a emotividade do companheiro. Apenas pronunciou umas palavras:

– Quando você quiser falar alguma coisa, estarei aqui. Quero que se sinta à vontade. Acima de tudo, quero ser um amigo com quem possa contar.

Sebastian deixou Ralph no hotel, furtando-se a tentar qualquer aproximação mais íntima, que provavelmente seria inconveniente naquele momento de sensibilidade. Apenas deixou com ele seu número de telefone.

Alguma coisa mudaria para sempre na vida daquelas pessoas. De Ralph, Sebastian, Hugo e Kelly. E de mais algumas pessoas também, em outras cidades, em outros lugares. Só que, naquele momento, nenhuma delas sabia de nada. Eram tão somente folhas levadas pelo vento do destino.

Depois que todos se foram, Kelly procurou o irmão para conversar. A situação entre ambos não era lá muito boa. Kelly intuía que alguma coisa ocorrera entre o irmão e o primo.

– Fale, Hugo, vamos! Destrave essa língua e me conte o que aconteceu – disse num tom mais firme que o habitual.

– Aconteceu o quê? Por acaso sou agora responsável por tudo que acontece nesta casa? O veadinho saiu cansado, chateado ou choramingando, e agora sou eu o culpado pelo cansaço dele?

– Puxa, meu irmão, nem sei o que pensar de você. Com tanto rancor assim e um histórico tão complicado como o seu, não sei onde sua vida vai desembocar, como se fosse um rio cheio de detritos de raiva e ódio.

– Você não tem nada a ver comigo e não quero mais saber de Ralph. Não me chame para nenhum evento em que ele esteja presente.

– Mas ele não fez nada com você! Não pode

ao menos ser mais educado, atencioso ou, talvez, menos intolerante? – as palavras saíam da boca de Kelly com um laivo de rancor contra o irmão, de raiva mesmo, pois que todos os presentes ao evento, pretensamente uma recepção para o primo, perceberam algo diferente entre Hugo e Ralph.

– Mas que droga! Jogam a culpa em mim por tudo o que acontece nesta família! – protestou Hugo, defendendo-se.

Até então, a família negava admitir que Hugo se entregava às farras, às baladas mais intensas; de determinado tempo para cá, havia se envolvido com algumas drogas mais pesadas. Isso preocupava seriamente a família. Porém, ninguém falava disso. Havia uma proibição tácita de tocar no assunto abertamente. Acreditavam que, não falando no problema, ele deixaria de existir. O que todos nem desconfiavam é que o interior de Hugo era um vulcão prestes a entrar em erupção. Ele estava em permanente conflito com sua identidade sexual, atormentado pelo teatro que se impunha e encenava a fim de ocultar o drama interior que o consumia. As recordações claras naquela noite, vívidas como nunca, foram a gota d'água.

Dia a dia, Hugo se afundava mais em desculpas e fantasias, alimentando uma ilusão que poderia levá-lo diretamente ao fundo do abismo. O método que escolhera para fugir de si mesmo eram as drogas, o sexo aventureiro com muitas mulheres, usando-as como fuga, como objeto sexual, sem satisfazer-se, sem encontrar-se. Hugo pedia socorro através de suas atitudes. Os desregramentos a que se entregava eram o clamor por ajuda, a linguagem não articulada de que lançava mão para dizer que estava infeliz e perdido.

Kelly, muito sensível à situação do irmão, tomou uma atitude que, para um momento como aquele, era inusitada; algo que não se poderia esperar da parte de seus pais. Hugo jamais esperaria que, em meio a uma discussão, às lágrimas que começaram a brotar dos olhos da irmã, ela tivesse uma iniciativa dessas. Gritando e chorando ao mesmo tempo, Kelly agarrou-se ao irmão; abraçando-o fortemente, enquanto ele também chorava, quase em convulsão, ela falou, modificando o tom de voz:

– Hugo, meu irmão, olhe pra mim!... Saiba que eu te amo. Eu te amo, meu irmão! Seja o que for que esteja acontecendo, pode contar comigo. Você sabe disso, não sabe?

O irmão, em prantos, desvencilhou-se de seus braços e, olhando firmemente em seus olhos, embora com os seus próprios mareados de lágrimas, esboçou dizer alguma coisa, mas resolveu sair. Pegou as chaves do carro e saiu para um lugar qualquer. Correndo feito louco, passou numa balada que viu pelo caminho e tomou algumas bebidas, numa mistura incomum até mesmo para ele. Em seguida, entrou novamente no veículo e deu partida. Hugo preferiu fugir, fugir de si mesmo, de sua irmã, de sua realidade. Não poderia aceitar os sentimentos, os próprios desejos, e escolhera reprimir as emoções da maneira que sabia, chafurdando-se ainda mais na lama de suas escolhas, que poderiam levá-lo a consequências drásticas para si mesmo.

2

UM DIA QUALQUER, 3H31 DA MADRUGADA

RIO DE JANEIRO

As praias, a paisagem natural assombrosa, o Corcovado, o Pão de Açúcar: o Rio de Janeiro continuava a ser uma cidade maravilhosa. Apesar dos devaneios de seus habitantes, a cidade era atraente. Contudo, o trânsito às vezes se mostrava caótico, mesmo nas regiões em que predominava a beleza natural. Conviviam a natureza exuberante e a frenética vida urbana, com a louca corrida pela sobrevivência.

Após uma noitada cheia de emoções fortes e algumas bebidas para nublar a situação de desespero íntimo, o veículo corria pela Linha Vermelha com seu único ocupante. O consumo excessivo de álcool fazia com que ele já não dominasse completamente a máquina. Mesmo assim, sentiu necessidade de correr cada vez mais, embriagando-se na velocidade alucinante à qual se entregava como numa viagem psíquica provocada pelas drogas ou, talvez, numa atitude francamente suicida, embora irrefletida. Entre o ruído da música estridente e os carros que rodavam na pista, o veículo parecia deslizar, embora governado por alguém que já não mais se governava.

Hugo nem percebeu quando saiu da Linha

Vermelha e tomou caminho por uma marginal, entrando no fluxo de trânsito de maneira alucinante. A mente do rapaz condutor do veículo não conseguia coordenar mais, com precisão, os movimentos necessários para evitar acidentes. Dentro do automóvel, alucinado com os excessos daquele noite, Hugo trazia a alma atormentada por mil ideias que emergiam de si. As emoções vinham à tona arrebentando a máscara duramente mantida, a qual caía sob o efeito do álcool e de outra substância tóxica ingerida antes, na tentativa de maquiar seu conflito íntimo.

Pensamentos, emoções e desejos contraditórios povoavam o panorama interior de Hugo. Nas telas da memória, ele via as imagens das mulheres com as quais dormira e que, para ele, representavam apenas objetos sexuais destinados a sufocar o torvelinho de emoções e anseios que não tinha coragem de enfrentar. Aliás, ele não tinha vontade de enfrentar-se. Entregava-se ao desregramento da sexualidade como fuga da realidade íntima.

No instante seguinte, vinha-lhe à mente a figura de Ralph, o primo que viera de Nova Iorque, o qual Hugo teimava em evitar e rechaçar, devido às avalanches que irrompiam dentro de si à simples lembrança da pessoa de Ralph, que tornava patente sua condição de fragilidade emocional. O primo deixava-o à mercê de sensações descontroladas, com as quais não sabia lidar e, por isso, recusava enfrentá-las.

Era em meio a esse vaivém de emoções e sentimentos, culpas e castigo interior que o clima mental de Hugo estava forjado.

Revoltado consigo mesmo e com o mundo – o seu mundo –, o rapaz não notou que, à sua frente, o sinal havia se modificado de amarelo para vermelho. A última coisa que percebeu de forma mais ou menos lúcida foi o poste à sua frente, contra o qual o veículo já se chocava com toda a força, transportando-o do estado alterado de consciência, forçado pelas drogas, à inconsciência mais profunda, a que o acidente o induzia.

Sopros de pensamento, fragmentos de memória e emoções petrificadas ante o susto, o pavor – o trauma vivido vinha-lhe à mente vez ou outra.

Hugo parecia se diluir por inteiro naquele estado íntimo tormentoso, ao qual se entregava enquanto toda a cena do acidente boiava nas imagens que se passavam em sua visão interior, entrecortada pelo barulho da sirene da ambulância que o transportava ao hospital mais próximo. Parecia que o fim havia chegado. Mesmo as imagens fugidias cessaram por completo, ainda dentro da ambulância. O corpo desfalecera de vez.

Desde muito tempo se dedicava à fé evangélica. Tornara-se pastor de uma vertente do movimento neopentecostal e há alguns anos fundara a própria igreja, tentando transformar a vida sua e dos filhos e esposa num exemplo de dedicação, conforme sua visão da Bíblia. Mas o convívio familiar não fora exatamente aquilo que imaginara. O demônio tentava a todo custo botar sua alma a perder, usando um dos filhos, segundo acreditava, para atingir seu ministério divino. Justamente o filho ao qual devotava maior amor parece que se rendera aos ardis de Satanás, que arrebatara a sua alma para as fileiras do inimigo. Já na adolescência, o filho demonstrava traços de um desvio comportamental impossível de ser admitido por um servo de Deus, segundo entendia e defendia a interpretação de sua igreja. Muitas vezes pregara no púlpito a respeito dos pecados, da interferência maligna, satânica, que deveria ser extirpada do meio do povo de Deus, de sua igreja. E que os salvos jamais poderiam ser corrompidos pelas artimanhas e pelos dardos inflamados do Maligno. Até perceber que aquele filho, até então o eleito para prosseguir no ministério, a quem ensinaria o ofício pastoral, mostrara-se mais sensível que os demais. Enfim, o rapaz declarara-se abertamente *gay* para a família.

Longos períodos de jejum e oração, correntes de descarrego e outros métodos foram empregados com o objetivo de afastar o demônio sodomita do filho, que estava cada vez mais se distanciando dos conselhos cristãos dados pelo pai. A esposa, silenciosa, acatava cegamente os ditames do marido, pois a Bíblia asseverava que a mulher deveria ser totalmente submissa ao homem. Mesmo discordando do chefe da família, ela o obedecia, pois, além do mais, era ele o pastor daquele rebanho. E no seu silêncio e omissão, deixou o filho entregue aos piores momentos e tormentas decorrentes do fundamentalismo do pai e pastor.

Adir havia desenvolvido um sério problema cardíaco. A angina se instalara, e, no radicalismo de suas convicções, ele não admitia tratamento médico algum. Jesus haveria de curá-lo a qualquer custo. Não permitia, também, que mulher e filhos procurassem socorro médico. Que se entregassem a Jesus, e ele os curaria. Como algumas enfermidades não se curavam, dizia que não haviam entregue o coração plenamente.

Quanto ao filho *gay*, bem, a violência doméstica transformou-se em algo comum no cotidiano do rapaz, e talvez a expulsão de casa fosse para ele, entre os males enfrentados, o menor de todos. Fora acolhido generosamente por uma família de Petrópolis com a qual fizera amizade e encontrara grande afinidade.

Adir expulsou o filho de casa ainda antes que completasse 18 anos de idade. Não admitiria um filho que depusesse contra sua profissão de fé e que, além disso, fosse a prova viva de que Jesus não "curava" a homossexualidade. Afinal, os sodomitas, os homossexuais, em sua corrente religiosa, eram considerados perdidos, afastados de Deus, e a prática homoafetiva, abominável, digna do fogo do inferno. E ponto final. A partir daquele momento, tinha somente dois filhos. O terceiro fora banido, deserdado, embora perante a comunidade de fiéis declarasse que tinha ido morar no exterior. Numa das pregações, acentuara:

– O mundo está perdido. Satanás é dono da vida de milhões de pessoas. Vejam, meus irmãos, o que dizem as Escrituras sobre Sodoma e Gomorra. O pecado dessas cidades foi exatamente o pecado do sexo, de homens que gostavam de outros homens; de homens que dormiam com outros homens. E vejam, meus irmãos muito amados, que Deus varreu aquelas cidades da face da Terra. Aleluia! Por essa mesma razão, na atualidade, a maioria das cidades mais famosas, mais populosas do mundo, serão devastadas pelo cálice da ira de Deus. Aleluia! A Bíblia afirma: terrível coisa é cair nas mãos do Deus vivo. Oh! Glórias! Aleluia! Assim, o pecado dos sodomitas, do sexo praticado com pessoas do mesmo sexo, é a grande e terrível maldição que atrairá a ira de Deus no final dos tempos.

Sem maior fundamento do que a interpretação pessoal do texto bíblico, Adir pregava e condenava com fervor enquanto sua mente se recordava do filho. Seu coração, reprimindo a culpa e tudo o mais que sentia pelo filho, manifestava as emoções descontroladas e em ebulição na forma de dor física. O teor severo da pregação servia a dois propósitos. Ao tempo que dissimulava a situação que vivia familiarmente, em casa, era também uma maneira de justificar a própria decisão, atribuindo mais à punição divina e menos à esfera pessoal a atitude de banir e deserdar o filho querido.

Os dois outros filhos saíram de casa e foram assumir cada qual seu próprio ministério, em outras cidades. Eram servos de Deus, conforme o pai acreditava e a eles se referia. Enfim, nunca mais recebera qualquer notícia do filho expulso; jamais tivera coragem de procurar saber por onde andava, embora secretamente ansiasse por isso. Em seu coração, tinha saudades; em sua mente e seus pensamentos, sentia vergonha por haver tido um filho *gay*. Mas ele, o pastor das ovelhas divinas, nem sequer dera tempo de o filho amadurecer seus sentimentos; não esperara o filho adquirir maturidade e vivenciar sua afetividade. Era uma abominação. Expulsara-o como a alguém que não merecesse jamais misericórdia, como quem cometera um crime hediondo. E tudo em nome de Deus, o Pai que era todo justiça e bondade.

Alguns anos de muita discussão no lar se passaram; a revolta da mãe e mulher com a separação do filho parecia alcançar patamares antes nem sequer imaginados, de tal maneira que ela se distanciava da própria igreja que ajudara a fundar. O lar do pastor Adir desmoronava a passos largos, e ele mesmo, enfraquecido e cheio de culpas, forjou o clima propício à própria ruína.

"Meu Deus! – pensava. – Que está acontecendo comigo? O velho coração parece vacilar. Me salva desta hora, Senhor! Ah! Meus filhos, meus dois filhos queridos... Que vai ser de vocês sem seu pai para cuidar de sua salvação?"

E clamava, alto e bom som:

– Oh! Senhor, eu te imploro, não me chames agora! Eu preciso ficar por mais tempo na Terra. Demorei tanto para construir a igreja, converter tantas almas ao Senhor e, agora, na hora de usufruir tudo isso, cá estou, preso ao leito, sentindo-me só, abandonado pelos filhos que o Senhor me deu...

"Não tem problema! Não importa! Na verdade, eles não me abandonaram. Todos estão crescidos, educados e são missionários. Precisam levar avante a obra que comecei. Por isso, foram reunidos no Senhor. Meus filhos! Todos estão no caminho certo, no caminho do Deus vivo.

"Ai! As dores..."

Mas o silêncio já não bastava:

– Socorro! Socorro! Alguém me ajude!

As imagens da vida do Pastor Adir passavam-lhe diante dos olhos. Era como num filme no qual ele era o protagonista e, ao mesmo tempo, o espectador de si mesmo. Os minutos se passavam, transformados em horas, e a aflição dos derradeiros momentos era algo difícil de administrar sem uma fé firme e inteligente.

– O sangue de Jesus tem poder!... Que está acontecendo comigo, Senhor? A Bíblia não diz que o Senhor salva e cura? Por que não me curas? Por que não me curas deste mal?

A mente culpada ouvia vozes; Adir via vultos envolvendo-o, chamando-o, puxando-o para fora do corpo. Era um misto de culpa e crise psicótica. Nesse estado de enfermidade da alma, da mente doentia, o velho pastor se apegava cada vez mais às interpretações pessoais das Escrituras. Não abria mão de suas crenças mais arraigadas, estruturadas no fundamentalismo evangélico.

"Essas vozes que ouço... serão o coro dos

anjos? Será que o Senhor veio me buscar? Ah! Meus filhos, meus filhos! Graças a Deus eu os conduzi para a salvação."

O pranto convulsivo rompeu as barreiras da encenação para si mesmo. A máscara de salvo e de santidade compulsória não resistiu às dores e tormentas que se avizinhavam; o temor substituiu de imediato a maquiagem que encobria a face interior de sua alma.

"E quanto ao Carlos? Que será dele? Como eu gostaria que o Carlos também tivesse se salvado... Mas ele se recusou a seguir os caminhos do Senhor. Resolveu se entregar ao inimigo das almas, ao poder do Diabo. Eu não podia deixar que ele contaminasse a família e maculasse a obra tão abençoada que então começava a se erguer. Mas os outros filhos, esses sim! Eles se entregaram completamente ao Senhor e ouviram minha voz."

Àquela altura, dores e falta de ar produziam tormentos maiores. A taquicardia se estabeleceu, enquanto a pressão arterial demonstrava que o corpo estava no limite de suas resistências. Era apenas uma questão de tempo.

No íntimo, o pastor enfrentava-se em meio a angústia, apreensão e amargura. O medo da morte e do inferno somado à incerteza de um céu que pregara durante toda a vida pintavam um quadro desolador, tormentoso. Tudo isso o consumia, enquanto os pensamentos já não se sucediam de modo racional. Eram apenas lampejos, pedaços de si, que a memória da mente eterna lançava no restante de consciência e lucidez.

A lembrança do filho Carlos o atormentava especialmente. Era o bastardo – ou pior, o renegado, aquele que se apartara da fé *escolhendo* comportamento proibido, diferente. Por causa dessa *escolha* maldita, merecia, também, uma resposta diferente. Fora alijado da convivência familiar. No entanto, agora que Adir se aproximava inexoravelmente dos momentos finais da existência, a dúvida parecia ser a marca que teimava em romper as barreiras íntimas. Teria agido corretamente com o filho Carlos? – não tinha coragem de formular a hesitação em voz alta. E os dois outros filhos, aos quais dedicara a vida, o amor e o conhecimento? Sumiram todos; não tinha notícias havia algum tempo.

Entre os fragmentos de emoções, pensamentos, inquietações e culpas, o suspiro final.

Estarrecido, desfalecido, trazia imagens congeladas nos olhos, que refletiam, no momento derradeiro, a aflição íntima. Pareciam vitrificados, como se trouxessem impressa, nas pupilas, a visão do filho abandonado. Enfim, a culpa se estabelecera de maneira intensa, quase infernal.

Chegara o término, colocando ponto final à utilidade do corpo. Entretanto, a continuidade daquela vida era atestada pelas reticências que o morrer parecia grafar nas páginas da existência de Adir...

Muito embora a morte venha para todos em algum momento da linha do tempo, o desencarne, o desligamento da matéria, da carne e das questões terrenas é conquista de bem poucos. O corpo entrou em convulsão, indicando que a morte veio, mas não o final. Aquele era apenas o começo de um capítulo novo no livro da vida. Nada mais, nada menos. Nas telas da memória, ouvia alguém chorar de longe:

– Pastor Adir... Pastor Adir...

Naquele instante, os olhos se fecharam para o mundo dos chamados vivos. Agora, abria-se a alma para o enfretamento de si mesma. Prisioneiro num lapso de tempo, Adir mergulhava num mundo próprio de culpas e autopunições. Eram 3h31 da madrugada numa cidade qualquer da Baixada Fluminense.

SÃO PAULO

A VIATURA CHEGARA sem prévio aviso. Aqueles que representavam a justiça e se investiam de uma autoridade muitas vezes questionável desceram de revólver em punho, gritando e agredindo todos que encontravam no entroncamento de uma determinada rua com uma avenida de grande movimento. Não distinguiam os moradores do local, os transeuntes ou aqueles que faziam ponto no esquema perigoso de comércio do corpo e da alma.

Era um ponto de prostituição. Há muito que aquele local era frequentado por garotos e garotas de programa, os quais aprenderam a sobreviver com a venda de seus corpos. O clima psíquico fazia com que o ar parecesse irrespirável, devido ao rebaixamento vibratório. Estranho odor era percebido no ar, por qualquer um que ali passasse. Mas nem todos estavam ali devido ao comércio dos sentidos. Muitos iam e vinham de seu trabalho, em direção a algum ponto de ônibus, ou buscavam um táxi, a fim de rumarem para casa, já que o metrô não circulava naquele horário.

Por outro lado, muitos homens e mulheres desfilavam por ali como que embriagados pela rede de prazeres ou pela facilidade do comércio incomum. A vida noturna era intensa, e as drogas, barganhadas de forma natural, a troco de um punhado de reais ou de ofertas outras, à semelhança de um leilão dos sentidos e dos corpos.

Tão logo a polícia apareceu, cada um dos

frequentadores sentiu-se ameaçado e reagiu, cada qual à sua maneira. Alguns procuraram simplesmente disfarçar, caminhando serenamente até desaparecer num dos cruzamentos ou no escuro de algum abrigo. Outros agiram mais subitamente, correndo desvairados em meio aos gritos e ao tumulto. Dois dos patrocinadores do êxtase sensorial, porém, traficantes de drogas, reagiram de conformidade com as emoções descontroladas. Houve um tiro, vários tiros, que ninguém conseguiu, em meio à batida policial, determinar de onde vinham ou quem foi o autor do primeiro disparo.

A polícia respondeu à altura, no entanto não demonstrou nenhum escrúpulo ao descarregar suas armas. Por todo lado, desespero e aflição. Uma guerra interna que povoou as mentes das dezenas de habitantes que perambulavam por ali.

Paloma vinha caminhando lentamente, até então. Saíra da boate na qual apresentava um *show*. Era transformista e aprendera a ganhar a vida dessa maneira. Durante o dia, trabalhava como estilista de uma grife conhecida na capital. À noite, principalmente nos finais de semana, aumentava seus rendimentos realizando apresentações artísticas em casas noturnas. Isso garantia o sustento, mas os recursos serviam sobretudo para patrocinar seu *hobby* predileto:

ajudar as amigas em dificuldades – mulheres, travestis e transexuais. Paloma construíra o Palácio de Cristal, nome que dava à instituição ou à mansão que mantinha para abrigar e amparar as meninas da noite, aquelas que eram desprezadas pelos homens bons e por aqueles que estavam preocupados em manter o *status* familiar. Suas meninas, muitas vezes enfermas ou visivelmente sob a ação de entorpecentes, eram amparadas e socorridas em sua Casa de Cristal, e dali encaminhadas a médicos e outros profissionais de saúde que Paloma patrocinava no silêncio, sem fazer alarde e sem divulgar seu trabalho. Tudo isso era mantido com o dinheiro de suas apresentações artísticas e a ajuda de alguém que queria se manter no anonimato.

Entretanto, Paloma não vendia o corpo, não fazia comércio do sexo. Ela era artista e, como tal, ganhava a vida em meio ao brilho das luzes e ao aplauso daqueles que apreciavam suas apresentações.

Assim que virou a primeira esquina, Paloma – assim gostava de ser chamada quando em apresentação – ouviu o primeiro tiro. Alguém passou por ela, quase jogando-a no chão. Momentos antes ainda relembrava, enquanto andava, as cenas de sua adolescência, trazendo na alma a angústia pelo passado que se refletia em seu comportamento atual. Contudo, a corrida desenfreada das pessoas fez com que reagisse instintivamente. Correu também. Não sabia para onde.

Como estava ainda vestida com os trajes da última apresentação, de pronto foi confundida com um dos travestis que faziam ponto no lugar. Paloma se mostrou apavorada diante da ação dos policiais. Era muita violência para sua alma de artista. Ela não estava habituada com a vida nas ruas; não frequentava os lugares de prostituição. Apenas gostava de se apresentar vestida de mulher, representando, nos palcos de casas noturnas. Paloma era uma pessoa diferente, com um comportamento também diferente. Sensível de alma e de corpo; uma estrela encastelada num corpo humano.

De repente, recebeu um soco no rosto e cambaleou; um dos policiais a confundira com os prestadores de serviço da noite. Tentou prosseguir, mas foi violentamente impedida. Gritou, tentou despertar a atenção do policial, mas em vão. Recebia pontapés e era arrastada em direção ao camburão. Os tiros pareciam, aos poucos, diminuir. Porém, antes que Paloma fosse coagida a entrar na viatura policial, arrastada, agredida e fragilizada, uma bala foi disparada. Sem alvo certo, o projétil acertou em cheio a região próxima ao coração do transformista, do homem, da mulher, da artista da noite paulistana. Ninguém sabia de que revólver a bala partira. Ninguém ali conhecia o passado ou a intimidade de Paloma.

O sangue jorrava de seu peito. Nesse momento, o policial que arrastava Paloma percebeu que fora salvo pelo transformista ou travesti, como ele supunha. A bala do revólver o teria acertado em cheio, caso não encontrasse Paloma em seu percurso. Ela teria se jogado à frente do guarda para livrá-lo? Tudo parecia que sim, mas ele não acreditava, não tinha absoluta certeza.

A viatura corria pelas avenidas, na tentativa de chegar ao hospital mais próximo. Os policiais não vislumbraram que sua ação teria aquele desfecho. Um dos guardas, atingido no braço, sangrava. Um artista de alma sensível partia, deixando o corpo físico imóvel, estendido na viatura policial.

Os guardas iam ao hospital tentando socorrer o colega de trabalho. Paloma voava. Pairava mais além, como uma pomba de alma inebriada ante a luz das estrelas. Abaixo, ficaram as luzes da cidade. Sua alma parecia divisar as luzes que se tornavam distantes; na mente desfilavam as imagens das pupilas, das pessoas que ajudava, motivando preocupação em meio ao estado alterado da consciência, da alma de Paloma. Mais e mais tinha a sensação de subir. Via agora as estrelas e parecia estar bem próxima delas. Estava em êxtase, enquanto imagens e sensações se sucediam em sua memória espiritual. Seu corpo parecia mais diáfano, menos sólido, mais luminoso. E as estrelas a recebiam como se fossem luzes da ribalta, luzes de um grande palco estruturado em meio ao firmamento. As estrelas!... Será que agora ela seria uma estrela também?

Entre lembranças do passado, cobranças íntimas, *flashes* de luz, vozes e aplausos, Paloma partia temporariamente do palco da Terra. As cortinas se fecharam, e mais um ato findava na apresentação ou representação de uma vida. Seria a morte ou era apenas um marco em sua vida, para um breve recomeço? Naquele momento, ela não saberia dizer. Apenas sentia, percebia intimamente, por meio de leve intuição, que agora, nos camarins da consciência, deveria limpar a maquiagem, tirar a máscara e mirar o espelho da própria alma. As luzes de um período da existência física se apagaram. Agora, Paloma seria tanto o personagem como a plateia e o diretor da própria vida.

Nesse exato instante, os relógios marcavam 3h31 da madrugada do mesmo dia, do mesmo ano em que se desenrolaram os demais eventos.

A DEPRESSÃO INSTALARA-SE por completo. Ela havia procurado médicos e psicólogos. Ingeria medicamentos fortes havia já algum tempo. Trinta e sete anos de vida física se esvaíam pouco a pouco. Intensa amargura, revolta pela vida e contra a sociedade: assim eram as circunstâncias na vida de Patrícia.

Sentimentos diferentes, estranhos, começaram a ser percebidos na adolescência. Porém, a educação que recebera, rígida, castradora, impedia que pudesse ao menos analisar racionalmente as emoções que trazia como características profundas de seu psiquismo. Mas... o tempo foi passando. No afã de viver dentro dos padrões estabelecidos pela sociedade, Patrícia até tomou a iniciativa de namorar alguns rapazes, embora lhe fosse impossível aprofundar os relacionamentos. Algo mais forte do que ela parecia repelir suas tentativas de aproximação com o sexo oposto.

O preconceito e o pavor de se descobrir, mais ainda de se declarar lésbica geraram dúvidas atrozes. Durante anos a fio, reprimira sua sexualidade e evitara o prazer diferente que seu corpo lhe poderia proporcionar. A tradição espírita ortodoxa da mãe e a falta de uma formação cultural mais ampla de ambas limitavam as possibilidades de conversar abertamente sobre o assunto. Somente depois de muito tempo é que Patrícia chegou à conclusão de que era preciso muita coragem para se admitir *gay* ou lésbica para a família. Mas as circunstâncias fizeram com que se calasse. Era tão grande a dependência emocional; tão avassalador o medo do que viria algum dia a enfrentar, caso se visse sozinha pela vida...

Um dia confessou a um amigo médium e *gay* que frequentava a mesma comunidade que ela:

– O preconceito é tão grande em nosso meio religioso, que tenho a sensação de que estou condenada a esconder este desejo e me esconder atrás dele para sempre.

– Nem sei o que falar, Patrícia. Trabalho como médium e, sinceramente, não tenho nenhuma facilidade de comentar ou compartilhar com ninguém sobre mim mesmo. Permaneço inquieto e, acho que por isso mesmo, minhas habilidades na área da mediunidade parecem não "decolar"; é como se eu estivesse travado. Não desenvolvo nenhum de meus projetos no campo da espiritualidade.

– Imagino o que você enfrenta por aqui, meu amigo. Agora que você vai embora, que pretende ir para São Paulo, quem sabe por lá encontre outra mentalidade no meio religioso e na cidade, como um todo? Aqui, no Paraná, acho que tudo é mais conservador. Quanto a mim, ficarei comigo mesma. Sem você por perto, não terei com quem me abrir.

Respirando um pouco, como que a absorver forças para prosseguir em suas lutas, César, o amigo de Patrícia, retomou os pensamentos:

– Muitas vezes me vejo obrigado a me comportar, no centro espírita, de maneira hipócrita. Confesso que, se não me portar como a maioria, tenho medo de ser taxado de antidoutrinário, desequilibrado ou obsidiado. Imagine! Ainda hoje tenho imensa dificuldade em admitir o simples ato da masturbação. O preconceito que gira em torno das questões sexuais é tanto que, em um encontro sobre sexualidade ao qual compareci, o orador, sem o saber, acabou dando força para que meu próprio preconceito se fortalecesse ainda mais. Saí de lá acreditando piamente que o ato da masturbação atrai obsessores. E nem posso dizer que ideia fiz do conceito de homossexualidade... Saí me sentindo um lixo! E o agravante é que, como fui representar a instituição nesse tal encontro, acabei adotando um comportamento e um discurso totalmente diferentes do que penso, na realidade. É uma hipocrisia da qual não vejo como me livrar...

– Como assim, César? Mas você é tão mente aberta...

– Não mesmo, Patrícia! De jeito nenhum. Agora mesmo estou cheio de dúvidas. Ao longo dos anos, acabei por adotar um discurso moralista para me esconder, movido pelo medo de ser rejeitado no ambiente espírita. Criei uma espécie de proteção em minhas falas e palestras, de modo a não me lembrar dos meus próprios questionamentos. Então, passei a engrossar a fileira daqueles oradores que acham por bem atacar a conduta homossexual, dizendo-a fruto da ação obsessiva, e reafirmando, ainda, que masturbação atrai obsessores e forma um quadro mental de sensualidade e erotismo, o que facilita o acesso de vampiros espirituais...

– Meu Deus, César! Não acredito!

– Isso mesmo, minha amiga. Por isso, não aguento mais essa máscara, que está me fazendo muito mal, e acredito que também a quem me ouve em discursos ou palestras. Não tenho forças nem coragem de romper com este sistema religioso que pensa assim. Essa é a razão principal que me fez resolver ir embora para São Paulo. Deixarei tudo aqui e vou recomeçar a vida em outro lugar, embora cheio de culpas, além de pensamentos e raciocínios que considero inadequados ou errados. Mas não sei que outro caminho tomar; não aguento mais. Espero que por lá consiga alguém ou algum grupo espírita que me ajude a renovar meus conceitos e opiniões. Mas aqui...

Patrícia perdia assim o único amigo com quem podia confidenciar mais abertamente seus desejos e sua maneira de ser. Embora o amigo alimentasse muitas dúvidas e tivesse adotado um discurso moralista para os demais, experimentando conflitos abrasadores em decorrência disso, era alguém com quem tinha condições de conversar vez ou outra. Enquanto César, cheio de tormentas, partia para outro estado, Patrícia não teve coragem de romper com a situação com a qual vivia. Acabou entregando-se à depressão, que dia a dia ganhava terreno em sua alma.

A dificuldade de questionar a si mesma, de enfrentar a situação castradora e opressiva criada em torno da sexualidade transforma a pessoa em carrasco da própria alma. Não entender a própria identidade sexual, não abordar a sexualidade de maneira sadia e coerente com os sentimentos, as emoções e a afetividade vivenciados é o mesmo que não conhecer os limites e os desejos pessoais; é tornar-se impotente para fazer a revolução na própria vida, o que tornaria a pessoa vitoriosa e realizada no âmbito afetivo.

Muitos que não tiveram a coragem de romper com o preconceito tornam-se amargos em dado momento de suas vidas, devido a questões de ordem social, religiosa ou familiar; muitas vezes, quando têm filhos, acabam reproduzindo com eles o contexto rígido, intolerante e discriminatório a que foram expostos, o que só faz perpetuar a infelicidade de todos.

De maneira semelhante, em agrupamentos sociais e religiosos, essas pessoas adotam discurso incentivador da repressão das energias afetivas, a pretexto de incentivar seus seguidores a serem mais santos e bem resolvidos, mais equilibrados e corretos que os cidadãos comuns. Na verdade, a maioria dos que defendem essa cartilha reprimem em si mesmos a afetividade e recusam-se a admitir sua sexualidade para si mesmos e perante os outros. Então, o discurso homofóbico e a atitude castradora, punitiva e escancaradamente preconceituosa constituem máscaras, muitas vezes usadas pelo indivíduo para esconder-se, para maquiar a própria condição sexual, que ele não tem coragem admitir e viver de maneira nobre e sadia.

A mãe de Patrícia, rígida em seus princípios, por mais que amasse a filha, à sua maneira, não sabia se adaptar às ideias novas e ao progresso. Por isso, tinha enorme dificuldade em suprir ou mesmo compreender as necessidades emocionais daquela a quem criara de maneira rigorosa, dentro das limitações que tinha, inclusive de ordem cultural. A mãe a amava e sofria calada, muitas vezes; revoltada, outras, pois não sabia como conduzir a própria filha ante os sentimentos, emoções e desejos diferentes que via brotarem a cada dia – e a cada momento morrerem junto com Patrícia.

Um ou outro olhar de mulher fazia Patrícia estremecer. Mas não! Não podia se permitir um comportamento dessa espécie. Precisava se corrigir emocionalmente – pensava muitas vezes –, como se isso fosse possível.

Patrícia digladiava consigo mesma. A tormenta das lutas íntimas, agravada pela ausência de César, a única pessoa com a qual tinha certa liberdade, foi aos poucos transformando a personalidade de Patrícia. Lentamente, ela se deixava levar pela amargura. Uma tristeza palidamente percebida, de início, parecia de avolumar à medida que o tempo passava. Idas e vindas a psicólogos, depois psiquiatras e, até mesmo, a gurus, igrejas e pastores apenas acentuavam a disposição íntima daquela alma masculina aprisionada no corpo de mulher. O psiquismo de Patrícia não combinava de forma nenhuma com a morfologia orgânica. Isto é, não vivia apenas a atração por mulheres, duramente contida, mas se identificava com o gênero masculino, num provável caso de transexualidade. Determinada a reprimir e solapar os impulsos naturais, ela converteu-se no maior impedimento à procurada felicidade.

Pouco a pouco a depressão se instalava, aprofundando a amargura e a revolta. De alma atormentada, profundamente mal resolvida com a própria sexualidade – e, por conseguinte, com todos os aspectos da vida –, Patrícia atingira o ápice de sua existência conflituosa. Era completa a dependência emocional em relação à mãe, que, a esta altura, dispensava cuidados em tempo integral à filha enferma, sobre o leito.

Os médicos não descobriam a causa da doença. A própria mãe não sabia o porquê de a filha estar definhando, pois tinha severas limitações de conhecimento e cultura para compreender a situação. A pressão arterial, notadamente alterada, resistia a todas as tentativas medicamentosas com o intuito de regularizá-la. O coração apresentava crescimento indevido, causando sérios transtornos para o equilíbrio físico. Os rins, funcionando de modo irregular, já não cumpriam sua função. Patrícia estava inchando a cada dia, e a medicina não era capaz de ajudá-la.

Foi nesse estado de abalo físico e psicológico que, naquela noite, o coração resolveu dar a última batida, poucas semanas após Patrícia completar 37 anos de idade. Ataque cardíaco – dizia a mãe. Finalmente, o corpo físico não aguentou a pressão interna das emoções soterradas a qualquer preço. Era como se a alma de Patrícia explodisse, ao abandonar o corpo em caráter definitivo. Tudo o que reprimira durante a vida física vinha à tona de maneira avassaladora, explosiva, descontrolada.

Patrícia parecia pairar, flutuar, enquanto sua consciência tentava de todas as maneiras juntar os pedaços de si mesma, de emoções, sentimentos, angústias e revoltas íntimas. Agora teria tempo, muito tempo para rever e avaliar sua vida. Ela vivia, apesar da morte e além da sepultura...

O relógio do tempo marcava exatamente 3h31 da madrugada.

SALVADOR

NA CAPITAL BAIANA, o barulho das sirenes incomodava profundamente. Sentia-se balançando de um lado para outro, jogado, chacoalhado; estava atormentado. Ainda repercutia em seus tímpanos, agora ultrassensíveis, o estampido da arma que alguém disparou. Estava numa ambulância a caminho do hospital. Não sabia quem o havia socorrido. O estado delirante parecia agora ser a situação normal de sua mente, pois via vultos, ouvia vozes; tudo indicava que chegara ao fim.

Lances de sua vida emergiam do psiquismo, transformando-se em *flashes* para logo depois formar imagens e cenas *ideoplásticas*, ou seja, originadas pelo pensamento. Assistia a si mesmo em cada uma das etapas de sua vida, as quais se sucediam na forma de imagens mentais, enquanto a ambulância o transportava para o pronto-socorro mais próximo.

Jovem, alto, de olhos claros, sempre teve uma aparência que chamava a atenção de moças e rapazes. A boca carnuda emoldurando um farto sorriso exercera atração sobre meninos e meninas por onde quer que andasse.

Desde bem cedo aprendera a tirar proveito da bela aparência, beneficiando-se ao exibir o corpo. As frequentes ofertas de dinheiro e mordomias logo o conquistaram e, de sedução em sedução, foi-se lançando no mercado como executivo do prazer. Aprendeu a vender o corpo, a vida, a virilidade. Desde a adolescência descobriu que a vida o dotara de intensa força vital, que canalizou para a realização e a promoção do prazer sexual.

Cedeu ainda mais; após alguns meses se entregando ao comércio do próprio corpo, adentrou o mundo das drogas. O montante arrecadado mensalmente com a prostituição já não era o bastante para sustentar os gastos com maconha, cocaína e, depois, a heroína, da qual se fizera escravo. Veio a necessidade de roubar para manter o vício.

Para a família, sempre afirmou que trabalhava em comércio internacional e, devido às diferenças de fuso horário, a empresa onde prestava serviço operava nos três turnos. Essa farsa justificava as noites que passava fora e os dias em que chegava, muitas vezes, ao nascer do sol. Como costumava contribuir regularmente com algum dinheiro, isso acalmava a maioria, embora a mãe desconfiasse de que o filho estivesse envolvido com algo inconfessável. Procurara o marido para falar a respeito de seus receios e preocupações, mas encontrou uma barreira imensa, um silêncio inquebrantável. Assim, acomodou-se e, justificando-se perante a consciência por meio da atitude refratária do esposo. Passou a ignorar as próprias intuições acerca do filho, de que algo estava errado com a conduta dele. Será que o pai sabia e se calava? A namorada do rapaz dava mostras nítidas de estar a par de alguma coisa, mas nada comentava, também. Tudo se passava como se houvesse um acordo tácito em vigor, uma proibição no ar, que ninguém conseguia romper.

O rapaz vendera não somente o corpo, mas também a alma. Os poucos valores internos adquiridos no contato com a família foram diluídos ou ofuscados à medida que se envolvia com as drogas. O corpo, sem resistir ao abuso a que foi submetido, logo passou a apresentar sinais de desgaste, tal como uma máquina da qual se exigiu além da capacidade.

Ronie fora chamado por um cliente que desejava satisfazer-se numa noite em que pretendia atingir o máximo da alucinação dos sentidos, inclusive com o uso de entorpecentes. O pedido viera na hora exata em que Ronie precisava de mais dinheiro para comprar drogas e abastecer-se por um período. Sendo assim, armara um plano para extorquir o precioso metal do cliente que atenderia naquela madrugada.

As cenas eram vívidas, e parecia que uma força sobre-humana o obrigava a rever cada passo. Já não sabia se estava de posse do corpo ou fora dele. Era aquilo tudo uma de suas viagens alucinógenas? Também não poderia responder à pergunta que emergia de sua consciência. Praticamente não se dominava mais.

As cenas continuavam a suceder-se uma após a outra. Via a si mesmo entrando em determinado bar para o tal encontro. Após algumas rodadas de uísque, do qual pouco bebia ou apenas esboçava experimentar, porém induzindo o cliente a goles intensos, resolveu dar o golpe. Ou melhor, preparava-se para o golpe final. Virou-se para o lado dissimuladamente e pôs algo na bebida que daria ao cliente rico. Porém não percebera, em nenhum momento, que o homem estava acompanhado. Duas outras pessoas o observavam no instante em que batizara a bebida. Pretendia dar o golpe que representaria sua salvação, segundo acreditava. Tratava-se do crime conhecido como *boa noite, Cinderela*, célebre e temido entre boêmios e frequentadores de casas noturnas.

Ao erguer o copo preparado na direção do cliente, foi violentamente abordado por aqueles que o observavam e já lhe conheciam a fama. O soco foi tão forte que Ronie caiu no chão, rolando de dor. Mas o preparo físico o fazia resistente, e ele levantou-se imediatamente, já com arma em punho. O burburinho foi geral, enquanto pontapés e garrafas voavam de um lado para outro. Do cliente, só via o vulto sendo retirado do local, e, atordoado, parecia ver em câmera lenta uma arma ser apontada em sua direção. Por um instante, sentiu-se paralisado. Outras pessoas que haviam sido suas vítimas também estavam ali, ajudando o cliente a se liberar do *boa noite, Cinderela*, um golpe no qual o indivíduo, sob o efeito da droga, tem os pertences roubados, quando não é assassinado. Aqueles que escapam veem-se com a saúde profundamente comprometida, às vezes com lapsos de memória, devido à droga ingerida em altas doses, até porque geralmente acompanhada de grande quantidade de bebida alcoólica. Além de, evidentemente, experimentarem forte abalo emocional.

Desta vez os planos de Ronie foram por água abaixo. De nada adiantaria o corpo sarado e fabricado nas academias ou os olhos prenhes de pujante magnetismo animal. Ainda em câmera lenta, divisou a arma e o disparo fatal. Desmaiou. Ou, quem sabe, morreu?

Tudo estava muito confuso em sua mente. Tentava a todo custo movimentar-se sobre a maca da ambulância que atendera ao chamado de emergência, mas o maravilhoso corpo não respondia às ordens mentais. Apenas o filme, a repetição de cada ato que vivera. Era constrangido a rever cada detalhe. Um túnel iluminado, imagens que mais pareciam um pesadelo, e algo diferente que ocorria consigo e em torno de si. Seria a morte? A bala havia acertado o coração?

De repente, as cenas foram se tornando mais vagarosas, até desaparecerem por completo. Ronie, agora, percebia um estranho silêncio.

Porém, tudo se passou em questão de minutos ou, talvez, segundos. Um forte turbilhão parecia arrancá-lo definitivamente do corpo. Sentia-se sugado por um túnel repleto de luzes que se alternavam entre sombras e escuridão; uma espécie de buraco negro, incrustado de holofotes ou algo assemelhado, o qual fazia a ligação entre o aqui e o mais além. Não tinha qualquer controle sobre a situação.

O medo incomum, o pavor e um pranto convulsivo expressavam o desespero ante o inevitável. Agora tinha certeza de que não era apenas uma viagem causada pelo uso das drogas. Algo mais sério acontecia. O túnel de luzes coloridas absorvia todo o resquício de matéria da qual se impregnava e na qual estava mergulhado. Parecia que partes minúsculas do seu corpo se soltavam, embora se sentisse ainda inteiro, mas inteiro sob outro ponto de vista. Segundo pressentia, despregavam-se placas de matéria orgânica do próprio organismo. Sentia-se livre de algo que não podia definir. Contudo, a mente, a consciência encontrava-se cada vez mais pesada. Verdadeiramente pesada. Então, veio a certeza absoluta, final, a sentença inexorável: acreditava piamente que estava morto, apesar de continuar pensando. O saber-se plenamente fora do corpo sobreveio exatamente às 3h31 da mesma noite de todos os demais acontecimentos em cidades a centenas e milhares de quilômetros dali.

SÃO PAULO

São Paulo estava regurgitando de gente: era o dia em que ocorria a Parada Gay. César chegara recentemente à cidade e ainda não se enturmara. Hospedava-se em um hotel próximo à região central. Deitara na cama mais simples do hotel que conseguira pagar com os escassos recursos financeiros trazidos de sua cidade natal. Ainda não sabia se participaria ou não da Parada. No entanto, mesmo que tivesse decidido, estava extenuado, muito cansado não somente com a viagem, mas porque a mente, excitada, fervilhava de ideias e emoções, naquele momento em que procurava se localizar, enquadrar-se na nova vida que esperava ter, a partir de então.

Deitou-se, como se deitara em tantas outras noites. Mas hoje, especialmente, acontecia algo diferente. Muito embora o barulho do lado de fora, na rua, da multidão que se reunia aqui e ali em alguns ambientes noturnos, César conseguiu pegar no sono. Mas não era um sono igual a outros sonos. Percebia um ligeiro formigamento percorrendo o corpo, como se pequenas formigas caminhassem sobre sua pele. Sentiu o braço direito parecendo levitar, de maneira que não conseguia coordenar os movimentos. César definitivamente experimentava algo que jamais vivera, nem mesmo nas reuniões mediúnicas que costumava frequentar.

Estaria morrendo? Quem sabe, tendo um AVC? Não saberia dizer, pois o fenômeno era insólito e não havia experimentado nada parecido até então. Seu corpo, agora, todo vibrátil, balançava-se de um lado para outro, como se estivesse deitado numa rede. Ou não era seu corpo? Seria seu espírito, que ensaiava projetar-se para fora do corpo, num fenômeno paranormal? A sensação até poderia ser agradável, não fosse o pavor que o dominou. Tentou a todo custo movimentar braços, pernas ou qualquer parte do corpo. Em vão. Estava paralisado; parecia magnetizado de tal maneira que, àquela altura, já não era capaz de sentir-se a si mesmo. Com certeza estava desencarnando. E nem sequer conseguira experimentar nada de intenso na vida! – pensou.

"Será que mereço sair da vida assim, sem ao menos viver alguma coisa mais profunda? E para onde irei? Para o umbral?"

O medo transformou-se em pânico e não pôde perceber a riqueza do fenômeno que ocorria consigo.

"Ai, meu Deus! Será que vou pro inferno? Pro umbral? Será que são meus obsessores que estão me arrastando para fora do corpo? Valha-me, Deus! Me ajude, Doutor Bezerra!..."

César esboçava um misto de grito e oração, acreditando, agora com absoluta convicção, que vivenciava o processo de desencarne. A mente conturbada, cheia de culpas infundadas e baseadas unicamente na orientação espiritual deficiente, fez com que sofresse amarguras sem que tivesse feito algo para tanto. A culpa, os problemas mal resolvidos da emotividade e os tabus incorporados às crenças pessoais formaram um clima mental complexo, que vinculou César a determinada situação ou condição. Como semelhante atrai semelhante, ele foi arrastado magneticamente, algemado a certos problemas e à dimensão mental, energética ou outra qualquer, na qual encontraria outras pessoas que, como ele, precisavam de reflexões produtivas, a fim de amadurecer e despertar.

3

ENTRE MEIOS

Num plano mais sutil, invisível aos olhos humanos, diversos personagens se reuniam, nos bastidores da vida. Poderiam ser classificados como espíritos familiares, seres que não são nem santos, nem anjos, apenas humanos que vivem fora do corpo físico, no período entre vidas, mas ainda inseridos no panorama humano da civilização extrafísica.

– Em breve veremos algumas almas se encontrarem para, juntas, desbravarem desafios íntimos em comum – disse certo mensageiro, que se reunia com amigos interessados na felicidade de determinado grupo de jovens.

– Parece que são mentes entrelaçadas por vivências em comum, culpas estilizadas nas máscaras que carregam até não aguentarem mais – observou um dos mensageiros, orientador particular de um dos personagens que desempenhava papel momentâneo no palco da vida, no mundo físico.

– Tenho minha atenção voltada para um deles, especialmente. Temo que o estado emocional possa levá-lo a um provável suicídio. Isso complicaria muito suas emoções, que, a esta altura, já estão comprometidas.

– Veremos o que é possível fazer. Contudo, não devemos ignorar que nossos amigos têm de escolher os próprios caminhos; são eles que escreverão a história de suas vidas. Embora caiba a nós prestar auxílio, não podemos impedir que vivam cada experiência, que sorvam cada gota do veneno ou experimentem o sabor do elixir que elaboraram. Cada um precisa enfrentar-se. Quem sabe, nesse encontro de almas, de seres em busca da própria felicidade, alguns deles possam encontrar o caminho melhor e mais excelente, aquele que os fará descobridores da felicidade?

– Não sei bem se nós mesmos encontramos a felicidade... Talvez estejamos fadados a procurá-la por toda a eternidade, trocando de corpo, vida e experiência, até que algum dia possamos nos descobrir por inteiro. Que possamos brilhar, enfim, sem este peso que algumas experiências na Terra trazem.

– Também sei que demandará longo tempo – falou outro espírito – até que tenhamos respostas satisfatórias para as questões concernentes à sexualidade. Porém, como já caminhamos um pouco mais na compreensão de alguns desses problemas que afetam diretamente nossos amigos na Terra, creio que podemos inspirá-los em seus desafios.

– Não podemos nos esquecer de que somos apenas *espíritos familiares* – lembrou um dos seres invisíveis. – Como tais, mesmo que tenhamos certa responsabilidade sobre a condução de nossos afetos, que enfrentam seus dilemas, temos de convir que nossas limitações são sérias. Não somos anjos.[1]

– Quem sabe não é exatamente por isso que estamos aqui, observando e tentando auxiliá-los? Exatamente porque não somos anjos nem conhecemos nenhum anjo do lado de cá da vida. Possivelmente, tenhamos de ajudar nossos amigos, que vivem seus dramas e dilemas, justamente a se descobrirem humanos. Afinal, não é para isso que todos nascemos na Terra, de modo que aprendamos a ser humanos, na mais exata acepção da palavra?

– Concordo plenamente – revelou o outro ser. – Vamos observar, inspirar e ajudar quanto pudermos. Devemos estar cientes de que cada um dos nossos pupilos, se assim posso dizer, traz uma marca íntima de sofrimento, decorrente de séculos de lutas, desacertos, construções e castrações mentais. São espíritos que naturalmente refletirão os padrões mentais forjados ao longo de sua trajetória, das experiências que cultivaram tanto durante a vida atual quanto nas muitas que tiveram. Além do mais, deve ser bem

[1] Cf. KARDEC, Allan. *O livro dos espíritos*. 1ª ed. esp. Rio de Janeiro: FEB, 2005. p. 317-330, itens 489-521.

claro para nós, a fim de ajudar adequadamente, que o sexo, neste momento histórico pelo qual passa a humanidade, é o grande desafio para o espírito inserido na experiência física.

– Não entendi o que quer dizer ou aonde deseja chegar com essa observação.

– É que, para essas pessoas com as quais lidamos de forma mais direta, o sexo e a sexualidade parecem ser um desafio muito maior e mais amplo até mesmo que o desafio da própria vida e da morte. Estão atrelados ao passado, quando fizeram escolhas, elegeram determinada forma de viver que repercute ainda hoje, em pleno século XXI, na maneira de encararem o cotidiano. Em certo sentido, pode-se afirmar que suas famílias, suas conquistas, seus ideais e sua religião resumem-se ao desafio do sexo. Não quero, com isso, dizer que estão vivendo num circuito fechado de pensamentos, mas que as situações de sua vida não chegarão a bom termo, não encontrarão solução enquanto não resolverem essa espécie de nó cármico. A vida sexual de todos eles parece representar muito mais do que uma simples vivência sexual, ou seja, é protagonista, e não secundária no cotidiano de cada um. Veem-se repletos de tabus, preconceitos, ideias equivocadas e, por conseguinte, culpa, muita culpa, que foi gerada pela educação familiar, religiosa e social a que se submeteram.

– Você quer dizer que, enquanto não enfrentarem seus problemas e dificuldades de ordem sexual, naquilo que afeta diretamente suas emoções, estarão fadados a repetir as mesmas experiências, até os resolverem?

– Não é bem assim. Tentarei explicar melhor. Toda vez que qualquer um de nós, os seres humanos em geral, deixamos algo mal resolvido em nossa trajetória, parece que não conseguimos crescer. Um homem começa a caminhada, seja na vida afetiva, profissional ou noutro âmbito qualquer; entretanto, quando falta pouco para atingir suas metas de felicidade e realização, algo parece dar errado e tudo desmorona. Vez atrás de outra, a experiência se repete – e vemos esse processo suceder com várias pessoas, em diversas partes do mundo. Há quem julgue que é magia que fizeram contra ele, que o azar o persegue ou, ainda, que Deus não gosta dele. No entanto, ao observarmos essa avalanche de situações conflituosas ocorrendo com diferentes indivíduos, podemos encontrar um denominador comum. É que deixaram algo nitidamente mal resolvido em suas vidas, em sua caminhada. Seja porque não se perdoaram por algo que julgam ter feito de maneira incorreta ou antiética, seja porque deixaram de pedir perdão a alguém a quem prejudicaram e, para tais pessoas, esse pedido seria crucial. Ou, então, trazem situações mais complexas que poderiam ter enfrentado, mas recuaram e desistiram.

– Compreendo – falou o companheiro do mundo invisível. – Então é a isso que você chama de nó cármico...

– Isso é apenas um termo do qual me utilizo, devido à precariedade do meu vocabulário. Em resumo, é algo assim. Uma situação mal resolvida pode representar um nó, uma pedra no caminho da pessoa; enquanto ela não retorna, enfrenta o desafio e se recompõe intimamente, fazendo as pazes consigo mesma, não consegue avançar, atingir a felicidade ou a meta preciosa para sua alma. No caso presente, nossos amigos têm algo em comum: a sexualidade. E nós, também, temos algo em comum com eles, do contrário não estaríamos aqui, auxiliando-os da forma como podemos.

– Entendo, meu amigo. Olhando para mim mesmo, sei que deixei algumas questões, digamos, em aberto, pois me faltam elementos para poder enfrentá-las. Sei que assim permanecem, até uma próxima reencarnação, quando, quem sabe, terei mais condições de retomar meus projetos de vida.

– Eu também – falou o outro espírito. – Vim

da última experiência terrena com alguns desafios; não soube reunir forças nem conhecimento a fim de superá-los.

– Vejam que os integrantes deste grupo de encarnados que reunimos apresentam situações semelhantes entre si. Neste momento, por mais desafiadoras que sejam suas lutas e guerras íntimas, são apenas humanos. Estão em busca de felicidade e realização. Alguns deles, por caminhos mais longos e, quem sabe, mais sinuosos. Mas, como diz um companheiro mais experiente: "Não estão sós aqueles que amam". E eu acrescento: Não importa o tipo de amor, ou a forma de amar. O que importa é que amem; que continuem na busca pela felicidade, como nós. De nossa parte, precisamos apenas ampará-los, sem coagi-los, sem tentativas de doutriná-los ou, até, enquadrá-los de acordo com esta ou aquela opinião. Que cada qual descubra o próprio caminho, que o conduzirá à realização interior, independentemente de sua forma de conceber a felicidade.

Em dado momento da conversa entre os habitantes do Invisível, um dos integrantes do grupo perguntou:

– Qual sua opinião, caro Samuel, sobre os espíritos que, ao estagiar no corpo físico, passam pela experiência da homossexualidade?

– Este é um tema delicado, meu caro Nestor. Creio, sinceramente, que merece profundo respeito de nossa parte ao abordá-lo. Antes de tudo, carece da compreensão de alguns termos, a fim de que não geremos mais dúvidas ou mesmo recaiamos em erros de interpretação, tão comuns a quem se mantém na superficialidade do assunto. Primeiro, alguns termos empregados como sinônimos de homossexualidade precisam ser bem compreendidos, pois não são adequados, já que se referem a outros tipos de comportamento ou identidade energético-espiritual.

– Você disse *energético-espiritual*? Nunca vi esse termo antes. Poderia esclarecer?

– Pois bem, meu amigo. Na Terra, entre os mais experientes no assunto ou mais esclarecidos, é comum distinguir entre identidade sexual e orientação sexual, que são duas coisas diferentes. A identidade sexual diz respeito a como o indivíduo se sente em relação ao sexo morfológico. Ele pode se ver em descompasso ou se sentir em harmonia com o tipo biológico do corpo que habita temporariamente.

"Explico melhor. Quando o espírito reencarna num corpo masculino, por exemplo, mas se sente um ser feminino, sua identidade sexual difere, portanto, da identidade física ou biológica. Diz-se haver aí um conflito de gênero. De outro lado, quando a alma reencarna num corpo feminino e seu psiquismo também se reconhece como um ser feminino, podemos dizer que a identidade sexual se iguala à morfológica, do seu corpo. Portanto, a identidade do ser psíquico pode, em alguns casos, ser diferente daquela apresentada pelo corpo em que habita. Já a orientação sexual pode ser entendida como sendo o direcionamento do desejo sexual e da afetividade para parceiros do mesmo sexo ou do sexo oposto. Quando falo em identidade energético-espiritual, refiro-me a algo muito mais profundo do que os sinais meramente físicos e psicológicos; reporto-me a todo o arsenal de conhecimentos arquivados no corpo mental do indivíduo."

– Então, pode-se entender que alguns nascem com a identidade energético-espiritual diferente da identidade física e que isso pode ser algo programado anteriormente, isto é, no período entre vidas, também denominado *erraticidade*?[2]

– Pode ser que sim, pode ser que não, meu amigo Nestor. Nem tudo é programado. Como regra geral, pelo menos ante o que temos ouvido do lado de cá, da parte de benfeitores mais experimentados, a programação reencarnatória[3]

[2] Cf. ibidem. p. 197, item 224.

[3] Cf. ibidem. p. 216-226, itens 258-273.

ocorre sim, mas obedece a certos fatores. Entre eles, o esclarecimento e o mérito do espírito reencarnante, além da tarefa específica que o indivíduo deve realizar na sua próxima etapa na Terra, se é este o caso. Do contrário, é preciso refletir.[4]

"Imagine um espírito comum, que não tem nenhum conhecimento de questões espirituais mais amplas e, talvez por isso mesmo, nenhuma atividade programada. Em determinada ocasião, ele se aproxima de um casal em plena realização do ato íntimo; dois parceiros sexuais, portanto. Muitas vezes, esse espírito é, por assim dizer, capturado magneticamente pelas forças sexuais que são exsudadas ali; nesse enlace magnético, vê-se cativo das energias geradoras do corpo físico, em plena ação no útero feminino. A verdade é que milhares de seres encontram-se nessa condição de uma concepção mais automática, mais da lei e menos fruto de intervenção e programa-

[4] A leitura apressada do texto indicado na nota anterior pode levar a uma interpretação errônea, tomando-se o princípio geral como sendo válido para qualquer caso. Em resposta à primeira questão de Kardec sobre a escolha das provas, lê-se: "Ele próprio [o espírito] escolhe o gênero de provas por que há de passar e nisso consiste o seu livre-arbítrio". A partir disso, há quem acredite que sempre se planeja a reencarnação. Adiante, Kardec mesmo rejeita essa hipótese, que lhe parece insensata, ao indagar: "Como pode o Espírito, que, em sua origem, é

ção espirituais. Eles nascem, morrem e reencarnam, sem ao menos ter consciência do processo pelo qual estão passando. São como sonâmbulos, que vivem do lado de cá da vida, mas não sabem que já morreram ou desencarnaram. Nascem no mundo das formas por imperativo da lei de atração dos corpos, segundo o mecanismo das leis divinas, em grande parte direcionados pelas leis físicas, inscritas e sintetizadas no DNA dos pais.

"Ante essa realidade, podemos observar espíritos comprometidos na área da sexualidade que precisam reencarnar e acabam atraídos para a formação de novos corpos. Eles não chegaram a escolher, pelo menos não conscientemente, o tipo de corpo ou a experiência pela qual passarão. Eis que nesses casos, meu caro Nestor, as leis físicas que regem o nascimento biológico já entraram em ação, e a mãe, por exemplo, poderá conceber um corpo masculino de um bebê saudável, do ponto de vista biológico. Mesmo assim,

simples, ignorante e carecido de experiência, escolher uma existência com conhecimento de causa e ser responsável por essa escolha?". Os espíritos lhe esclarecem, confirmando que tudo depende da maturidade do ser: "Deus lhe supre a inexperiência, traçando-lhe o caminho que deve seguir, como fazeis com a criancinha. Deixa-o, porém, pouco a pouco, à medida que o seu livre-arbítrio se desenvolve"(ibidem. p. 216, 219, itens 258, 262. Grifo nosso).

o espírito que se aproximou, naquele momento do enlace magnético sexual, poderá ser um espírito de mentalidade, experiências e psiquismo feminino. Embora entendamos que tudo que ocorre no mundo está dentro do planejamento divino e nada seja alheio à sua vontade, esse tipo de reencarnação não obedece a um planejamento efetivo de alguma entidade mais esclarecida ou dos prováveis mentores do espírito reencarnante. Houve mais o cumprimento de uma necessidade do que a execução de um planejamento detalhado.[5]

"Resultado: quando o espírito abre os olhos e toma consciência da nova vida, já ocorreu a união inevitável do espírito com a matéria. E ele nasce com a morfologia em dissonância com o psiquismo."

– Puxa, Samuel! A situação pode ser muito mais complexa do que imaginamos ou do que normalmente se ventila por aí. Posso entender, então, que nem sempre há um planejamento reencarnatório e que a maioria dos seres que reencarna no planeta pode nem saber o que se passa?

[5] "[Deus] pode impor certa existência a um Espírito, quando este, pela sua inferioridade ou má vontade, não se mostra apto a compreender o que lhe seria mais útil, e quando vê que tal existência servirá para a purificação e o progresso do Espírito" (idem. item 262a).

– Sim, provavelmente se possa afirmar que mais de 50% – isto é, a maioria – dos seres que desencarnam e reencarnam hoje, na Terra, nem sabem o que se lhes ocorre. Permanecem tão mergulhados em interesses próprios da esfera material que, ao chegarem do lado de cá da vida, continuam acreditando que estão vivos entre os vivos. E ao renascer, a maior parte nem cogita a reencarnação, tampouco compreende o que sucede. São os conhecidos sonâmbulos. Andam, vivem e caminham entre os desencarnados num plano bem próximo ao da matéria; por isso, dada a semelhança entre esse plano e o da matéria, não sabem distingui-los, pois o plano material é a única coisa que conhecem. Nem sequer tiveram o mínimo interesse em perceber e se esclarecer a respeito dessas diferenças.

"Sendo assim, como podemos imaginar, simplesmente, que haja um processo reencarnatório programado para todos os seres, sem levar em conta o esclarecimento, o comprometimento e a maturidade psíquica de cada um? Planejamento efetivo existe, é claro, mas me aventuro a afirmar que esse tipo de planejamento é para quem tem uma tarefa a desempenhar, seja no campo espiritual, científico, artístico ou outro qualquer, que mereça um investimento mais detalhado e exija um programa reencarnatório, a fim de oferecer recursos à realização de um trabalho divinamente inspirado e preparado. É para quem deixará as marcas na história do mundo, da humanidade, mesmo que seja sem grande notoriedade, numa comunidade familiar ou outra do gênero. Enfim, é para quem conquistou esse tipo de interferência espiritual pormenorizada ou para quem é alvo da intervenção de alguém de mais amplos recursos, que lhe abonou ou avalizou a reencarnação."

– Mas não existe o caso de algumas pessoas, reencarnadas como homossexuais, em que houve planejamento para que a experiência se desse nessas circunstâncias?

– É claro que sim, amigo! Mas podemos entender que foram fatores distintos, a depender da época e da cultura, que levaram este ou aquele espírito a optar por uma vivência assim. Primeiro porque, quando o espírito é consciente de sua realidade íntima, ou um pouco mais lúcido a respeito, sabe de antemão que, em determinada época da humanidade, ele terá este ou aquele tipo de prova ao escolher renascer como *gay*, homossexual, bissexual ou transgênero. Por exemplo, aqueles que viveram a condição homossexual nos anos 1920 ou 1930 experimentaram desafios bastante diferentes daqueles que espíritos na mesma condição viveram ao reencarnar nos anos 1980, sobretudo em sociedades ditas ocidentais. Paralelo semelhante pode ser feito ao se comparar a condição social do homossexual na Roma ou na Grécia antigas e, no extremo oposto, em países de maioria islâmica, na atualidade.

"Portanto, podemos entender que, se algum espírito optou por um corpo morfologicamente em desacordo com o psiquismo, mesmo renascendo em culturas de menor tolerância, é porque julgou que a experiência lhe serviria como fator reeducativo. Enfrentar as dificuldades inerentes à sociedade e à religião naquele contexto poderia atuar como forma de limitar seus impulsos, caso tenha chegado à conclusão de que tais impulsos mereciam reajuste. Porém, certamente não são as mesmas razões que o movem na hipótese de reencarnar no século XXI ou mesmo nas últimas décadas do século XX, a não ser numa cultura mais isolada e tradicional. Como sabemos, a partir dos anos 1990, e talvez desde uma ou duas décadas antes, houve relativa abertura mental, social e mesmo religiosa, tendendo para a aceitação daquilo que a sociedade condenava, de modo geral, e até via como doença."

– Agora compreendo melhor, Samuel! Então, podemos afirmar que os espíritos que renascem na época atual, em circunstâncias semelhantes, têm outros objetivos, ao menos nos casos em que houver planejamento reencarnatório.

– É isso aí! De qualquer modo, na atualidade existem desafios os mais diversos acerca da sexualidade, os quais podemos analisar por outro prisma. Um dos maiores problemas nos dias atuais, principalmente entre espiritualistas, são certos conceitos disseminados de forma irresponsável, sem levar em conta os transtornos e males que, de modo lento e progressivo, vêm causando e causarão, em médio e longo prazo.

Dando um tempo maior para a reflexão oportuna, a fim de que os outros espíritos pensassem, juntamente com Nestor, Samuel prosseguiu:

– Falo de médiuns, oradores e dirigentes espirituais que divulgam ou tentam incutir na mente de seus admiradores e do público em geral que são assexuados, que nunca fizeram sexo na vida ou que sublimaram as energias sexuais. Tal atitude é objeto de preocupação de elevados mentores da espiritualidade, tendo em vista o erro que significa a mera repetição do discurso de castidade da igreja tradicional, propalado por expoentes de ideias que deveriam ser renovadoras, e não conservadoras.

"Advindos de um passado em que se comprometeram demasiado com desvarios, que enchem suas mentes de culpa, e nas quais ainda ecoam os conceitos religiosos repressivos, excludentes e errôneos cultivados, esses expoentes tentam dar a impressão de que são diferentes – alguns, até, missionários ilibados – e por isso não fazem sexo. Como se aqueles que fazem sexo, sejam homossexuais ou heterossexuais, estivessem, por essa razão, distantes de uma espiritualidade erroneamente concebida nas mentes de pretensos missionários da infelicidade humana. Ou como se praticar sexo fosse uma coisa imunda, indesejável ou impura, alimentando, assim, a arcaica mentalidade medieval, infelizmente ainda tão em voga, que divide o mundo entre sagrado e profano e associa o sexo ao profano. Ora, o celibato do discípulo foi posto em xeque desde Lutero, desde o advento do protestantismo, no século XVI; vamos assistir a um retrocesso desses em pleno século XXI?"

Respirando fundo, como se quisesse conter a indignação com a difusão de um equívoco desse porte, continuou:

– Com esse tipo de desinformação que prestam ao movimento espiritualista, tais lideranças acabam por sustentar e fomentar ideias distorcidas sobre a sexualidade humana. Muita gente aporta nos templos espiritualistas cheia de conflitos íntimos e em franco desequilíbrio emocional, que advêm da ignorância sobre este e outros temas. Lá chegando, percebe que a comunidade tem como parâmetros a castidade ou a sublimação, quando não ouve recomendações veladas ou explícitas de que o melhor é reprimir seus impulsos sexuais. Como resultado, acaba por aprofundar suas dúvidas, acentuando culpas e fortalecendo ideias errôneas acerca da sexualidade.

– Fico pensando, Samuel – disse agora outro dos invisíveis, Arthur. – Se esses expoentes estiverem mesmo falando a verdade, isto é, que nunca tiveram experiências sexuais, chego a imaginar se não precisam é de tratamento psiquiátrico ou acompanhamento psicológico. Pois é muito difícil de acreditar nisso que contam e divulgam; no fundo, deve ser apenas para parecerem diferentes ou mais elevados.

– Esse papo de terem sublimado as energias sexuais é algo descarado, descabido. O que isso quer dizer, afinal? Que a libido foi totalmente canalizada para outros aspectos e, portanto, não há relacionamento, masturbação e nem sequer desejo? E isso é tido como saudável, no atual contexto da experiência humana? Imagine só! Recordo o que dizem os orientadores evolutivos da humanidade, sobre o sexo ser a última coisa que conseguiremos elaborar plenamente, a fim de conviver com essa força de maneira harmoniosa e pacífica, ao longo dos futuros milênios. Então, só me resta concluir que essas pessoas querem, com suas afirmações, é sugerir que estão mais evoluídas, à frente da maioria.

– É como disse, certa vez, um expoente das ideias espíritas: "O espiritismo é religião de católicos fracassados". Entendo essa afirmativa, sobretudo quando sei que quem propala irrefletidamente coisas assim, defendendo uma santidade irresponsável e compulsória, na maior parte das vezes é ex-religioso, ex-freira ou ex-padre reencarnado. Não se contentando em atrapalhar a vida dos antigos pupilos e paroquianos com os abusos praticados e os conceitos retrógrados e

deturpados que difundiram sobre sexo e, também, sobre a falsa virtude dos santinhos forjados pela Igreja, reencarnaram para continuar prestando um desserviço à causa de Jesus. Como outrora, querem alimentar a crença na superioridade e na santidade de lideranças religiosas, que, exatamente como no caso de sacerdotes, bispos, cardeais e papas, não resiste ao mínimo exercício do bom senso e da razão.

Agora, respirando mais fundo ainda, Samuel retomou o pensamento:

– Precisamos, então, encarar a sexualidade humana, em suas variações e formas de manifestação, como algo natural, e não emprestar peso tão grande à questão, gerando culpa e acentuando os dramas daqueles que estão a caminho do descobrimento interior. Sexo, homoafetividade, homossexualidade, masturbação, bissexualidade, erotismo: nada disso jamais foi pecado nem tampouco atrai obsessores, como afirmam alguns, até porque pecado é uma concepção católica, forjada com o intuito de coibir o pensamento, a análise, a consciência e as atitudes humanas daqueles que se submetem à influência dessa expressão de religiosidade. De forma equivalente, usam o conceito e a existência de obsessores – isto é, de espíritos que estabelecem relações infelizes com encarnados – exatamente como os padres de antigamente utilizavam a figura do diabo, com o objetivo de coibir a liberdade de expressão e a felicidade alheia, já que se sentem infelizes, de alguma maneira. Mas, convenhamos, a idade da ignorância já passou há muito! A idade da manipulação mental, emocional e cultural por parte dos religiosos foi algo marcante na história medieval; porém, estamos em pleno século XXI... Muito embora ainda haja espiritualistas usando as mesmas máscaras de séculos atrás, paralisados e engessados no tempo.

– É possível compreender essa postura tão ultrapassada, presente em algumas pessoas, quando consideramos o peso da culpa que acompanha a tradição judaico-cristã, ao longo de mais de 2 mil anos – falou Arthur. – E quando comparamos esse tempo com os menos de dois séculos de espiritualismo, num sentido mais amplo, é possível entender por que a maioria dos que hoje coordenam muitos movimentos de esclarecimento da humanidade ainda precisa se libertar de conceitos obsoletos, que embotam a mente tanto quanto a caminhada de muita gente.

Voltando-se para Nestor, Samuel falou, da forma como se fala, sem barreiras, a um amigo de longa data:

– Todos trazemos o passado comprometido com as questões da sexualidade, seja como heterossexuais, bissexuais ou homossexuais que são condições nas quais transitamos ao longo das existências. Não há santos entre os desencarnados, por mais que esse fato decepcione número tão grande de espiritualistas. Nem mesmo entre os chamados mentores, que muitos médiuns e adeptos parecem ter beatificado e canonizado, de modo a dar mais *status* a seus dirigentes espirituais e sugerir que são mais elevados que os demais. Somos todos apenas humanos.

“Muito discurso que se ouve aqui, do lado de cá da vida, principalmente entre espíritos ainda apegados ou afeitos ao modo de vida católico ou religioso extremista, talvez até possa soar bonito, mas apenas como discurso, em si. Porém, sinceramente, quero ver quando esses mesmos espíritos, santificados compulsoriamente pelos valores que lhes foram imputados por seus médiuns, estiverem reencarnados. Como dizem na Terra: na prática, a teoria é outra…"

Continuando a fala, agora mais recheada de emoção, para seus ouvintes do Invisível, Samuel prosseguiu:

– Eu mesmo, como bem me lembro – e como me lembro! –, trago da minha última existência na Terra muitas lembranças difíceis, que remontam aos meus primeiros momentos de infelicidade, naquela encarnação, quando confrontado com as deturpações e os preconceitos da crença neopentecostal, da forma como era cultivada no círculo familiar em que me criei. Ao longo do tempo, inconformado com as diretrizes que recebera e que me marcaram profundamente a existência, modifiquei o rumo de minha vida, absorvendo os ensinamentos do moderno espiritualismo, na interpretação do Evangelho segundo a ótica espírita. Só então é que consegui relativa liberdade mental e certa tranquilidade, embora ainda permanecesse agrilhoado a determinados conceitos difundidos por alguns expositores daquelas ideias renovadoras. Os novos ensinamentos que absorvi demoraram a criar massa crítica em mim, de forma a capacitar-me a reconhecer onde terminava a ideia espírita e começava o ponto de vista a respeito dela, nem sempre enriquecedor.

– Quer dizer, então, que você nem sempre esteve na posição em que se encontra hoje? – questionou Nestor.

– Que posição, amigo? Aqui sou apenas mero aprendiz; nada mais. Não sou mentor, segundo o termo que se emprega no movimento espiritualista... Graças a Deus! Assim, me sinto mais livre, mais humano e igual aos outros, com quem convivo. Sou um espírito familiar, apenas isso. Aliás, a maioria dos chamados mentores não passa de espírito familiar, que deseja o bem daqueles que lhe são caros, os quais ficaram na outra margem da vida. Tanto quanto você e os demais, vejo-me como alguém simplesmente humano, que precisa se dedicar, e muito, ao estudo, a fim de praticar aquilo que aprende na escola da vida.

– Ah! Mas você é diferente. Já estudou muito mais do que a maioria de nós aqui; isso está implícito em suas palavras. Não pode negar que já é um instrutor de um grupo de espíritos, do lado de cá da vida.

– Instrutores não são anjos nem santos, Arthur! Trata-se apenas de um papel que desempenho, de uma palavra que define meus encargos por aqui. Nada além disso! Todos trazemos desafios, problemas, complexos ou mesmo obstáculos criados em nossas experiências. E conhecimento, pura e simplesmente, não significa elevação. Quem muito conhece, muito está comprometido, ou muita responsabilidade tem.

Sem colocar um ponto final no assunto, mas apenas dando uma pausa para melhor observar os amigos encarnados com os quais lidavam de forma mais direta, Samuel encerrou a etapa de discussões com o comentário:

– É preciso concentrar nossa atenção nos dramas de nossos amigos encarnados. Eles estão em situação delicada e merecem nosso concurso, embora devamos permanecer ocultos, por enquanto, observando o que fazem e o que está por trás de suas palavras, intenções e atitudes. Eles precisam se encontrar, ou ao menos parar de fugir com tanto ímpeto, mas, para isso, o caminho pode ser longo. Pode ser de apenas um minuto... Quem sabe nesse minuto a eternidade se esconda, o tempo pareça dilatado e as oportunidades se renovem? Vamos, observemos o que ocorrerá no próximo minuto das vidas de nossos amigos.

4

3H32 DA MADRUGADA DA VIDA

O AMBIENTE ESPIRITUAL fora esculpido pelo calor e ardor das emoções conturbadas daqueles espíritos. Medos, angústias, sentimentos, esperanças e expectativas de cada um deles contribuíram para plasmar a atmosfera psíquica na qual se viam envolvidos. Prisioneiros das próprias dificuldades íntimas, da culpa abrigada na mente, elaboraram inconscientemente o ambiente espiritual ou fluídico ao derredor. Afinal, a substância plástica da matéria astral assume a forma que a mente e as emoções lhe imprimem. Tanto o aspecto purgatorial quanto o celestial, assim como as cadeias que agrilhoam a criatura no Além, constituem meros reflexos de sua mente. Quanto mais se crê, mais se vê. Contudo, as paisagens paradisíacas ou infernais, sensíveis ou grosseiras não refletem uma realidade permanente. Tudo é passageiro. Tudo é projeção das sombras ou das luzes que irradiam do ser.

A mente prisioneira da culpa, do remorso ou das angústias de uma existência mal definida ou mal resolvida exterioriza a paisagem íntima em torno de si. Da mesma forma, a mente sadia, que se esforça por cultivar emoções enobrecedoras e elevadas, projeta ao redor as imagens condizentes com a qualidade da vida mental superior.

Através de mil formas, de mil vidas, o ser

eterno vai aprimorando o psiquismo em meio às contingências da vida material, social e familiar. Detentor de uma riqueza interior inestimável, o espírito investe nas sucessivas vidas, estagiando nas diversas expressões da forma, conforme a necessidade particular do momento evolutivo que atravessa. Homem e mulher são apenas aspectos exteriores necessários ao mundo da forma,[1] e nem sempre a fisiologia representa o ser psicológico aprisionado nos limites do corpo. O sexo, patrimônio sagrado do espírito, é expressão da polaridade íntima e aguarda os séculos e milênios para ser compreendido.

A vivência da sexualidade será, dessa forma, uma questão comportamental profundamente ligada às matrizes psicológicas construídas ao longo das vidas sucessivas. Não há como padronizar o comportamento como expressão do ser imortal, uma vez que a variedade tão grande de criaturas e de experiências não nos permite uma visão acertada, ampla e profunda da situação íntima de cada um. Tampouco é possível estabelecer regras rígidas para comportamentos, ideias e pontos de vista, classificando-os entre o que é e o que não é normal ou aceitável. Não há como dizer que este tipo energético ou aquela identida-

[1] Cf. ibidem. p. 173-174, itens 200-202.

de afetiva e sexual seja a mais correta ou a única forma de expressão do ser.

Em cada vivência, um aprendizado; em cada atitude, uma experiência. Bem e mal deixam de ter a conotação moralista e legalista para ceder lugar ao comportamento ético dos seres que se emancipam mais e mais na escola da vida. Muitas vezes, indivíduos veem-se reféns de medos, angústias e pesares; outros, em plena fase de aprimoramento íntimo, libertam-se de tabus e preconceitos, ampliam conceitos e, assim, elaboram o clima mental e emocional em que viverão, de acordo com a maneira como transitaram

na última existência física.

As prisões invisíveis – porém, reais – que cerceiam a pretendida liberdade são apenas a projeção do lado obscuro, que emerge do inconsciente profundo. Tal projeção determina o limite de ação de cada um. Eis por que o ambiente espiritual, físico ou social é o reflexo vivo do mundo íntimo.

Sem escapar a essa realidade universal é que Patrícia, Paloma, Hugo, Ronie, César e Adir aportaram em outra dimensão da vida, embebidos em lembranças, crenças, dúvidas e conquistas pessoais. Estavam numa espécie de transição entre as dimensões da vida; localizavam-se num plano onde, devido à sua extrema maleabilidade, a realidade interior se fazia facilmente palpável.

Um sétimo personagem se encontrava ali, e outros mais, invisíveis, imperceptíveis, com o intuito de recebê-los ou, quem sabe, compartilhar suas experiências.

Sentindo-se prisioneiros, embora sem celas nem grades, mas também sem nenhuma possibilidade de fuga perceptível naquele momento, pouco a pouco foram se revelando intimamente.

Como que envolto numa rede invisível, numa espécie de teia de aranha, que o cerceava por inteiro e coibia movimentos mais amplos, ouviu-se a voz, quase um grito, do rapaz:

– Onde estou? Que desgraça é esta que me aprisiona? – perguntou Ronie, ainda com fortes imagens mentais do que lhe ocorrera.

– Quem são vocês? – gritava, sem obter resposta imediata.

Ao examinar a substância que o envolvia, concluiu que se tratava de algo parecido com uma teia de aranha, porém feita de material pegajoso. Somente com grande dificuldade conseguia se desvencilhar da matéria que o dominava, mas parecia-lhe que uma força descomunal o arrastava de novo para aquela armadilha. Porém, a força parecia não ser externa, mas interna. Era algo que emanava dele próprio, pôde notar. Tomado de imensa angústia, logo percebeu que não estava sozinho ali. Havia vultos – outras pessoas ou outras almas.

Em determinado lugar, em meio ao lusco-fusco do ambiente, jazia Patrícia, deitada em posição fetal, gemendo baixinho.

Ajoelhado mais além, Adir, o pastor, parecia balbuciar algo com os lábios, acostumado a fazer uma oração puramente mecânica. O desespero íntimo parecia se avolumar.

– Onde estou? Será isto aqui o portal do inferno? Não pode ser! Não pode! Eu fui salvo. O Senhor está testando a minha fé...

Adir saía correndo de um lado para outro, na tentativa de sair daquela situação, encontrar uma porta, uma resposta ou explicação em seus conhecimentos limitados. Em vão.

Hugo parecia estar prestes a perder o juízo. Vez ou outra dava gargalhadas, que se seguiam logo após intenso pranto. Paloma, quieta, cabisbaixa, parecia mergulhada em seus próprios pensamentos e recordações. Não sabia onde estava. Não queria saber. Tinha a mente funcionando em circuito fechado; pensava na própria vida. Refletia.

Em pé, alguém os observava. Seria apenas uma pessoa a mais, ou várias que os observavam? Não podiam precisar. Pelo menos, não por enquanto. Não viam o vulto, o ser diretamente, mas o percebiam. Sabiam que eram observados. Era apenas uma sombra? Uma aparição? Todos pressentiam sua presença, mas ninguém o conhecia, também não se conheciam. Mas será que queriam se conhecer?

– Quem são vocês? Onde estou? – continuava Ronie a gritar, a se exasperar. Tomando uma atitude, levantou-se meio cambaleante; segurando as pessoas ao redor, sacudia um a um seus companheiros, estranhos entre si.

– Acordem, reajam! Estamos todos metidos neste lugar e vocês aí, parados? – berrava, agitava-se e exprimia seu inferno interior através das atitudes violentas. Tentava a todo custo obter uma reação daquelas pessoas que estavam com ele, compartilhando o espaço. Ou não seria um espaço, seria uma situação? Não importa. Naquele momento, nem Ronie nem os demais sequer sonhavam com o que estava acontecendo. Não haviam se preparado para essa realidade.

Em meio às tentativas de despertar aquelas pessoas, um suspiro foi ouvido. Um suspiro profundo, alto, perceptível, que mexeu com todos. Ficaram apavorados diante do desconhecido. E como não viam a pessoa da qual partiu o suspiro, o temor aumentou exponencialmente.

Um misto de medo e pavor pareceu acordar alguns, enquanto Ronie parou, silenciou, tentando perceber mais alguma coisa.

– O sangue de Jesus tem poder! – bradou Adir, alto e bom som.

– Só faltava essa! – disse Ronie, entre o deboche e o desespero. – Um religioso, talvez um crente miserável preso aqui comigo... Eu tenho que aguentar cada uma, viu? Numa desgraça dessas e ainda me vem um maldito crente...

– Você ouviu aquele suspiro profundo? – perguntou Adir.

– Claro que ouvi! Não estou surdo!

Pensando um pouco mais, complementou:

– Ou melhor, não sei se ouvi ou se percebi. Mas foi algo assustador.

Patrícia, recolhida em seu mundo particular, ameaçou despertar, erguendo a cabeça, para logo depois deitar-se novamente. Ou melhor, cair sobre aquele solo indefinível. Ela sentia um odor dificilmente suportável; lembrava fezes, podridão, algo assim. Mas será que os outros também sentiam a mesma coisa?

Hugo parou em meio a uma gargalhada; petrificado, acordou do seu transe privado. De onde viera a gargalhada? De que local? De quem? Não sabia se o que ouvira era real ou um trote de seu subconsciente.

– O que está acontecendo? Onde estou?

Olhou à volta e só então percebeu os outros.

Corrigiu-se:

– Onde estamos? Que lugar é este?

Ronie adiantou-se:

– Onde estão as paredes deste lugar?! – falou, perguntando a qualquer um, apontando para o pastor Adir. – Já notaram que aqui não tem paredes?

– Sim – respondeu alguém. – Já tentei ultrapassar certo limite, mas não consegui. Sempre que penso chegar a um lugar, estou de volta ao ponto de partida. Que lugar é este afinal? O que nos aconteceu?

Paloma foi a próxima a se manifestar, quase lentamente, depois de despertar de suas reflexões.

– Acho que morremos todos. Somos almas do outro mundo, e isso aqui é o purgatório... Ou – falou agora mais pausadamente e quase muito baixo – o inferno particular de cada um de nós.

– Mais uma... – ouviram Ronie debochar.

Perceberam logo a presença de Paloma, que se erguia consertando a peruca. Adir imediatamente interferiu na fala de Paloma:

– O purgatório não existe. A Bíblia não fala dele. Mas acho que algo grave nos aconteceu. Mas não morremos, não. Se estamos todos conscientes...

– Quem é você? – perguntou Hugo.

– Meu nome é Paloma. Não sei ao certo como vim parar aqui, mas de uma coisa tenho certeza: estamos fora do mundo. Talvez mortos, talvez sonhando; quem sabe num pesadelo?

A voz de Paloma dava a impressão de ser um misto de voz de homem e de mulher. Um tom mais grave que o habitual, que ela conseguia disfarçar apenas levemente. Mas isso não passou despercebido de Hugo e Ronie.

– É um travesti... – murmurou Hugo para Ronie. O desgraçado é um boiola mesmo.

– Então ele está certo – respondeu Ronie com um olhar de deboche para Paloma e quase ignorando a observação do companheiro de infortúnio. – Estamos mortos, e no inferno!

O comentário e a atitude dos dois refletiam o desprezo e, ao mesmo tempo, o preconceito.

Paloma levantou-se cambaleando e foi em direção a Patrícia, que jazia deitada, ainda. Passou a mão em seus cabelos, sacudiu-a levemente, na tentativa de acordá-la.

Neste instante, novo suspiro se fez notar. Dessa vez, mais profundo, mais forte e perceptível do que antes. A reação de todos foi do mais puro e autêntico pânico. Correram a esmo, para lá e para cá, na tentativa de se libertarem daquela situação. Porém, retornavam sempre ao mesmo lugar. Pareciam imantados àquele ambiente diferente, surreal.

Seria aquela uma prisão espiritual? Talvez, o portal do inferno de cada um? Ou foram abduzidos, de alguma forma que não sabiam explicar? Quanto mais corriam de um lado para outro, tentando encontrar uma saída possível, mais se deparavam consigo mesmos e chegavam a lugar nenhum. Talvez estivessem todos reféns de suas memórias, de sua própria mente? Mas, se era assim, como se encontraram todos, sem que nem sequer se conhecessem antes? Quem os reunira ali? Ainda não haviam atentado para certos detalhes. Não sabiam que todas as pessoas ali reunidas traziam uma característica em comum. Aliás, sabiam muito pouco de si mesmos. Enfim, não adiantava correr, pois não havia saída, seja lá o que fosse aquele local ou aquela dimensão.

De qualquer modo, o medo, o pânico tomara conta de todos ou quase todos. A presença de alguém mais, que apenas podiam perceber através de outros sentidos, por sensações incomuns, era quase algo palpável, real, mas não perceptível pelo olhar; pelo menos ainda não. A visão de todos estava restrita, profundamente restrita a si próprios, e suas percepções, estritamente ligadas aos problemas e limitações de cada um. Mas o medo pairava como um fantasma, e a dúvida, como um vulto, perseguia a todos.

Num recanto qualquer ou numa situação semelhante, de repente, quase num passe de mágica, apareceu um rapaz, não se sabe de onde. Era César, que parecia haver sido abduzido, transportado para o local comum ou a dimensão mental da qual todos se encontravam cativos. Chocado, apavorado, sentia-se deslizar, quase escorregar pelo solo invisível. Aliás, ninguém ainda havia percebido um solo, um chão, no sentido literal. Sabiam caminhar ou deslizar sobre determinada superfície; entretanto, o que era em cima e em baixo naquela situação?

César chegou e trouxe mais pânico ao contexto em que todos se viam. A forma como se materializou no ambiente dava a impressão de que ele era um fantasma, uma aparição que, de um momento para outro, transformou-se em alguém tangível, palpável, mas não menos assustador. Havia algo diferente em César. Ele, quase sem sentidos, quase sem se dar conta do que ocorria, ousou perguntar. E a voz que emitiu foi uma voz diferente, também. Gutural, era quase um sussurro:

– Onde estou? Estarei morto? Quem são vocês, que se arrastam por aqui? Meu Deus, estou perdido, num limbo? No umbral?

– Outro perdido, como nós. Pensei que apareceria uma alma penada que esclarecesse a situação que estamos vivendo – queixou-se Hugo, exalando desespero, mágoa profunda e raiva incontida. – Mas, não! Outro miserável que aparece do nada pra atormentar ainda mais nossa vida.

– Quem são vocês? De onde vêm? – perguntou o recém-chegado.

– Somos como você: miseráveis, perdidos ou, então, um bando de gente abduzida por algum ET desgraçado que nos jogou aqui e deu o fora.

Adiantando-se aos demais, Paloma se apresentou, oferecendo uma ideia que talvez pudesse ajudar:

– Sou Paloma. Somos sete pessoas ao todo, com você. Também não sabe como chegou aqui? Tem alguma ideia de como veio para este lugar? Quem sabe pode nos ajudar? Quem sabe se tentarmos recordar o que aconteceu conosco poderemos nos auxiliar? Pelo menos tentar lembrar as últimas coisas que nos ocorreram antes de virmos para cá.

Balbuciando, quase chorando, o rapaz respondeu, prestes a clamar por socorro:

– Meu nome é César. E, sinceramente, não sei como vim parar neste lugar. Vocês não têm nenhuma ideia? Se chegaram aqui antes de mim, talvez saibam de coisas que não sei ainda...

– Lembro-me de ter saído da boate onde eu trabalhava. Eu sou um artista, um transformista, e trabalho na noite para arrecadar fundos e manter algumas pessoas necessitadas de auxílio. Além disso, gosto muito do que faço. Me realizo nos palcos.

– Travesti! Você é uma traveca, é isso. Conheço bem esse tipo... – falou Ronie, agredindo Paloma. Parece que ele adotava um tom mais agressivo toda vez que se dirigia a ela.

– Para com isso, ô grandão! – protestou Hugo, embora não nutrisse nenhuma simpatia por Paloma. – Você fala o tempo inteiro contra travestis, contra quem você nem conhece ainda e vive gritando. Afinal, se é tão correto assim, tão santinho e macho como quer fazer parecer, por que se inquieta tanto? Por que fica atirando pedras, agredindo? Não estamos todos na mesma? Não estamos tentando entender o que se passa por aqui, entre nós?

– Isso mesmo! – falou César entrando na conversa, a princípio timidamente. – Quem sabe tentando recordar, refazer os passos de cada um antes da chegada neste lugar não possamos juntar os pedaços de recordações e formar uma ideia mais exata do que é este lugar ou no que estamos metidos?

Olhando para Paloma, que estava quieta, quase cabisbaixa, pois sentira-se agredida mais uma vez, César prosseguiu:

– Continue a falar. Vamos, talvez encontremos um denominador comum nas histórias de cada um aqui.

– Boiolas!... – resmungou Ronie, calando-se em seguida.

– Bem, como eu dizia antes, sou artista. Mas também trabalho como estilista numa empresa de moda, numa grife conhecida da capital paulista. Lembro-me apenas que ia saindo do meu ambiente de trabalho e não tive tempo sequer de trocar de roupa ou retirar a maquiagem. Recebi um telefonema de uma das meninas que tento auxiliar. Ela estava desesperada, precisando de socorro, pois havia tomado uma dose excessiva de droga. Estava caída num canto de rua de uma região horrorosa da cidade. Eu me dirigia para lá, por isso nem pensei em retirar a peruca, a maquiagem ou as roupas que fazem parte de um personagem que represento. Assim que virei a segunda esquina, ouvi tiros e um monte de pessoas fugindo, gritando feito loucas. Nunca havia passado ali naquela hora, principalmente a pé; jamais pensei em transitar naquele local. Foi então que fui agredida por um guarda, um policial. Caí no chão, e o restante ocorreu tão depressa que nem me dei conta dos detalhes. Senti algo no peito, alguma coisa que rasgava o meu peito. O interessante é que me toquei, procurei a possível ferida e não encontrei nada em meu corpo que explicasse aquela sensação. Sei apenas que dormi, ou desmaiei, para acordar, logo em seguida, neste lugar, junto de vocês.

Quase em pranto, Paloma foi logo perguntando, talvez para si mesma:

– Será que morri? Será que morremos?... Foi o que me perguntei o tempo todo, desde que cheguei. Não sei quanto a vocês, mas, quanto a mim, tenho convicção de que não estou mais no mundo dos vivos.

– Está louca! Você está drogada, por acaso? Se você está morta ou se sente como tal, então quer dizer que todos nós estamos? Não pode ser! Jamais! – falou Adir, quase aos prantos, pois agora parecia que o desespero vencera a barreira da sua fé, da sua máscara de fé ou de culpa.

– Claro que esta... – começou Ronie, corrigindo-se ante o olhar de censura dos demais. – Claro que Paloma pode estar certa. Eu me lembro também: estava num bar, fui correndo ao encontro de um cliente que queria um programa de última hora...

– Programa? – perguntou Hugo, ao mesmo tempo que Paloma. – Que tipo de programa o levaria a um bar? Por acaso...

– Não! Vocês não entenderam. Não é isso que pensam... – tentou disfarçar Ronie. – Sou um executivo e trabalho com prestação de serviços a alguns ricaços da capital baiana...

– Peraí! Então, você veio de Salvador? – perguntou Hugo, profundamente inquieto, relacionando o que Ronie e Paloma haviam dito. – Se Paloma veio de São Paulo, eu vim do Rio de Janeiro e você, de Salvador, como pode? Viemos todos de lugares diferentes e estamos presos na mesma situação?

O silêncio se fez de repente, como se todos estivessem pensativos ou tentando entender o quebra-cabeças.

– Eu vim de Curitiba – falou César. – Quer dizer, me mudei para São Paulo recentemente. E os outros?

– Já verifiquei com os outros – disse Paloma. – O pastor Adir é da Baixada Fluminense. Sobre Patrícia, não consegui saber. Ela está numa espécie de coma.

Rompendo o silêncio que novamente se estabelecera, Ronie continuou o relato:

– Eu me lembro de uma briga no bar onde estava. Depois, em meio a toda confusão, parece que minha mente viajou feio e senti alguma coisa penetrando-me, uma bala, um disparo de alguma arma, além de pedaços de memórias ainda relativas à briga em que me envolvi. Nada mais!

– Afinal, o que você estava fazendo, mesmo? Disse que era um programa qualquer? Por acaso você é garoto de programa? É isso? – perguntou Hugo, visivelmente interessado na história de Ronie, encarando-o firmemente.

O interlocutor ficara totalmente indefeso ante o olhar inquiridor de Hugo e os olhares dos demais, que o encaravam. Não conseguia responder; não conseguia negar. E isso foi o bastante para que todos soubessem que estava mentindo.

– Então, você é garoto de programa!... É isso! – falou Hugo, num tom inconfundível de reprimenda, de acusação.

– E por que, então, você tentava o tempo inteiro me recriminar, me discriminando e me confundindo com um travesti? Mesmo que eu fosse um travesti, mesmo que vendesse meu corpo, como é que você se acha na condição de apontar meus possíveis erros se você próprio vende o corpo? E ainda se diz executivo... – falou Paloma, agora num tom mais intenso, numa forma de se expressar antes não percebida nela.

– Eu sou o que sou e ninguém tem o direito de me punir, de desrespeitar meu estilo de vida. Ninguém aqui pode me censurar. Eu vendo o que é meu, o que me pertence e pronto – falou batendo no peito várias vezes, fazendo gestos e vociferando palavrões, como se isso fosse inspirar mais respeito.

O pastor Adir, aproveitando as revelações de

cada um, não perdeu tempo para emitir seu juízo e dar sua interpretação da situação:

– São todos uns perdidos! São pecadores, prostitutos e sodomitas, filhos do pecado e da maldição. Só não entendo o que ocorreu comigo. Por que Deus me puniu me deixando aqui, preso com uma gente do demônio, filhos do pecado, como vocês?

– Ora, ora, engula suas palavras, crente dos infernos! – vociferou Ronie, que parecia não ter travas na língua. – Se você está aqui e se estamos todos mortos, como diz essa bichinha, então é porque você é tão pecador quanto nós.

E em meio a gargalhadas, mais de desespero e nervosismo, mas também como defesa, Ronie perguntou, em tom de provocação, tentando tirar a atenção de si:

– E qual é o seu pecado, santinho do pau oco? Qual a sua culpa para estar atrelado a nós?

– Eu fui batizado no sangue de Jesus. Eu tenho minha alma lavada no sangue do Senhor.

Após breve silêncio constrangedor, todos escutaram um suspiro, um fôlego de alguém que parecia ouvir a todos e que certamente registrara o que Adir havia dito. O pavor novamente tomou conta de todos, inclusive de César, que havia chegado há pouco. E novamente o silêncio, a aparente calmaria, que escondia as tormentas de cada um, o medo que os dominava.

Rompendo o silêncio, talvez para se distrair do temor pelo desconhecido, Adir tomava a palavra, quem sabe envergonhado por haver se portado de maneira tão pretensiosa perante os demais, talvez para disfarçar a falta de equilíbrio, de compreensão do momento pelo qual todos passavam, quem sabe...

– Eu senti dores no coração. Desde muito tempo vinha sofrendo com a angina e pensei sinceramente que Deus haveria de me curar. Sempre acreditei e preguei que Jesus cura e liberta... mas eu não fui curado! – demonstrava sua amargura e decepção num pranto quase convulsivo. – Pensei que, me entregando ao Senhor, ele me livraria da enfermidade. Não queria procurar um médico, pois, se eu o procurasse, isso significava atestar a impotência da minha fé e do poder de Deus de curar e libertar. Não procurei nenhuma ajuda humana, pois acreditei que o poder do Espírito Santo me curaria e o sangue de Jesus me lavaria de todo o mal. Ah! Como eu estive enganado! – novamente, o pranto convulsivo. – Senti a morte chegar bem perto, senti que a vida ia embora do meu corpo, mas eu sei que não morri. Eu estou vivo, aqui, conversando com vocês; portanto, não posso ter morrido. Além disso, se estamos juntos, tem algo de muito errado nesta situação.

– E o que está errado, pastorzinho? O quê? – interferiu Ronie de maneira sarcástica, esbarrando em Adir propositalmente.

– É que a Bíblia promete o paraíso para quem aceitar Jesus! E se nós morremos de verdade, o que eu faço aqui, junto com pecadores? Com pessoas perdidas, com os filhos do inferno, do Satanás?

– Acontece, meu amigo – interferiu agora o recém-chegado César –, que me parece que todos aqui temos um denominador comum, ou ao menos a maioria, já que nem todos falaram ainda. Temos algo muito mal resolvido com relação às nossas vidas. Ao que parece, ao menos Paloma e Ronie têm algo em comum, alguma coisa que os mantêm prisioneiros a este local. Só precisamos saber se os outros de nós também temos os mesmos motivos ou as mesmas coisas em comum a serem resolvidas.

– E o que teríamos em comum, conforme você pensa? O que você tem em comum conosco?

– Não sei bem ainda, mas acho que temos de descobrir. E descobrir nossas pendências talvez seja a chave para nos compreendermos e compreender o que está se passando. Quanto a mim, sou espírita, ou fui espírita, caso esteja morto, como talvez esteja. E sei que tenho muitas coisas não resolvidas dentro de mim. Principalmente em matéria de sexo, que sempre foi algo carente de resolução em minha vida religiosa. Sempre encarei o sexo como algo complicado e me privei de inúmeras oportunidades de me relacionar com outras pessoas. Eu me puni não me permitindo viver a minha sexualidade. E, agora que talvez esteja morto, não há como esconder mais. Não há como não admitir para mim mesmo o quanto me castrei em nome da intepretação doutrinária à qual me habituei.

– Então você acha que todos nós estamos aqui porque temos alguma pendência na área sexual? É isso mesmo que acha? – perguntou Hugo interessado no assunto e já um tanto preocupado consigo mesmo.

– Não sei se todos têm algo em comum nessa área, mas, quanto a mim, precisava desabafar. O impacto do desencarne, as sensações pelas quais passei, vendo-me sair do meu corpo... Foram muitas as tentativas de mexer os braços e as pernas, de conseguir falar ou gritar, me comunicar de algum jeito. Essas tentativas se mostraram infrutíferas; não pude mover o corpo e, enfim, me vi flutuando fora dele, como se eu fosse um fantasma.

– Eu vi você se materializando diante de nós. Parecia uma fumaça, uma aparição ou, quem sabe, uma mecha de algodão mais sutil que foi se juntando e formando o seu corpo atual, a sua aparência... – interferiu Paloma, convicta de que todos estavam desencarnados, mortos, e eram almas do outro mundo.

– Então é isso mesmo! Estou morto, desencarnado, e todos aqui também. Não há como duvidar. E uma vez que estou desencarnado, sinto uma grande angústia, uma espécie de cobrança interna ou culpa. Parece que não vivi plenamente e que deixei algo muito precioso passar despercebido.

– Vocês são do inferno, isso sim! – interveio o pastor Adir, num tom de reprimenda.

– Você é que parece do inferno!! – sentenciou Hugo quase aos berros. – Você é o que mais acusa a todos, o único que se considera santinho e bem-resolvido. Fala, pastor, fala o que o prende a nós. Pense bem e diga-nos: qual a culpa que você traz escondida dentro de você? – desafiou-o, agarrando o pastor pelo colarinho e jogando-o no chão ou naquilo que se assemelhava a um solo. Paloma tentou socorrer o missionário morto, desencarnado, como acreditava, mas ele se recusou.

– Não! Não me toque, sua pecadora, seu pecador desviado de Deus! Parece meu filho Carlos. Afastou-se de Deus e agora quer parecer boazinha, bonzinho. Me deixa que eu não mereço conviver com pecadores como você.

– O que aconteceu com seu filho Carlos? Fale, antes que eu o faça morrer uma segunda vez. Fale, crente das profundezas! – gritou Hugo, sendo contido por Paloma, que o agarrou firmemente, impedindo que fosse mais agressivo com Adir.

– Pare, Hugo! Você não pode ficar tão revoltado assim... Ainda não sabemos tudo o que precisamos saber. Você precisa se controlar.

Hugo derramou-se em pranto convulsivo. Chorou muito e deixou-se sentar no chão à frente de Paloma, que o amparava nos braços enquanto ele se desfazia em lágrimas. Adir levantou-se e, erguendo a cabeça numa atitude visivelmente orgulhosa, declarou:

– Eu o expulsei de casa. Carlos foi a vergonha da família. Ele desviou-se dos planos do Senhor; mesmo com todas as correntes de oração e jejum, mesmo com as unções do Espírito Santo, ele não foi curado. Tive de mandá-lo embora de casa, senão ia comprometer a obra do Senhor, o meu ministério.

– Então você expulsa o próprio filho de casa e ainda se diz um pastor, um representante de Jesus? Possui um ministério divino? Que desgraça é essa de ministério que você representa?

– Ele era sodomita. Carlos gostava de outros homens. Era um pecador declarado; mesmo que ainda não tivesse completado a maioridade, já estava predestinado ao fogo do inferno. Eu não poderia permitir que ele maculasse a família nem o trabalho que eu realizava na igreja.

– Meu Deus! Então eu sei, agora, o que nos une a todos. A culpa, as coisas não resolvidas que deixamos para trás, as escolhas e decisões que geraram as culpas que carregamos... César tinha razão! – falou Paloma, levantando-se e deixando Hugo no local onde estivera chorando.

– Que culpa que nada! Eu não tenho culpa nenhuma, não me sinto culpado. Eu fiz o que era correto. Sinto às vezes é a falta do Carlos... – confessou Adir.

– Falta ou culpa? Você por acaso sabe onde ele se encontra? Procurou saber para onde seu filho foi depois que o abandonou, ou melhor, que o expulsou de casa? Tem ideia da tormenta pela qual ele pode ter passado ou passa ainda, por ter sido desprezado, devido ao seu preconceito miserável? – perguntou Paloma, manifestando sua indignação ante o que ouvira de Adir. – Então é isso mesmo! Talvez seja a culpa o que nos une, ou as questões sexuais não resolvidas que deixamos para trás.

– Eu não sinto culpa nenhuma – repetiu o pastor. – Nenhuma! Essa coisa de culpa é invenção de gente perdida. O sangue de Jesus me lavou de todo pecado, de toda culpa...

– É... Talvez isso seja verdade, pastor Adir. Talvez você esteja apenas com remorso e não se sinta culpado, ainda... Abandonar o próprio filho, ser homofóbico, fazer acepção de pessoas e ter um deus que escolhe quem vai ser salvo baseado na sua cartilha pessoal, num sistema de crenças bastante ultrapassado e, acima de tudo, excludente... Quem sabe seja isso mesmo! – falou César, revoltado com a posição e a arrogância do pastor.

– Eu, por mim – complementou Paloma –, jamais ia querer ser salva. Prefiro o inferno mil vezes, caso ele exista, do que ter de conviver com pessoas salvas e com esse tipo de pensamento como o seu, Adir. Viver num céu cheio de crentes homofóbicos, preconceituosos, arrogantes e intolerantes, sem nenhuma consideração para com as pessoas da própria família? Não, pra mim não serve. Prefiro ficar no inferno cuidando dos oprimidos e daqueles que foram rejeitados pelo seu deus, ou melhor, pelos que se dizem eleitos...

Adir calou-se, ao que tudo indicava, sentindo-se mal com as palavras que proferira. E também bastante incomodado com as que ouvira. Parecia nascer um sentimento de revolta contra si mesmo. Começava a se esboçar nele um pouco de remorso, e as lembranças do filho perdido vinham-lhe à memória. Um pouco mais de tempo e todos presenciaram o pastor romper os limites do próprio orgulho, da prepotência e da presunção e cair em lágrimas. Mas estava sozinho. Ninguém ali se atrevia a ampará-lo, agora. Ele alimentara nos companheiros um sentimento de aversão contra a sua pessoa. O remorso agora se instalara definitivamente, e o pranto descia intenso, sem impedimentos.

Aproveitando que ocorrera com Adir a revelação dos mais secretos sentimentos, Hugo também rompeu a sequência de fatos intragáveis. Abriu-se, por sua vez, provavelmente inspirado pelas histórias ali partilhadas. Ainda abalado com a possível condição de morto, com as histórias, ou melhor, os dramas de cada um, aventurou-se a falar:

– Vivi toda a minha adolescência revoltado comigo mesmo. Tive uma aproximação quase sexual com um primo – falou com a voz entrecortada pelo pranto, num misto de vergonha e alívio. – Porém, criei uma aversão tão grande, por puro orgulho, por medo de a família e a sociedade me tacharem de *gay*, que me deixei afundar nas baladas, nas noitadas cheias de bebida e droga, a fim de disfarçar meus desejos – estranhos desejos –, entregando-me a mulheres e mais mulheres. Toda vez que sentia dentro de mim o desejo por outro homem – agora chorava profusamente –, eu me envolvia com sexo e mais sexo, de modo que as mulheres passaram a ser objeto sexual para mim, apenas isso. Sentia até raiva delas e passei a ser agressivo no sexo, porque não resolviam minha atração por caras, por mais que transasse com elas.

"Tentei a todo custo abafar meus sentimentos, minhas tendências, e para isso usei como arma a agressão contra todos os *gays*. Cheguei a participar de alguns grupos que batiam em *gays*. Ficávamos à espreita em alguma rua próxima de baladas ou de algum barzinho onde se reuniam e, quando um ou outro saía, os seguíamos. Aí eu descarregava todo o meu ódio, toda a revolta contida dentro de mim, devido à covardia perante a necessidade de admitir meus desejos mais íntimos e secretos. Espanquei diversos rapazes e via nisso uma forma de punição por eu mesmo ser assim e não admitir."

Hugo chorava e era de tal maneira franco, que agora Paloma e Ronie se deixaram comover pela história do rapaz, amparando-o nos braços. Hugo lamentava verdadeiramente as ocorrências das quais fora protagonista. Arrependido, tardiamente, segundo acreditava, diluía-se em dor, angústia e pranto convulsivo.

Passado algum tempo, que todos souberam

respeitar, em profundo silêncio, e enquanto Adir chorava por sua vez, sozinho num canto qualquer, Hugo continuou:

– Fui tão miserável comigo mesmo, que noites e mais noites usei drogas, somente com a esperança de abafar esses desejos e sentimentos que emergiam dentro de mim. Criei uma situação complicada entre mim e meu primo, que veio nos visitar há alguns dias. Descontei nele toda a revolta por haver me iniciado nesse tipo de sentimento, segundo sempre pensei. – Chorava agora ainda mais intensamente, desolado.

– Não se machuque assim, Hugo – disse Paloma, quase maternal. – Ninguém merece um sofrimento tão grande.

E Hugo, entre soluços e arrependimento, prosseguiu:

– Eu espezinhei o Ralph, meu primo, e disfarcei minha atitude com o discurso de machismo, de ciúmes dele com minha irmã. O pior é que ele não foi o culpado de nada. Fui eu quem me atirei sobre ele e roubei um beijo. Eu que tomei a iniciativa, e não o contrário. Agora, depois de morto, tenho de admitir que sou e estou apaixonado por ele. Eu me odeio!...

Paloma abraçou Hugo, conduzindo-o a um lugar próximo. Afagava-o, tentando consolá-lo, mas parecia que a dor do arrependimento havia se instalado nele. Paloma soube interpretar aquele momento dramático e deixou que Hugo se recompusesse no próprio ritmo.

César, agora profundamente emocionado com tudo que ouvira, com a história de vida de cada um, deixou-se derramar por inteiro, falando mais para si do que para quem estivesse ao seu lado:

– Passei inúmeras noites sem sono, cheio de desejos. Tentei falar com meus pais, mas não consegui; eles não queriam tocar no assunto. Sexo era tabu, e falar de meus desejos, então, nem se fala. Eles preferiram ignorar que tinham um filho *gay*... Minha mãe até tentava conversar com meu pai, mas ele se recusava terminantemente a tocar no assunto. Fui criado participando da evangelização infantil no centro espírita, tomando passes e mais passes, me submetendo ao tratamento de desobsessão todos os meses, para "tirar a pombajira de mim" – assim meus pais queriam e exigiam. Foi desse jeito até eu atingir a maioridade. Transformei-me numa pessoa religiosa, quase fanática na tentativa de abafar meus instintos, que eu aprendera a identificar desde os 10 anos de idade.

Cabisbaixo, quase lento, César falava pausadamente, dando tempo de Ronie ouvi-lo, de Adir prestar alguma atenção e de Paloma escutar sua história, seu drama pessoal, muito embora permanecesse ao lado de Hugo.

– Fui informado ou formatado, por um dos oradores espíritas que esteve em minha cidade, de que não deveria nem mesmo me masturbar. Que masturbação atraía obsessores, que erotismo era porta aberta para a influência espiritual. Aí entrei num processo de repressão sexual, dos instintos mais básicos, e sentia uma culpa persistente, porque vez ou outra me dava conta de que não conseguiria reprimir a energia sexual por completo. Resultado: acabava me masturbando e, logo após, me lavava, tomava banho e esfregava meu corpo até arder... Tinha vergonha de mim mesmo e afastava-me por períodos cada vez mais longos dos trabalhos espirituais aos quais estava acostumado, sentindo vergonha de minha conduta. Não tive com quem conversar sobre o assunto, a não ser uma amiga que deixei em minha cidade, a Patrícia.

A tristeza parecia marcar o semblante de César, apenas um jovem cheio de culpas e de ideias equivocadas que lhe foram impingidas, insufladas por pessoas de religiosidade contagiosa, cuja visão engessada da vida as faz amordaçar os sentimentos mais profundos daqueles que encontram em seu caminho. Fazem os outros de vítimas de sua própria infelicidade, e tudo em nome do bem e da luz. Tão logo escutou César pronunciar o nome de Patrícia, Paloma acercou-se dele, deixando Hugo um pouco a sós em suas reflexões.

– Você por acaso falou *Patrícia*? É isso mesmo que ouvi?

– Sim! Patrícia era uma amiga com quem eu conversava frequentemente sobre nossas dúvidas, desabafando. Ela mesma vivia dramas incríveis, pois teve uma educação muito castradora; ela também não se aceitava como era. Eu a deixei numa cidade vizinha a Curitiba e não tive mais notícias dela. Mas sinto saudades de nossas conversas.

Sondando mais um pouco e estimulando César a continuar falando sobre a amiga e sua relação com ela, Paloma atreveu-se a mencionar a pessoa quase em estado de coma, ou desmaiada num recanto qualquer daquele lugar insólito, que eles ainda desconheciam do que se tratava exatamente e onde se localizava.

– Chegou junto conosco uma moça; desde que a vimos, está numa espécie de coma. Acorda vez ou outra e pronuncia algumas palavras desconexas, para depois lançar-se novamente a um estado meio cataléptico. Entre as poucas coisas que falou, disse-me que se chamava Patrícia. Será que você poderia vir comigo e dar uma olhada nela? Quem sabe pode ser sua conhecida?

César saiu imediatamente da aparente tristeza que o dominava, quase uma depressão. Arrancando forças não se sabia de onde, levantou-se e seguiu Paloma. O curioso é que, à medida que caminhavam, constatavam que o lugar não tinha limites; voltavam ao ponto de partida, não importava para que lado fossem. Tudo levava a crer que estavam prisioneiros da própria mente. Vez ou outra, imagens fugidias, sons estranhos, como se fossem os próprios pensamentos, apareciam e desapareciam como por encanto. Uma espécie de bruma ou neblina estava presente em todo lugar para onde iam.

Paloma se lembrava do gelo seco, da fumaça a que estava habituada nos palcos onde atuara. Num canto, Hugo continuou engatinhando, refém das recordações, emoções e mistérios que povoavam sua intimidade. Adir falava sem cessar, recitando algum salmo ou oração de forma mecânica, entre um gemido e outro, demonstrando que ainda chorava. Ronie xingava, falava palavrões, sacudia ora Adir, ora Hugo e, mesmo nessa situação, procurava a todo custo censurar Paloma, querendo massacrá-la com os mais baixos adjetivos, que usava a fim de diminuí-la. Dizia que ela estava tirando proveito da fragilidade dos outros, tentando tirar uma casquinha, aproveitar-se da infelicidade alheia e obter algum estímulo sexual... Enfim, o quadro era verdadeiramente confuso, intrincado, pois cada um, a sua maneira, externava emoções, sentimentos contraditórios, culpas, complexos e autopunições.

Só não conseguiram ouvir Patrícia, que estava em algum ponto ali mesmo, junto de todos, porém prisioneira de seus pesadelos, num coma induzido pela culpa e pela infelicidade com a qual convivia e na qual mergulhara. César não sabia o que fazia ali. Cada vez mais, pensava estar morto, desencarnado, como Paloma mesmo acreditava e, até certo ponto, fizera os outros acreditarem também.

Paloma procurava por Patrícia no intuito de apresentá-la a César e verificar se era a mesma pessoa a quem ele se referira em sua história. Contudo, por mais que caminhassem, pareciam voltar sempre ao lugar de origem. De repente, Paloma teve a ideia de sair correndo em direção ao local onde pensava ter deixado Patrícia pela última vez. E assim fez. Saiu em disparada, como se estivesse numa corrida. Em determinado momento, teve a impressão de que havia rompido alguma barreira.

Não regressara ao lugar de antes. Encontrava-se só, sem notar a sua volta aqueles companheiros que conhecera nesta aventura estranha, bizarra, inexplicável. Ao redor, imagens, sons, músicas, que se alternavam, em diferentes estilos. Nas imagens que apareciam e desapareciam, Paloma pôde identificar algo de sua própria vida. Tentava ver-se, perceber seu corpo, mas apenas sentia-se viva; não conseguia ver a própria forma, embora vez ou outra se percebesse projetada em meio à fumaça, à nuvem estranha que envolvia e preenchia aquele novo ambiente, cada vez mais exótico. Estaria prisioneira da própria mente? Não saberia dizer. Era refém de uma dimensão atemporal? Chegou a pensar assim, pois parecia que ali o tempo não passava. Poderiam estar naquela dimensão ou situação há apenas uma hora ou há meses e anos. Não havia como mensurar o tempo. Sabia apenas que as imagens, sensações e impressões eram oriundas da própria mente.

Subitamente, uma vez mais se viu de volta ao ambiente inicial. Estava perto de Ronie, e o encontrou desesperado, com a fisionomia quase irreconhecível. Parecia que o garoto de programa estava com a aparência muito modificada ou se modificando a cada instante. Aquilo era um pesadelo? Era uma peça teatral que algum maluco havia escrito ou era produto das culpas e memórias de cada um deles? Ronie estava apavorado e, quando Paloma tentou aproximar-se ainda mais, começou a xingá-la, a berrar, descarregando toda a raiva e a fúria sobre ela. Paloma ficou petrificada ao perceber a mudança que se operava na aparência de Ronie. Ele estava desfigurado. Todos perceberam, todos ficaram boquiabertos, sem saber o que dizer ou fazer.

5

NA DIMENSÃO MENTAL

QUE É A MENTE? Ainda faltam estudos entre os encarnados para definir o que ocorre nos escaninhos da vida mental e emocional. Por mais que a ciência tenha progredido, definindo alguns conceitos e situações, compreendendo certos fatos e ocorrências, a mente humana permanece uma incógnita em inúmeros aspectos. Como campo vasto a ser desbravado, representa o próximo grande passo nas pesquisas, uma vez que, para devassar essa dimensão na amplitude de suas peculiaridades, é preciso sensibilidade e novos sentidos, novos instrumentos e metodologias, ambos de ordem psíquica, mas que a ciência atual rejeita ou teima em desprezar, ao menos em âmbito oficial.

Perante a dimensão mental, o leigo muito provavelmente a descreveria como um local onde tudo pode ocorrer, ou quase tudo. Todas as coisas que se imaginam possíveis no universo realmente ocorrem nessa dimensão. A mente humana não consegue conceber aquilo que é inconcebível, que não pode existir ou realizar-se. Essa afirmação pode ser refutada, reinterpretada ou mesmo considerada absurda, mas fato é que a mente é um campo pouco pesquisado, pouquíssimo explorado e largamente desconhecido. A tal ponto que se torna aventureiro atestar, com absoluta segurança, que na mente não ocorra este ou aquele fenômeno, ao menos sem estudo mais acurado, taxando-o apressadamente de impossível, tendo em vista ali operarem leis que constituem verdadeiro mistério a desvendar, pois em tudo diferem daquelas que regem os planos físico e mesmo extrafísico, na região mais próxima à Crosta. Quem pode garantir que, nessa dimensão, nesse mundo de pensamentos, de formas mentais, de emoções mais sutis e habitantes sem forma, não se vejam determinadas situações e não gozem de existência real certos dramas e histórias de vida, sujeitos a leis que lhe são próprias?[1]

Quando refém da culpa e de memórias traumáticas e recalcadas, bem como de emoções não elaboradas nem resolvidas, de fundo mais complexo, a mente humana pode se sentir prisioneira num tempo determinado, num minuto, num segundo, apenas nessa dimensão não física, muito embora, para a pessoa envolvida, tais instantes pareçam dramas inesgotáveis, quase eternos. Ou seja, um minuto na dimensão mental pode signi-

[1] Na dimensão mental, atua o corpo homônimo, tão somente mencionado pelo consagrado espírito André Luiz (cf. XAVIER, Francisco Cândido e VIEIRA, Waldo. *Evolução em dois mundos*. 20ª ed. Rio de Janeiro: FEB, 2002. p. 27, cap. 2). Em livro anterior, no entanto, ele ilustra um desdobramento a que se submete, após o desencarne, a fim de visitar a

ficar um tempo bem mais dilatado para quem vivencia experiências nesse universo estranho, insólito, inexplorado e desconhecido da massa de humanos. Um minuto, segundo o ponto de vista de quem se movimenta e atua no plano mental, pode diferir radicalmente da representação temporal desse mesmo minuto na vida habitual, no mundo das formas. O tempo é tão somente um conceito, ainda que a ação e as impressões que produza no cérebro ou na mente do indivíduo possam ser perpétuas, possam se afigurar duradouras, difíceis de explicar ou compreender.

Em suma, a dimensão mental age de forma direta no cérebro humano e na mente, de acordo com o panorama que o ser apresenta em seu mundo íntimo. Dependendo das impressões causadas pelas experiências do cotidiano e da cota de culpa que o sujeito carrega, assim como das crenças pessoais, que impregnam a mente de ideias, conceitos, opiniões e substâncias não físicas, mas reais, tal será a percepção do contato ou da imersão nesse universo mental. Aquelas impressões, sobretudo quando geradas em meio

mãe, também desencarnada, porém localizada numa dimensão superior, que se depreende tratar-se da dimensão mental (cf. "O sonho". In: XAVIER, F. C. Pelo espírito André Luiz. *Nosso lar*. 3ª ed. esp. Rio de Janeiro: FEB, 2009. p. 215-220, cap. 36).

a estados de embriaguez dos sentidos e quando guardam relação com vivências que deixaram profundas marcas na alma, definem o padrão no qual a mente vive, age e reage. Influência semelhante também se verifica nas experiências extravagantes ou extremamente violentas, que costumam acarretar culpa e, como consequência, engendram métodos e sistemas de autopunição nos escaninhos da memória espiritual. Não há como a realidade mental do espírito passar incólume e deixar de sofrer transformações associadas a tais fatores da história pessoal.

Devido a essas e outras razões, muitos indivíduos tornam-se definitivamente prisioneiros da dimensão mental, adquirindo aspecto de loucura. É que o cérebro, incapaz de expressar os conceitos e ideias em que o ser está mergulhado, perde-se em meio a um mundo indefinível para muitos, em meio à dimensão puramente mental, porém recheada de emoções mais sutis, embora profundamente marcantes.

Outros, ainda, vivem temporariamente nesse outro universo, vivo, de vida latente, e de lá extraem inspiração, absorvem conceitos, ideias renovadoras, de modo que, ao regressarem, atuam conforme o que aprenderam; em outras palavras, transitam entre os planos mental e físico – o tangível, o aparentemente real. Há, também, aqueles que para lá viajam em caráter provisório, mas sentem-se prisioneiros, como se prisioneiros fossem, de um universo paralelo, nem físico nem espiritual, algo entre o concebível e o inimaginável. E nesse mundo, quase indescritível pelo vocabulário e conhecimento humanos, movimentam-se por algum tempo, ao menos enquanto não esgotarem as possibilidades de reflexão sobre aspectos subjetivos da alma, tais como culpa, medo e castigo, que impingiram a si mesmos.

Nesta última situação, o plano mental poderá se assemelhar a uma prisão sem grades; um mundo-prisão onde o tempo pode pregar uma

peça, fazendo eclodir uma eternidade num único minuto. Ou num único minuto o drama de toda uma vida ou de várias vidas pode se refletir, num átimo, num écran de tempo; enfim, uma impressão ligeira, ocasionada por um abalo estrutural na realidade individual, o qual denominamos morte, ou quase-morte, ou impacto pré-desencarne. Essa prisão consciencial com frequência pode atrair outras mentes em igual estado, que porventura guardem sintonia com o mesmo gênero de conflito e culpa, formando-se, assim, uma comunidade baseada em situações mal resolvidas, em problemas a serem solucionados ou obstáculos a serem vencidos.

Aí está a circunstância em que se reuniram

seres de diferentes procedências; pessoas definitiva ou temporariamente alijadas do corpo físico, nos processos conhecidos respectivamente como morte e desdobramento antefinal, sendo este muitas vezes induzido por situações impactantes, por acidentes ou incidentes na vida de cada ser. Sem contar, ainda, a possibilidade da projeção consciencial lúcida, necessária para reflexões mais profundas ou para o enfrentamento dos desafios íntimos e mentais prementes.

A dimensão mental nem sempre apresenta paisagens.[2] Muitas vezes, tais paisagens não passam de projeção ou fruto da imaginação, alimentada pelos medos e pela culpa; isto é, associam-se ao clima psíquico mais ou menos pesado. Para alguns, a dimensão mental é um palco cheio de luzes; para outros, uma prisão sem grades; segundo outros, ainda, um limbo, o umbral, um simples pesadelo ou um inferno particular. Embora esses indivíduos estejam aparentemente juntos, num mesmo espaço dimensional, vivenciam cada qual sua própria realidade íntima,

[2] Para saber mais sobre a dimensão mental, vale consultar a obra indicada a seguir, que, na literatura espírita, é pioneira no que se refere aos pormenores que traz sobre o assunto (cf. PINHEIRO, Robson. Pelo espírito Joseph Gleber. *Além da matéria*. 2ª ed. rev. Contagem: Casa dos Espíritos, 2011. p. 69-81, 115-123, 226-228, caps. 6-7, 12, Entrevista:

necessária de ser desbravada, e ela não obedece exatamente a uma programação anterior, promovida por alguma entidade.

Tal é a situação vivenciada por personagens de uma história real, que ocorreu na linha do tempo; transcrita, apresenta-se de forma a suscitar reflexões sobre os temas e desafios que eles enfrentaram.

Em meio às observações que faziam é que Samuel ouviu as indagações de Nestor serem externadas de maneira que pudessem, talvez, exprimir as mesmas dúvidas de outros companheiros do Invisível:

– Segundo percebo, surgem dúvidas no dia a dia que, embora não formuladas explicitamente, afligem grande quantidade de seres encarnados. Diante disso, queria fazer uma pergunta, Samuel.

– Fique à vontade, Nestor! Enquanto observamos, intuímos e auxiliamos nossos amigos em suas reflexões, respeitando o jeito que cada um tem de manifestá-las, podemos ir conversando, com certeza.

itens 10-11). Mais detalhes sobre o corpo mental, como desdobramento, patologias e tratamentos desse veículo, aparecem noutro livro do mesmo autor espiritual (cf. PINHEIRO, Robson. *Consciência*. 2ª ed. rev. Contagem: Casa dos Espíritos, 2010. p. 24-37, 51-61, 202-208).

Os pensamentos de Nestor fervilhavam, e seus questionamentos giravam em torno dos mesmos problemas apresentados pelos companheiros encarnados, os quais eram observados e auxiliados de perto. Das tantas interrogações que notava entre estudiosos e pesquisadores da vida do espírito ainda habitantes do plano físico, Nestor foi direto ao assunto que abriria a discussão:

– Como encarar o problema da sexualidade, considerando a vida do espírito fora do corpo, após a morte física, isto é, na erraticidade ou período entre vidas? Ao desencarnar, o espírito pode continuar sentindo desejos ligados à vida sexual e afetiva, como antes, quando habitava a Terra?

Com um sorriso de profunda compreensão, Samuel sabia que a pergunta refletia a dúvida de bastante gente, encarnada e desencarnada. E sabia mais: que boa parte das pessoas não admitia nem sequer analisar a possibilidade ventilada por Nestor, embora sentissem em si mesmas algo do gênero.

– Claro que sim! – respondeu o instrutor. – Nenhum de nós deixou de ser humano pelo simples fato de ter desencarnado ou morrido. Considerando que ainda habitamos uma dimensão ou um plano muito próximo à Terra, na sua esfera física, e também sabendo que impulsos, tendências e vontades nascem primeiramente na mente,[3] podemos compreender melhor que desejo e libido fazem parte da vida dos espíritos, tanto de desencarnados quanto dos homens. Ao desencarnar, a maioria esmagadora dos espíritos estagia numa dimensão tão próxima à realidade física que tudo ali reflete o mundo material, porém melhorado e mais intenso em tudo. Ou o contrário, se preferir: o mundo material reflete a dimensão astral, mas de maneira menos vívida e elaborada. A civilização e seus atributos – construções, desafios, descobertas, avanços, saber, ciência e modo de vida – constituem tão somente mero reflexo do que se vê do lado de cá da vida. Assim também as tendências, os desejos e os impulsos humanos; todos estão latentes no espírito imortal. Entretanto, a forma como se manifestam e são satisfeitos é que muda de acordo com a dimensão em que se encontra o espírito após o desencarne. Em matéria de sexo, nada é diferente.

Mesmo sabendo a resposta, mas considerando que suas palavras seriam transcritas para o mundo dos chamados e considerados vivos, Nestor resolveu formular mais uma pergunta:

– Então quer dizer que o espírito faz sexo do lado de cá da vida também?

[3] "A mente é a usina diretora que transmite as ordens do espírito e dirige a comunidade orgânica" (PINHEIRO. *Além da matéria*. Op. cit. p. 71).

– E por que não? Já se sabe que ele pode se alimentar, tomar água, aproveitar todas as sensações comuns ao corpo físico; portanto, como seria diferente no tocante a sexo e sexualidade? Ocorre que nem todos manifestam desejos e lhes dão vazão de igual maneira ou com situação mental e emocional equivalente.

Depois de dar um tempo, e notando o sorriso discreto na face de cada interlocutor, Samuel continuou:

– Na dimensão em que nos encontramos, o plano astral, são comuns os mesmos sentidos e emoções; tudo é análogo ao que ocorre na Terra, inclusive as sensações dos corpos espirituais que nele habitam. E no mundo astral é comum encontrarmos seres que se satisfazem por meio de trocas energéticas semelhantes às que ocorrem no mundo das formas. É nesse local ou situação que está a maioria absoluta dos habitantes do orbe, a experimentar sensações de dor, frio, prazer ou quaisquer outras, as quais perduram ou se mostram ainda mais intensas do que no mundo físico.[4]

[4] "O corpo é o instrumento da dor. Se não é a causa primária desta é, pelo menos, a causa imediata. A alma tem a percepção da dor: essa percepção é o efeito. A lembrança que da dor a alma conserva pode ser muito penosa, mas não pode ter ação física. De fato, nem o frio,

"Sendo assim, não é de se esperar que nossos corpos espirituais, nesta dimensão próxima demais ao plano físico, apresentem morfologia e uso tão distantes assim do que se dá no mundo físico. A título de exemplo, do lado de cá da vida também nos alimentamos, bebemos água e estamos sujeitos à mesma lei de gravidade, pelo menos dentro dos limites dessa dimensão além-física.

"Sabemos que tudo obedece aos clichês mentais, ao mundo mental, às crenças introjetadas em nossas matrizes de pensamento. Ora, se considerarmos que temos impregnado nossa memória espiritual com experiências vividas ao longo das encarnações, é coerente inferir que o corpo espiritual reproduzirá sensações como essas, aprendidas por séculos e séculos, desde fome e sede até frio e calor, passando por atração, libido

nem o calor são capazes de desorganizar os tecidos da alma, que não é suscetível de congelar-se, nem de queimar-se. [Porém,] Não vemos todos os dias a recordação ou a apreensão de um mal físico produzirem o efeito desse mal, como se real fora? (...) Toda gente sabe que aqueles a quem se amputou um membro costumam sentir dor no membro que lhes falta. (...) O que há, apenas, é que o cérebro guardou desta [da dor] a impressão. *Lícito, portanto, será admitir-se que coisa análoga ocorra nos sofrimentos do Espírito após a morte*" ("Ensaio teórico da sensação nos espíritos". In: KARDEC. *O livro dos espíritos*. Op. cit. p. 209, item 257. Grifo nosso).

e as demais reações de ordem sexual, inclusive aquilo que, na Terra, chamamos de tesão ou excitação sexual. Neste plano intermediário no qual nos encontramos, tudo acontece, porém, de modo mais intenso ainda, em relação ao que ocorre no corpo físico. Pelo menos aqui, onde vivemos, é assim."[5]

Nestor parecia satisfeito com o que Samuel expôs, pois sabia que muita gente no mundo físico tinha suspeitas e até convicções de que ocorria tudo isso, mas quase ninguém tinha coragem de declarar isso abertamente e discutir o assunto. No entanto, Samuel não havia terminado suas explicações:

– Acontece que temos diversas dimensões no planeta, nas quais os aspectos que envolvem a sexualidade podem ser bastante diferentes do que se vê entre nós, na região espiritual que habitamos. De todo modo, ainda fixando a atenção nas manifestações de sexualidade entre os desen-

[5] "Liberto do corpo, o Espírito pode sofrer, mas esse sofrimento não é corporal, embora não seja exclusivamente moral, como o remorso, pois que ele se queixa de frio e calor. Também não sofre mais no inverno do que no verão: temo-los visto atravessar chamas, sem experimentarem qualquer dor. (...) A dor que sentem não é, pois, uma dor física propriamente dita: é um vago sentimento íntimo, que o próprio Espírito nem sempre compreende bem, precisamente porque *a dor não se acha*

carnados, é interessante notar fatos como o seguinte, a título de exemplo. Um ente querido, do lado de cá da vida, ao escrever uma mensagem para os parentes próximos, através da psicografia, faz ligeira referência ao fenômeno sexual, que continua ocorrendo com ele, a despeito do que supunha sobre a condição de "morto". Frequentemente, denota não ter muitas explicações ou entendimento, mas observe o conteúdo das chamadas cartas consoladoras, isto é, as mensagens psicografadas por parentes, em particular dos recém-desencarnados. Trata-se de espíritos humanos, cuja grande maioria está bem próxima

da realidade física, numa dimensão quase material. Em muitas das cartas, lemos frases do tipo: "Ainda sinto as mesmas necessidades do antigo corpo físico". Ou, então, de modo um pouco mais explícito: "Minha mãezinha querida, meu paizinho amado, sinto em meu corpo espiritual a repercussão de antigos desejos e sensações que eu

localizada e porque não a produzem agentes exteriores. (...) Durante a vida, o corpo recebe impressões exteriores e as transmite ao Espírito por intermédio do perispírito [ou corpo astral] (...). Uma vez morto, o corpo nada mais sente, por já não haver nele Espírito, nem perispírito. Este, desprendido do corpo, experimenta a sensação, *porém, como já não lhe chega por um conduto limitado, ela se lhe torna geral*" (ibidem. p. 210-211, item 257. Grifos nossos).

julgava próprios do corpo físico". Em palavras assim, cheias de significado e ditas à maneira de cada um, o espírito recém-desencarnado revela a perplexidade ante as reações de natureza sexual, por vezes questionando o fato de senti-las como antes, no corpo físico. Comumente, isso se deve à orientação espiritual recebida, que ensinava que se transformar em espírito implicaria perder por completo a humanidade e deixar de ter sensações e prazeres que, segundo pensava, eram comuns apenas aos encarnados. Então, o fato de o sujeito encontrar-se do lado de cá com o corpo espiritual totalmente funcional, capaz de sentir desejo e ter reações como ereção, no caso dos que mantêm a aparência masculina, faz com que ele fique em dúvida, até, de que já desencarnou.

Dando um pequeno intervalo, sabendo que suas palavras teriam repercussão principalmente entre os encarnados, Samuel continuou mais um pouco:

– Diante de inúmeras evidências e de nossa realidade do lado de cá, podemos afirmar que a maioria de nós, incluindo os mais bem intencionados e os mais espiritualizados entre os ditos desencarnados, pura e simplesmente morremos; ou seja: deixamos o corpo físico na sepultura ou convertido em cinzas pela cremação, mas ainda não aprendemos verdadeiramente a *desencarnar*.

Não nos libertamos, de modo algum, das impressões dos sentidos materiais. Pois quando consideramos os séculos e milênios em que vivenciamos experiências em incontáveis corpos, ao longo de mil e uma vidas, entendemos por que nossa mente permanece impregnada das sensações da matéria, das impressões oriundas dos sentidos que desenvolvemos no contato com o mundo material, por meio do processo já denominado *intelectualização da matéria*.[6] Nesse vaivém entre o mundo extrafísico e o material, não podemos considerar tais sensações ruins ou desnecessárias; pelo contrário, são muitíssimo necessárias para desenvolvermos a sensibilidade, o respeito ao semelhante, ao que é diferente e plural.

"É como se a reencarnação ou o mergulho na matéria pudesse ser visto como uma espécie de experimentação dos sentidos, visando ao aprimoramento do espírito.[7] Em meio à captação e ao desenvolvimento de sensações é que impregnamos fortemente nosso ser de impressões relacionadas à vida material, física, as quais repercu-

[6] "Que seria o nosso corpo, se não tivesse alma? 'Simples massa de carne sem inteligência, tudo o que quiserdes, exceto um homem'." (ibidem. p. 139, item 136b).

[7] "Todos são criados simples e ignorantes *e se instruem nas lutas e tribulações da vida corporal*" (ibidem. p. 137, item 133. Grifo nosso).

tem, mesmo depois da morte, em nossos corpos espirituais, energéticos e mentais. E observe que tais sensações não são somente de ordem material, mas ainda extrassensorial, energética e espiritual – inclusive no sexo, que proporciona a permuta de energias também de caráter espiritual. Esse processo é tão crucial para o espírito quanto foi, para o princípio inteligente ou mônada divina, a imersão na matéria densa, a fim de despertar os sentidos espirituais ao longo das eras e, assim, adentrar o reino humano.

"A recusa em vivenciar a vida sexual e afetiva, seja de que forma for que se manifeste, equivale a colocar barreiras à evolução e é uma prova viva de egoísmo.[8] Agora, se considerarmos a existência de outros departamentos da vida universal, outros mundos e dimensões superiores, que somente nos séculos vindouros conheceremos a fundo e serão nosso *habitat*, aí poderemos entender que, nesses locais, o sexo deve se manifestar de maneira singular. Entretanto, isso só se da-

[8] "O celibato voluntário representa um estado de perfeição meritório aos olhos de Deus? 'Não, e os que assim vivem, por egoísmo, desagradam a Deus e enganam o mundo'." (ibidem. p. 413, item 698). Embora a resposta taxativa, no item seguinte os espíritos superiores admitem uma forma de celibato como meritória, porém apenas quando se traduz em proveito para a humanidade.

rá após o espírito esgotar todas as possibilidades da vida no sentido mais humano possível, viver todas as experiências humanas de modo pacífico. Assim, quem sabe um dia experimentaremos sensações e emoções análogas, porém em ritmo e forma diferentes do que estamos habituados?

"Isto é, isso ocorrerá quando desencarnarmos, no sentido mais amplo do termo; quando deixarmos o mundo da carne e as impressões dos sentidos físicos, que ainda repercutem e, quiçá, norteiam as percepções de nosso perispírito ou corpo emocional; enfim, quando habitarmos mundos e dimensões imateriais ou puramente mentais – e outros superiores, ainda. Até lá, nos milênios que nos esperam antes de alcançar a angelitude, seremos somente humanos. E enquanto não convivermos em paz com nossa condição humana, sem os preconceitos, tabus e culpas que carregamos, estaremos fadados a nos sentir incompletos em nossa busca pela felicidade."

A fala de Samuel foi muito esclarecedora para os espíritos que estavam ali, de plantão, para ajudar os amigos encarnados: Hugo, Ronie, Adir, Patrícia e os demais, que permaneciam carentes de auxílio e inspiração. Mas Arthur, não satisfeito com a explicação, resolveu tocar num assunto que era, por assim dizer, um tabu ou um tema mal abordado e mal resolvido entre os espiritualistas encarnados, tanto quanto entre muitos desencarnados:

– E o que dizer da masturbação? Muitos espíritas dizem que masturbar-se atrai obsessores e que é uma prática não somente desnecessária, mas completamente desaconselhável. Mas entre certos evangélicos também existe uma quase proibição com relação ao tema, desde a prática até a mera discussão a respeito, malvista mesmo quando no contexto da educação de jovens e adolescentes.

– Meu Deus, como os homens complicam as coisas! Como os religiosos, com o passado espiritual e a vida afetiva e sexual notadamente carentes de resolução, parecem fazer de tudo para complicar as coisas e tornar os outros tão infelizes quanto eles mesmos.

E dando um tempo para reunir seus pensamentos e argumentos de modo que ferissem o mínimo possível os interlocutores – os espíritos, mas sobretudo aqueles que leriam suas palavras, mais tarde transcritas pela mediunidade –, Samuel falou pausada, porém enfaticamente:

– A masturbação foi considerada um pecado por muitos séculos, ante a ignorância espiritual de diversos povos e em diversas épocas da humanidade. Praticado por homens e mulheres, o ato solitário da masturbação sempre foi associado a algo abominável e ofensivo pela sociedade religiosa, que ligou essa prática a fatores morais e religiosos, e sua repressão, a fatores autopunitivos inconscientes. A lógica é: toda forma de prazer sensorial é profana e pecaminosa e, consequentemente, deve ser banida.

"Tal atitude decorre, em grande medida, da tradição judaico-cristã, que influenciou a humanidade de maneira espantosa, e ainda a influencia. Como disse, tudo ou quase tudo que leva ao prazer e desperta o prazer no ser humano foi e é classificado como pecaminoso ou impuro, portanto tem de ser evitado e combatido. Como contraponto a essa ideia assustadora, mas poderosa, ao longo dos milênios a religião tem defendido que aquilo que implica sofrimento e privação, por outro lado, é considerado bom, desejável e meritório. Dessa forma é que jejuns, autoflagelações, penitências, sacrifícios e alguns comportamentos ou práticas que impõem dor, miséria e sofrimento são valorizados e, ainda hoje, tidos como algo positivo, benéfico e admirável – se não declarada, ao menos veladamente.

"Mesmo entre os adeptos das religiões pretensamente mais espiritualizadas ou que incentivam a compreensão e o raciocínio acerca da realidade, há inúmeras pessoas e expoentes que abraçam ou apregoam uma cartilha de sofrimento, de caráter pessoal ou social, como o grande método de redenção espiritual, como se sofrer fosse, em si mesmo, 'agradável a Deus'. Por vezes, chego a me perguntar se não é esse o pensamento predominante. Quando divulgam tais princípios como receita para se manter na rota do controle espiritual ou do conhecimento superior, esses porta-vozes da culpa são vistos quase como sagrados, e frequentemente citados como exemplo de renúncia e abnegação, modelos admiráveis, mais pela privação autoinfligida do que por aquilo que efetivamente fizeram pelo bem da humanidade. Temos de estudar mais profundamente esse tipo de comportamento, tão difundido entre religiosos.

"Por exemplo, se algum adepto comenta que passará férias noutro país ou que curtiu uma noite maravilhosa com o companheiro num final de semana cheio de aventuras, que, para ambos, foi motivo de alegria e contentamento, não raro tais atitudes são condenadas, e se diz que a pessoa em questão está esbanjando dinheiro. Pior: há quem argumente que está vivendo as coisas do mundo e que, por isso, tal estado de felicidade e tal conquista não merecem ser divulgados nem sequer lembrados, pois podem incentivar os demais a abandonar a fé e viver 'no mundo'.

"Fico a me perguntar por que são tão enaltecidos os sofrimentos, as agruras, as privações, a escassez de recursos – pobreza e miséria chegam ao cúmulo de serem apontadas como virtude e sinônimo de autêntica espiritualidade! Como se não bastasse, em diversas culturas religiosas, quando se quer agradar a divindade, a pessoa promete abster-se de coisas boas da vida, desde sexo até determinados alimentos, impondo-se jejuns de natureza variada. Será que, no fundo, não está aí a imagem de um deus sádico, que se regozija com o flagelo de seus filhos? Por que afirmar e reafirmar que o prazer causa ou atrai o processo obsessivo, alimentando antigas crenças

e reforçando ideias medievalescas, se a própria história humana mostra que tudo quanto fizeram foi afastar ainda mais a criatura do Criador, soterrando-a na sombra da ignorância, da infelicidade, da falta de tolerância e solidariedade?

"Levanto essas questões mais para provocar reflexões do que dar respostas. Afinal, eu mesmo ainda não compreendo a razão pela qual tão grande número de religiosos, sobretudo aqueles cujas crenças apresentam forte componente místico e pouco raciocínio, a se empenhar tanto para convencer os outros de que o lado bom da vida pode ser traduzido como aquilo que o homem faz visando abandonar o prazer, seja do corpo ou da alma. Sim, porque há prazeres da alma, também.

"Seja como for, voltemos ao assunto da sexualidade e da masturbação. Dizer que o ato da masturbação atrai obsessores é o mesmo que dizer que qualquer ato que conduz a vícios atrai espíritos afins com esse mesmo ato.

"Se quisermos detalhar, podemos entender a obsessão, conforme conceituada pelo codificador do espiritismo,[9] como a ação consciente com o fim de prejudicar a vítima ou o alvo mental. Então, consideremos a população de desencarnados do planeta Terra, que é pelo menos cinco vezes maior que a de encarnados. No mínimo. De posse apenas desse dado, é razoável deduzir que não existe local onde não haja espíritos ignorantes, turbas dos chamados obsessores ou outros espíritos, simplesmente afins aos instintos, desejos e costumes humanos. Portanto, ficar imune à influência desses seres, ao menos no âmbito terreno, dos encarnados, torna-se algo impossível. Sobretudo porque, na grande maioria dos casos, entre o obsessor propriamente dito e a pretensa vítima, permanecemos incapazes de aferir com

[9] "A obsessão é a ação *quase permanente* de um Espírito estranho, que faz com que a vítima seja induzida, por uma necessidade incessante, a agir nesse ou naquele sentido, a fazer tal ou qual coisa" (KARDEC, Allan. *Revista espírita*. Rio de Janeiro: FEB, 2004. p. 406, v. 1, out 1858. Grifo nosso).

precisão quem é o obsessor de quem.

"Sob essa ótica, podemos entender que toda prática, seja de ordem sexual ou não, quando levada ao excesso e transformada em compulsão ou vício, certamente prejudicará quem a adota.

"Mas confundir a obsessão com o fenômeno da *indução espiritual*[10] seria ignorar por completo as nuances das trocas energéticas de natureza extrafísica. Analisando o processo obsessivo, a fim de divisar quando o vício se transforma em obsessão, podemos observar que a indução espiritual ocorre de maneira espontânea, casual e sem ideia predeterminada de prejudicar nenhuma das partes envolvidas. Ou seja, trata-se apenas de atração magnética baseada em afinidade de pensamento e emoção, mas não constitui obsessão, exatamente.[11]

[10] A origem do termo *indução espiritual* remonta aos primeiros textos do Codificador: "Estamos *incessantemente cercados por uma multidão de Espíritos* que, por serem invisíveis aos nossos olhos materiais, nem por isso deixam de estar no espaço, ao redor de nós, ao nosso lado, espiando nossas ações, lendo os nossos pensamentos, uns para nos fazerem o bem, outros para *nos induzirem* ao mal, conforme sejam bons ou maus" (ibidem. p. 405. Grifos nossos).

[11] "Ninguém está obsidiado pelo simples fato de ser enganado por um Espírito mentiroso. (...) A obsessão *consiste na tenacidade* de um Espírito, do qual não consegue desembaraçar-se a pessoa sobre quem ele

"Sob esse aspecto, qualquer ação humana ou hábitos de qualquer natureza tenderão a provocar a atração de espíritos afins, mas isso não significa, necessariamente, que esteja ocorrendo um processo obsessivo. O codificador do espiritismo afirma: *A obsessão é a ação* persistente *que um Espírito mau exerce sobre um indivíduo. Apresenta caracteres muito diversos, desde a simples influência moral, sem perceptíveis sinais exteriores, até a perturbação completa do organismo e das faculdades mentais.*[12]

"Isso posto, concluímos que o ato de masturbar-se, em si, não causa obsessão, de forma alguma; não atrai obsessores. No entanto, qualquer ato que leve a uma dependência doentia ou ao vício das faculdades poderá abrir as portas para um processo mais complexo do psiquismo humano, inclusive para auto-obsessão, paranoia, compulsão e dependência química, o que exigiria tratamento com bons profissionais de áreas como medicina, psiquiatria e psicologia, entre outras, dependendo do caso."

Samuel mostrava-se inspirado de tal forma

atua" (KARDEC, Allan. *O livro dos médiuns*. 1ª ed. esp. Rio de Janeiro: FEB, 2005. p. 355, item 238. Grifo nosso).

[12] KARDEC, Allan. *O Evangelho segundo o espiritismo*. 1ª ed. esp. Rio de Janeiro: FEB, 2004. p. 556, cap. 28, item 81. Grifo nosso.

e dava respostas tão abrangentes, que, por um instante, seus interlocutores quase se distraíram dos rumores advindos do pequeno grupo de encarnados ao qual dedicavam seu olhar. Ele prosseguia, retomando o assunto:

– Ao falar de masturbação, energia e ato sexual, seja este de caráter homossexual, heterossexual ou bissexual, é preciso lembrar que todo intercâmbio sexual está associado ao erotismo, à sensualidade e às fantasias sexuais, elementos que fazem parte, naturalmente, do comportamento psíquico humano. De minha parte, acredito firmemente – enfatizou Samuel, convicto – que é impossível realizar o ato sexual sem esses componentes, tão intrinsecamente ligados à experiência humana, ao menos do que conhecemos da realidade da vida na Terra.

"E antes que alguém diga que estou fazendo apologia do desequilíbrio, seria muito bom distinguir erotismo, sensualidade e pornografia; esta última é algo muitíssimo diferente dos dois anteriores e, geralmente, acarreta sérias consequências.

"De todo modo, tendo em vista os componentes eróticos que envolvem o ato sexual, afirmar que masturbação atrai obsessor implica dizer que qualquer ato sexual igualmente os atrai! Reitero: não importa se a relação é de caráter heterossexual ou homossexual. Não há como negar que todas têm como componentes o erotismo e os apelos sexuais, sejam de natureza emocional ou física, os pensamentos sensuais e as fantasias, sem os quais não se realiza uma atividade sexual sadia tanto quanto satisfatória.

"Não consigo imaginar, por exemplo, que alguém possa ler o Evangelho ou rezar uma Ave-Maria enquanto permanece ao lado do companheiro ou parceiro sexual, entre os encantos e preliminares do ato. Ou que faça uma prece na iminência de se relacionar intimamente, crendo atrair, com isso, espíritos superiores para protegê-lo ou, quem sabe, ficarem atentos ao que o casal está fazendo. Pelo amor de Deus!... O que caberá a um espírito superior ou minimamente sério, no que se refere a parceiros íntimos, é ficar de prontidão na ocasião da aproximação de ambos, seja esse um momento de encontro afetivo, genital ou outro qualquer."

Respirando quase fortemente, demonstrando certa ironia na expressão facial, Samuel prosseguiu, deixando seus ouvintes a chorar de rir:

– Pensando sobre tudo isso, é forçoso chegar à conclusão de que a caricatura de santidade, o excesso de cuidados religiosos e a superestimação do poder de ação e atuação do obsessor parecem ter tomado conta da mente de inúmeras pessoas mal resolvidas, em cuja vida passada ou atual se desenvolveu uma relação conflituosa com a sexualidade, originando uma profusão de culpas e medos. Toda culpa gera autopunição; mas nesse caso, não contente em punir-se, e evitando ao máximo esta ou aquela forma de sentir prazer, que é uma busca tão natural ao ser humano, a pessoa quer tornar outros tão infelizes como ela; por isso, divulga ideias tortas e confusas, recorrendo ao "achismo".

"Uma coisa é certa: os espíritos superiores não se ocupam desta e de outras questões do modo como espíritas e religiosos se ocupam. É como disse um sábio, certa vez: nem os espíritos superiores nem Deus se preocupam com o que o homem faz do umbigo para baixo; eles estão preocupados com o que o homem realiza do umbigo para cima. E o que está acima do umbigo? O coração! Ou seja, a quantidade de amor que se coloca naquilo que se faz. Talvez, esses espíritos queiram dar a entender a nós, os aprendizes comuns da caminhada humana, que determinadas coisas são tão naturais quanto comer, beber, respirar e caminhar.

"Acima do umbigo está também a sede da razão, que instiga o homem a refletir sobre as posturas que abraça, empregando o raciocínio para iluminar o porão de seus medos, culpas e dramas psicológicos e atávicos. Muitos tomaram um caminho complexo por demais, assumindo posturas castradoras e tabus típicos da Idade Média. Como se não bastasse, ressuscitam o cadáver de seus traumas numa roupagem espiritualizada ou espiritualista. Utilizam palavras, dogmas e sofismas próprios, a fim de enquadrar e embotar, no maior grau possível, mentes desprevenidas e inexperientes, ao invés de educá-las adequadamente, como reza a missão primordial de qualquer filosofia espiritualizante."

Voltando-se agora para Nestor, falou:

– É claro, reafirmamos, que tudo que leva ao vício pode, em alguma medida, ser prejudicial, além de gerar um componente espiritual favorável ao processo obsessivo. Mas pergunto: o que dizer da fofoca, do melindre, da maledicência, dos abusos de poder dentro e fora das comunidades religiosas? Como avaliar a disputa dissimulada para ser o melhor e, sem deixar o tema da conversa, os assédios sexuais e afetivos que ocorrem em todo trabalho, até nos de ordem espiritual, dentro do próprio centro espírita ou templo religioso?

"A autocrítica minimamente sincera mostra que nós, encarnados e desencarnados ainda apegados a conceitos arcaicos de um religiosismo exacerbado, repleto de pecado e culpa, carecemos alargar nossos pensamentos e acompanhar o progresso das ideias e da ciência, a fim de não nos iludirmos com opiniões de pessoas mal-intencionadas ou, tão somente, mal-informadas. Em tudo, o bom senso é o melhor caminho. Aventurar-se a propalar que isso ou aquilo atrai obsessores... Talvez seja a hora de estudarmos melhor e mais detalhadamente os processos obsessivos para depois avaliarmos se não somos nós mesmos e as ideias que cultivamos os verdadeiros obsessores – e não o contrário."

Uma vez mais, deu um pouco de tempo para as palavras surtirem o efeito necessário, promovendo reflexões mais profundas. Após alguns momentos de silêncio, continuou, arrematando a conversa:

– Reportando-nos ao tema principal de nossa conversa, o mundo ou dimensão mental, podemos acrescentar que cada criatura se encontra, vivendo livremente ou agrilhoada, na dimensão mental que elaborou e elegeu para si. Em matéria de sexo, não poderia ser diferente: cada qual criou seu próprio mundo mental. A partir da história e da experiência particulares, estabeleceu posturas diante de proibições, opiniões e ideias, sejam concebidas a partir do estudo, da análise e da pesquisa, ou, ao contrário, associadas a preconceitos, atitudes arcaicas e pensamentos engessados. E, no presente caso, meus caros, os amigos diante de nós, com os quais estamos ligados através de laços por vezes ignorados, precisam de nosso concurso imediato.

Ao terminar o assunto, tão interessante quanto polêmico, Samuel voltou-se para os espíritos assistidos pelo grupo, os quais vivenciavam uma experiência incomum no minuto mais precioso de sua atual existência. O grupo de amigos do Invisível teria muito em que pensar a partir das palavras de Samuel. Evidentemente, a abordagem dava margem a diversas outras indagações, porém o momento exigia de todos especial atenção àqueles que reclamavam cuidados especiais.

6

QUE É PRECISO PARA SER HOMEM?

CATIVA DE SUAS VIVÊNCIAS internas, Patrícia permanecia mergulhada na própria amargura. Entre visões, sonhos e pesadelos, sua mente perdera o controle por completo. Intimamente, até lutava para sair daquela situação, mas sentia que uma força oposta a puxava em direção ao mergulho cada vez mais profundo dentro de si mesma.

Um misto de tristeza, mágoa e desespero era o que irradiava de seu íntimo. Às vezes, sentia uma mão tocar-lhe ora a face, ora os cabelos; notava ligeiramente que era aconchegada por alguém invisível. Novamente, as imagens de sua tormenta íntima venciam a resistência e ela regressava às camadas mais profundas dos arquivos mentais.

O inconsciente é o grande porão da mente humana. Nessa dimensão mental do psiquismo profundo, vivem perpetuadas imagens robustas de conteúdo emocional traumático, aguardando a hora certa de emergir. Em algum momento, o ser terá de enfrentar-se, e essas imagens vivas do passado virão à tona de maneira mais ou menos tormentosa, de modo que sejam elaboradas, trabalhadas. Muitas vezes, a pessoa não se sente forte o suficiente para enfrentar as angústias e tormentas íntimas, preferindo refugiar-se em situações complexas, que a levam ao isolamento ou a fugas e máscaras, que se revelam como uma tentativa de encobrir-se, de maquiar a realidade interna. Nem sempre o ser sai ileso dessa tentativa.

Patrícia vivia essa realidade agora. Estava presa no coliseu mental, numa dimensão além-física, na qual se fizera expectadora de si mesma; entre emoções fortes, descontroladas, oscilantes e imagens vívidas de cores pulsantes, pintadas segundo a força de suas próprias sensações. Eram imagens que surgiam aqui e ali, no panorama íntimo, e deixavam marcas fundas em suas recordações, tornando as emoções cada vez mais desalinhadas, num círculo vicioso.

Enquanto assistia intimamente ao desfilar das personagens, descobria que cada um daqueles seres fantasmagóricos se revelava como máscara de si mesma. Ela era a atriz e a expectadora daquele drama que se projetara, vivo, em sua tela mental. Facetas de sua própria personalidade ou de dramas vivenciados em algum momento da existência – ou, quem sabe, daquela existência que julgava ter terminado. Mas sempre algo ou alguém, um personagem da história que ela mesma forjara e vivenciara. Enfim, sua vida era um grande teatro, e as imagens que via e vivia em seu íntimo eram o reflexo de um autorretrato, um desfilar de seus personagens ou subpersonalidades. Um filme de sua própria vida? Patrícia não tinha condições de saber, responder, tampouco raciocinar a respeito. Ela apenas via e vivia, condenada à angústia e à melancolia.

Por um prodígio que não podia explicar, fora levada a rever cada detalhe daqueles 37 anos que vivera. Mergulhada num transe sutil e, ao mesmo tempo, profundo, ela não conseguia interferir no processo que ocorria nela e com ela. As recordações a dominavam por completo. As emoções definiam seu estado a partir de então; era expectadora da própria existência.

Paloma havia deixado Ronie de lado; buscava outro canto, chateada, magoada com o palavreado dele, com o modo como se dirigia a ela, numa forma de intimidá-la por algum motivo que não podia sequer imaginar. Ou podia, mas não se atrevia a formular o pensamento, o raciocínio, evitando-o dali em diante. Foi quando encontrou Patrícia deitada, gemendo baixinho, ao passo que Ronie gritava ainda, mas agora em pleno desespero. Paloma amparava Patrícia o quanto podia; ao aproximar-se da garota, pôde perceber a intensidade da angústia íntima que a afligia. Enquanto se envolvia com as necessidades de Patrícia, Paloma pensava em voz alta, raciocinando sobre a situação em que se encontravam:

– Já estamos a caminho de descobrir o que

está acontecendo conosco? Temos alguns elementos, mas faltam-nos mais detalhes, que no momento nos escapam por completo. Precisamos de ajuda externa.

– E não é isso mesmo que estamos tentando o tempo todo? Encontrar ajuda? – respondeu Hugo, alterado, demonstrando inquietação, raiva direcionada a não se sabe quem – talvez a si mesmo –, além de mais alguma coisa íntima que não se poderia definir.

Sem se deixar influenciar pelas emoções descontroladas do companheiro de infortúnio, Paloma continuou expressando o que pensava. Quase ignorando o rapaz alterado, disse:

– Falo assim porque vejo que estamos todos em situação semelhante. Estamos muito chocados e emocionados, cada um a seu modo. Que tentarmos acalmar os pensamentos e emoções e pensarmos em como conseguir ajuda?

– Parece fácil para você, não é? Arranque essa máscara de vez, se você pode, sua traveca malresolvida! – respondeu Ronie, regressando de seu transe particular, mas em notório estado de perturbação. Parecia drogado, em visível desespero, mostrando desrespeito e revolta declarada.

Respirando fundo e modificando por completo a fisionomia, Paloma expressou veemência e fortaleza antes não percebidas. Num tom de voz mais potente que o de Ronie, mais masculina que anteriormente, pronunciou:

– Pois bem, eu tenho coragem para isso! E vocês? Para viver a vida que eu vivo, é preciso coragem e sangue quente nas veias.

Paloma gesticulava, na tentativa de mostrar a garra da qual era detentora. No entanto, Ronie, em franco desequilíbrio, prosseguiu nas ofensas:

– Ah! Sim! Quer dizer que é corajosa? Ou será corajoso? Está tentando enganar a quem? Pensa que pode dar uma de homem aí e se esconder por trás da maquiagem? Ou será que sua coragem toda foi para ficar por aí se prostituindo com outros homens?

Hugo e os demais jamais pensaram que Paloma pudesse ter uma reação tão forte aos comentários do rapaz. Levantando-se num átimo, apontou o dedo em riste em direção a Ronie; falando forte, firme e com imenso magnetismo nas palavras, externou sua indignação com o comentário infeliz que ouvira:

– Parado aí, rapaz! – gritou a própria Paloma, interrompendo Ronie. – Você nem faz ideia do que é minha vida. Eu não sou prostituta. Nunca vendi meu corpo a ninguém. Não vendi meu corpo nem a minha alma. Seu imbecil! Veja seu estado!... Sua aparência está se modificando cada vez mais; sabe-se lá se esta não é sua verdadeira aparência? Um vampiro de almas, de corpos, um ser esquálido, de tanto sugar energias, forças e a própria alma de seus clientes. Parece estar com medo da própria sombra! Sem saber o que acontece com você ou conosco, não quer enfrentar a realidade e, por isso, se volta contra qualquer um que queira.

Respirando profundamente, demonstrando um vigor não manifestado até ali, tirou a peruca, limpou um pouco da maquiagem do rosto e apresentou-se como o sujeito determinado e firme que seus companheiros ainda não conheciam.

– Eu, pelo menos, tenho a coragem de pensar e raciocinar. E onde estão os seus valores de macho neste momento? Hein? Diga onde escondeu a coragem de enfrentar a vida! Será que esse machismo todo não é suficiente para enfrentar a situação? Ou pensa que sou indefesa diante da arrogância e da agressividade, que parece ser tudo quanto há em seu repertório?

Voltando-se para os demais, enquanto Ronie se sentia diminuído diante do absurdo que cometera, continuou:

– Não somente você, mas todos aqui. Ficam pensando em situações mirabolantes para explicar algo que rejeitam sem nem sequer pensar no assunto. É isso que é coragem? – indagou, ao final mirando Hugo forte e magneticamente, o qual se mostrava hipnotizado pela fala vigorosa de Paloma.

O tempo parecia haver parado. Paloma movia-se numa realidade mental diferente. Algo a mantinha ligada à mesma frequência mental de Hugo, que também sabia que era cativo de uma situação da qual não tinha forças para escapar. A vida no Além seria isso? Ambos viam os demais companheiros se moverem quase em câmera lenta, talvez em sua própria realidade íntima. Que fenômeno seria esse? O que estaria ocorrendo com eles?

Agora era Paloma quem chorava, pondo as emoções para fora, cuspindo sua revolta e expurgando de seu interior os traumas reprimidos.

Hugo, sem saber ainda o porquê, estava se sentindo prisioneiro do campo mental de Paloma. Ele sentia e vivia cada emoção expressa por aquela alma feminina aprisionada no casulo de uma aparência masculina. Eles se viam, se sentiam.

Em pé, frente a frente com Hugo, Paloma derramou-se, abrindo as comportas da alma. As palavras fluíam como líquido ora morno, ora quente e outra vez frio. Eram emoções que precisavam ser enfrentadas. Era uma realidade que Hugo necessitava confrontar.

Não se sabia ao certo se os pensamentos se transformavam em palavras ou se, nessa dimensão temporal, as palavras eram apenas pensamentos, que irradiavam e se cruzavam, numa mistura de emoções e sentimentos.

Hugo, por sua vez, vivia intensamente tudo aquilo, deixando-se arrebatar pelo olhar de Paloma, que o fixava. Uma força descomunal irradiava dos olhos dela. Ou seria dele? Pouco importava. Hugo apenas não conseguia se furtar àquele momento, tanto quanto não podia deter a avalanche de emoções que irrompiam de seu interior. Durante muitos anos, tentou reprimir esse tormento íntimo disfarçado, contido através de suas atitudes estudadas. Mas agora, morto ou não, sentia-se impotente. As lágrimas que via rolar dos olhos de Paloma feriam-lhe a alma, na qual descobria estranha sensibilidade, a aflorar, submetendo-lhe a força aparente e a máscara do macho.

– Não sou o que você pensa de mim! – começou a se expressar Paloma, com palavras e pensamentos intensos, conforme as emoções que emergiam de sua alma. – Sou mais forte do que você imagina, mais macho do que todos aqui! – encarou Hugo, virando-se em seguida para Ronie, como a endereçar-lhe o conteúdo de suas palavras.

Hugo, ele próprio, parecia retrucar mentalmente as vibrações e palavras de Paloma, que lhe fixava o olhar de tal modo que não podia escapar. Tampouco Ronie podia, quem até então se dirigira a ela de maneira desrespeitosa e agressiva.

O diálogo prosseguiu, enquanto os personagens se moviam num estado mental diferente dos demais. Era a dimensão mental, alcançada naquele momento devido à força das emoções, que, antes contidas, explodiam como foguetes, elevando a frequência do pensamento daquelas almas.

– Sou uma alma feminina sim, sou e sempre fui o retrato da saudade. Saudade, sonho, fantasia, sensibilidade, emoção, gente. Sempre fui *gay*. Mas ser *gay* não é o que vocês, machões, pensam. Não! Vocês não sabem o que é ter uma alma cor-de-rosa. Imaginam que ser *gay* é fazer sexo com alguém parecido com você, do mesmo sexo. Sabe por que pensam assim? É que vocês genitalizam as relações, erotizam o amor e ainda asseguram que o *gay* não pode ser feliz... Ser macho? Até animal é macho. Eu sou *gay* e sou homem. Muito mais homem do que vocês. Sou um homem feminino, sensível. Isso desperta em vocês o preconceito contra aquilo que é diferente. Vocês não suportam o diferente. Mas o mundo é feito de diferenças. A humanidade é plural. Sou *gay*, sim, e sou feliz. Ser *gay* está na alma das pessoas e não na genitália. Sinto-me feliz porque aprendi a amar.

Depois de respirar fundo e notando que os interlocutores estavam dominados por suas palavras, pela força de seu magnetismo, além das verdades que pronunciava, Paloma avançou ainda mais:

– Muitos genitalizam a ideia de ser *gay*. Pensam que a homoafetividade está necessariamente ligada à genitália, ao ato sexual puro e simples. Podemos ser homoafetivos, homossexuais, homoeróticos ou homoespirituais... Será que vocês que perseguem, caluniam e rejeitam os *gays* já pensaram nisso? Que o universo humano é plural?

E sem dar tempo para respostas, prosseguiu,
emocionada:

– Vocês não sabem – Paloma mirava ora um, ora outro –, vocês talvez nem suspeitem a força que é necessária para alguém sobreviver, na vida que eu levei, sem se prostituir intimamente.

– Tudo na vida tem seu preço – ousou Hugo, interferindo na fala de Paloma e demonstrando grande insegurança na própria inflexão verbal, além de um incômodo profundo, que diluía sua alma.

Mais calma agora, observando o dilema na alma do outro, Paloma retrucou:

– É verdade! Tudo tem seu preço, ou melhor, todos têm seu valor e seus valores. Muitos se vendem como produto de um mercado humano ou subumano. Mas eu não me vendo, pois aprendi, por meio do sofrimento, que meu valor é muito maior do que o preço de mercado. Talvez – falou quase serena, voltando-se para Ronie –, você tenha confundido, em sua caminhada, o que é preço e o que é valor.

E, sendo mais suave na forma de falar, quase delicada demais, sutil, concluiu o pensamento olhando na direção de Ronie:

– É preciso um pouco de delicadeza e sentidos aguçados e mais sensíveis para não se perder entre uma e outra coisa.

A conversa tocara intimamente Ronie, que se acuara em algum lugar, envergonhado.

Baixando a cabeça, Paloma tirava o resto da maquiagem com as próprias lágrimas, esfregando o que restara, removendo os excessos. Passava as mãos sobre o rosto, deixando transparecer as feições masculinas, que, aos poucos, se revelavam, mostrando os traços que a maquiagem encobrira. Era um homem bonito. Rasgou o vestido com o qual se cobria, mostrando-se por inteiro para Hugo.

– Veja, sou como você. Posso, se quiser, ter uma vida sexual como a sua. Tenho toda a virilidade de um homem. Mas não quero ser como você. Aliás, não sou como muitos por aí. Muitos homens que se comportam como machões transformam as mulheres em objetos sexuais. Transam com uma, outra e mais outra, e depois se reúnem para contar vantagens e disputar conquistas, desrespeitando aquelas que lhes abriram as almas, menosprezando as emoções, os sentimentos e as dores das mulheres com as quais estiveram ou que usaram.

"Eu aprendi a amar. Sou homem e, sinceramente, não me esforço nem um pouco para ser macho, pelo menos não na concepção popular. Sou *gay* sim, e me orgulho de ser. Não me prostituo. Não vendo meu corpo nem minha alma a ninguém. Trabalho honestamente e, da arte, ganho minha vida, construo a minha dignidade a cada dia, a cada lágrima, em cada coração que auxilio ou em cada menina que eu consigo arrancar da prostituição e mostrar um caminho melhor e mais digno de viver.

"Muitas vezes, quando passo em determinado lugar, alguns machões falam entre si: 'Lá vai a bichinha, o boiola'. E logo pensam, sem ter coragem de falar: 'Uau! Como é bonito o danado! Se eu pudesse...' É assim com a maioria dos machões. Gostam de esconder a sensibilidade por detrás da máscara do macho. Têm medo de expressar seu lado feminino, ou, quem sabe, os desejos mais secretos, os instintos mais duramente reprimidos. Preferem sustentar uma feição de macho, mantendo um teatro perante os colegas, e chamar a atenção para algo que, na intimidade, não são. Pelo menos, eu creio, não são assim tão fanáticos quanto divulgam.

"Ser *gay* é algo que está na alma. E não me venha com essa de que é uma opção sexual! – exclamou meio alterado, porém sem perder a elegância. – Eu não optei em momento algum. Eu simplesmente sou o que sou. Amo, assim como todos. Deus me fez assim."

Olhando cada um diretamente nos olhos, dando uma pausa para pensarem, prosseguiu logo depois:

– Muitos que se comportam como machões não suportam o diferente, aquilo que desafia seu estilo de vida. Usam máscaras, mas, em algum momento, a máscara cai. Nós também usamos máscaras... Sim, usamos mesmo. Mas nossas máscaras são a alegria, as cores, a fantasia, a espontaneidade e tudo aquilo que incomoda quem está trancafiado em um casulo de ideias.

Modificando a entonação da voz, a forma de expressar, Paloma continuou, falando quase devagar demais:

– Estamos conquistando um lugar no mundo. É o progresso, e isso vocês não podem deter. Vocês não podem nos impedir de amar, de sermos o que somos. Não, mesmo!

Olhando para Adir, o pastor evangélico ortodoxo, acentuou sua opinião sobre o fundamentalismo religioso:

– A religião, não podendo conter nossas emoções e sentimentos, de uma maneira irracional tachou-nos de pecadores, desequilibrados, obsidiados. E faz isso indistintamente, não interessando o que cada um de nós é ou faz. Fomos reduzidos à prática sexual: o sexo daquele com quem se deita define o destino espiritual. Meu Deus, quanto contrassenso! Como se bastasse ser heterossexual para ser feliz e abençoado. Sonho com o dia em que poderei entrar no templo e adorar a Deus publicamente, da maneira como sou.

Novamente encarando Hugo, que, ao longo da vida adotara um comportamento machista e cheio de preconceitos, embora fossem máscaras para encobrir sua realidade emocional, prosseguiu mais um pouco:

– Veja, Hugo, que sou homem. Você se esforça para ser ou parecer um macho aos olhos da própria família, dos amigos e das mulheres...

Paloma agora parecia não sentir mais forças para continuar, ou não achava que Hugo e os demais merecessem o esforço que fazia. De qualquer forma, desabou em lágrimas, profundas, sentidas, como se expurgasse da alma alguma nódoa oculta, que se liquefazia em pranto.

As lágrimas comoveram profundamente Hugo, que também se abria lentamente para encarar a própria realidade. César tomou a atitude inesperada de amparar Hugo, colocando o braço direito em seus ombros, sustentando-o diante da fragilidade emocional, que agora se revelava patente.

Adir, ainda envolto no orgulho, na prepotência e na arrogância que demonstrara desde o início, parecia não se comover com os dramas alheios. Observava os companheiros com nítido olhar de desdém e superioridade, com a intenção de eliminá-los de sua realidade mental.

– Eu tenho certeza de que nós não morremos; pelo menos eu não. Isso é muito claro para mim... – suas palavras pareciam desconexas, fora de contexto.

Estava com a ideia fixa, em circuito fechado de pensamentos. Talvez devido à culpa, reprimida e de modo algum admitida. A interrupção que causara, a intromissão no assunto abordado por Paloma parece ter exposto perante os colegas o grau de desequilíbrio dos pensamentos dele.

– Isso é impossível! – falava sem nexo, desconsiderando o tema da conversa ou do pronunciamento de Paloma, envolvendo-se ao máximo com suas crenças pessoais, seu fanatismo e extremismo religioso. – A Bíblia diz que os mortos não sabem coisa alguma. E os salvos estão dormindo no paraíso. Como eu fui salvo por Jesus e, assim mesmo, estou aqui com vocês?...

Antes que pudesse concluir seu discurso, foi interrompido em suas pretensões teológicas.

Vindo não se sabe de onde, parecendo materializar-se em meio às angústias expressas e emoções conflitantes, ele veio. Como se caminhasse entre vapores, nuvens ou tempestades de sentimentos, ele apareceu de maneira simples, mas de modo a impressionar:

– Isso quer dizer que todos estão fora da salvação, menos você, Adir, é claro. E não podem ter morrido, de acordo com o seu raciocínio...

A voz ressoou firme na intimidade de cada um. O novo personagem aparecera andando devagar, vindo de algum lugar que ninguém ali poderia explicar, nem sequer adivinhar, para espanto de todos.

– Quem é você? De onde vem? – gritaram todos ao mesmo tempo. Queriam respostas, e o estranho parecia interferir exatamente no momento do ápice do desconforto e da sensibilidade das almas aprisionadas entre si.

– Isso mesmo! Fala, cara! – Hugo avançou em direção ao desconhecido, em grande desespero. – Diga como e de onde você veio.

Hugo foi barrado, misteriosamente, por um

campo invisível para todos, uma barreira que não saberia explicar. Caiu ao chão, como se uma força sobre-humana o houvesse bloqueado.

Paloma adiantou-se; vinha do local onde Patrícia permanecia, desacordada. Elegantemente se dirigiu ao estranho:

– Acho que você traz alguma explicação para o que está ocorrendo. Ou melhor, da forma como apareceu, você deve ter uma explicação...

O estranho suspirou, fazendo com que todos relembrassem o som que ouviram anteriormente.

– Então, era você! – exclamou Ronie. – Esse suspiro que ouvimos várias vezes e nos apavorava era você! Estava aí nos espionando o tempo inteiro...

– Não espionando, mas participando, observando, ouvindo – falou o estranho, deixando transparecer em sua voz certa ironia refinada. – Meu nome é Samuel; podem me chamar assim. Estou aqui, como todos vocês, em busca de conhecer, de saber. Procuro respostas, também.

– Você não chegou agora? Estava aí o tempo todo, escondido? Onde? – indagou Paloma.

– No momento em que vocês chegaram, já me encontrava aqui.

– Como não o vimos antes?

– Ver ou não ver é uma questão de atenção, de interesse. Cada um percebe apenas aquilo sobre o que deposita atenção. Vocês estavam tão assustados e preocupados consigo mesmos que não perceberam o que havia ou há à sua volta.

– Mas não vimos você! – falou Adir, nervoso. – Estamos aqui eu, Hugo, a tal da Paloma, César e… – balbuciou – Ronie, e com certeza nenhum de nós o vimos antes.

– Vejam como não registram tudo ao redor. Você, Adir, não citou Patrícia, que está dormindo ali – observou Samuel, apontando para o lado. – Enxergaram-se e perceberam-se de acordo com os medos de cada um; até agora, não notaram que existe mais um membro no grupo e que talvez esteja em situação semelhante. Com exceção de Paloma, nenhum de vocês está interessado em ver nada além da possível fuga dessa realidade ou da sua realidade.

– Acho que estamos mortos – tornou a falar Paloma. – Eu me lembro de alguma coisa que me aconteceu…

– Você está ficando louca com tudo isso… – falou Ronie, alterando o rumo da conversa. – Isso tudo está deixando a gente desequilibrado.

Samuel apresentava-se com uma aparência claramente distinta da dos demais. Alto, claro, olhos vibrantes de vida, transmitia certa segurança e sugeria saber bem mais do que demonstrava. Suas palavras eram enigmáticas, e a presença irradiava uma espécie de magnetismo, que cada qual interpretava de maneira peculiar.

Observando o jeito diferente e enigmático na postura de Samuel, Ronie procurou usar seu poder sedutor, tentando, ao mesmo tempo, agir com discrição, para que os outros não percebessem.

– Você deve saber muito mais do que fala – disse Ronie, esboçando um sorriso estudado, que mais parecia uma careta. Ronie esqueceu, por um instante, que sua aparência, sua fisionomia passava por uma sensível transformação. – Quem sabe podemos conversar à parte e nos entendermos melhor. Se você se abrir comigo, talvez possa ser recompensado...

Novamente Samuel deu um longo suspiro. Desta vez apenas Ronie o percebeu arrepiando--se e enchendo-se pavor de si mesmo, enquanto reconhecia que já não detinha o magnetismo de antes e que sua aparência repugnava até a si próprio. Estava esquálido, esquelético.

– Repare bem, rapaz – falou Samuel, de tal forma que somente Ronie o ouvisse. – Cada um de nós sabe muito mais do que dá a entender. As respostas para o que você procura estão dentro de você mesmo, assim como as respostas para minhas indagações estão dentro de mim.

Samuel deixou claro para Ronie que sua tentativa de seduzi-lo era ineficaz.

Dirigiu-se a Patrícia, que estava inquieta, apesar das tentativas de Paloma de acalmá-la. Tocou-lhe os cabelos e, aos poucos, seu sono agitado se tranquilizou.

Observadora, Paloma aproximou-se, deixando os outros perdidos em indagações e suposições.

– Parece que você conseguiu, finalmente, acalmá-la...

César aproximou-se também, mas, por algum motivo que não saberia explicar, não reconheceu a amiga. Pelo menos não na aparência, embora seus sentimentos dissessem ser ela, de fato.

– Ela precisa de muito carinho. Tem necessidade de se sentir amada – respondeu Samuel.

– Acredito que ela está morta também, como todos nós...

– Morta? – perguntou Samuel, falando um pouco mais alto, para que os demais o ouvissem...

– É isso mesmo! Estou convencido de que morremos todos. Ou pelos menos eu morri!

– Mas, se você morreu, e os outros? Quem somos nós e o que ocorre com cada um?

Olhando para os outros membros do grupo, que ouviam a conversa sem interferir, Paloma continuou:

– Veja, eu me lembro de algumas situações, apenas. Mas são imagens bem nítidas. Eu saía do trabalho e me dirigia a determinado lugar, que não está bem definido em minha mente. Ouvi tiros e, na tentativa de fuga, de repente me vi no meio de policiais. Senti perfeitamente quando fui atingida por uma bala disparada não se sabe de onde. Só isso; no entanto as imagens são muito fortes. Depois de tudo isso, estou aqui, num lugar que fica em lugar algum, com pessoas cheias de mágoa e dúvida. Elas também não sabem de onde vieram exatamente ou como vieram parar aqui e agora. Aí, você parece que se materializa, ou melhor, surge em meio a isso tudo. Com certeza morremos todos. Com certeza!

– Se estamos mortos, como podemos estar conversando, nos entendendo? Já pensou nisso?

– Ah! Mas o que morreu foi somente o corpo... – Paloma falou, olhando para César, que devia entender mais dessas coisas do que ela. – Já procurei em mim as marcas do projétil que me acertou e não encontrei. Estou me sentindo mais leve, apesar de não ter respostas para algumas coisas.

– Quem sabe – prosseguiu Samuel – você, eu e os demais não estamos aqui para resolver essas questões aparentemente sem resposta? Pode ser que todos estejam vivenciando uma oportunidade de solucionar questões pendentes de seu passado. Você mesma já disse isso em outras palavras...

– Não entendi – respondeu Paloma.

– Veja bem! Você disse que tem certeza de que morreu; parece estar conformada com a condição da morte. Mas alguma coisa a incomoda. Você deixa transparecer em suas palavras que existe algo em seu passado que procura esconder. Uma aparente insatisfação…

Paloma levantou-se da posição em que se encontrava, ao lado de Patrícia, pensando muito nas palavras do estranho. Todos, ainda em silêncio, pareciam interessados no que ouviam, magnetizados, por assim dizer, pelas palavras de Samuel. Depois de muito pensar, Paloma falou com certa pausa na voz, agora num tom mais masculino:

– Acho que é isso mesmo! Estando morta, pensei que certas questões vividas por mim também estivessem. Enganei-me. Trago mais vívidas ainda tais lembranças ou impressões. Quem sabe eu esteja…

– Escondendo-se atrás da possibilidade de estar morta para ocultar ou mascarar algo mais profundo do que a morte – completou Samuel.

– Será? Pelo jeito você entende bastante de psicologia…

– Não é essa a questão, Paloma. Em geral, todas as pessoas trazem problemas não resolvidos dentro de si. Independentemente de estarmos mortos, desencarnados ou vivos no corpo físico, é comum que tenhamos nossos medos e culpas e procuremos nos esconder atrás de máscaras criadas ao longo do tempo.

– Acho que o próprio fato de eu ser transformista, viver atrás de máscaras, maquiagens, plumas e luzes do palco...

– Você é uma artista, uma alma sensível. Somente isso!

– Eu sei, eu sei, Samuel! Mas não posso negar que também uso minha arte para disfarçar determinadas coisas que ainda me incomodam profundamente.

– Talvez eu possa ajudá-la, de alguma forma.

– E aí, cara?... – Hugo interferiu brusca e desrespeitosamente. – Agora vai dar uma de psicólogo? Entra em nossas vidas e vai se metendo assim, sem mais nem menos?

– Cale-se! – Samuel falou com tal veemência que Hugo estremeceu e se colocou numa posição mais afastada. Parecia que irradiava de Samuel uma força tão marcante, que ninguém teve coragem de interrompê-lo novamente.

Samuel dirigiu-se a um local onde, mais uma vez, ninguém poderia vê-lo. Observava. Plantara a semente no coração de Paloma. Esta, por sua vez, percebendo que o sétimo integrante havia desaparecido tão subitamente quanto viera, aproximou-se de Patrícia, que agora parecia dormir mais tranquila.

Quando Paloma levantou os olhos, percebeu uma porta. Sim, uma porta, que parecia ter sido desenhada em cada detalhe. Levantou-se intrigada, aproximando-se do local onde estava a abertura, da qual parecia irradiar uma luz sutil. Mas não podia deixar Patrícia para trás.

Voltou-se novamente, devagar, porém firme, e tomou Patrícia nos braços. De início, César demonstrou ligeiro interesse, mas em seguida sentiu-se intimidado, ao ver Paloma tão decidida, levando-a nos braços. Paloma demonstrou força e agilidade que os demais nem suspeitavam. De todo modo, ficaram intrigados com sua atitude, pois não viam a abertura, a porta que Paloma enxergava. Também não souberam interpretar, explicar como ela sumira de um momento para outro. Para eles, Paloma, carregando Patrícia nos braços, apenas sumira, desvanecera-se em meio a algum fenômeno inexplicável; somente isso. Entretanto, seu desaparecimento deixara, em cada um, um dilema ainda maior, um medo que se agigantava. Agora, sozinhos diante daquele novo fato, teriam de lidar com os próprios receios e frustrações. Querendo admitir ou não, tinham de concordar que, entre todos eles, Paloma fora a mais corajosa. E apenas a ela, ao que tudo indicava, a tal aparição chamada Samuel se dirigira de maneira mais pronunciada.

Enfim, tudo estava ainda mais intrigante, complexo, difícil de explicar. Sem que o soubessem, Paloma permanecia no mesmo ambiente, porém isolada vibratoriamente, pois Samuel precisava auxiliá-la de modo mais direto. Ela estava preparada para as reflexões.

Vendo Samuel, percebendo-lhe a presença além da abertura, que, talvez, fosse apenas uma abertura mental, consciencial, Paloma depositou o corpo de Patrícia num local que lhe parecia confortável; a seguir, levantou-se, encarando Samuel com desejo sincero de entender a situação.

Emocionada ao extremo, Paloma iniciou um relato, sentindo-se à vontade na presença daquele que, agora, já considerava mais próximo, quase um amigo. Encorajada, quem sabe, pelo olhar de Samuel, algumas lágrimas esboçando verter dos olhos, ela começou:

– Desde cedo me senti diferente. Sabia que algo dentro de mim pulsava com intensa sensibilidade, o que me fazia sentir e saber ser diferente dos outros meninos. Mas não fazia ideia de como exprimir minhas impressões. Talvez fosse algo intuitivo.

Paloma parava para respirar mais intensamente, pois as lembranças pareciam sufocá-la.

– Fui crescendo, e meu corpo parecia refletir

a minha alma. Eu não fiz uma opção para ser o que sou. Nasci com a alma mais sensível, tão somente, como é até hoje.

Inspirando o ar mais profundamente, ela reuniu forças e prosseguiu:

– Aos 13 anos de idade, meu corpo era algo gracioso. Nem totalmente masculino, nem feminino. Creio que era uma mistura equilibrada dos dois. Eu me deliciava ao olhar no espelho. Tanto as meninas como os meninos tinham um olhar diferente e especial em relação a mim. Mas eu não entendia direito o que ocorria; apenas curtia aquilo tudo como algo inusitado. Só isso!

"Meu pai havia abandonado minha mãe assim que nasci; mais tarde, mamãe se uniu a outro homem, que a amparava emocionalmente. Mas ela não sabia dos olhares indiscretos que ele me lançava. Naquela época, eu me sentia envergonhado, mas ainda não havia despertado plenamente para as questões ligadas à sexualidade. O sexo só foi fazer sentido para mim muito mais tarde. Me envergonhava porque meu padrasto me tocava de forma diferente. Tentei várias vezes fugir; evitava, instintivamente, ficar a sós com ele. Por essa época, mudou-se para a vizinhança uma família. Havia um garoto uns dois anos mais velho do que eu. Trocávamos olhares, às vezes conversávamos.

"Despertava minha sensibilidade feminina e, hoje eu sei, minha afetividade. Um toque, um beijo na face foram o suficiente para afoguear minha alma, e foi então que me vi apaixonado pela primeira vez.

"Mas meu padrasto, já desconfiado, certo dia pediu minha mãe para fazer algo no centro da cidade. Não houve como escapar da investida dele."

As lágrimas rolavam mais intensamente, e a história de Paloma acabou por comover Samuel.

– Fui violentado em minha própria casa e obrigado a sufocar minha revolta, tendo em vista as ameaças que meu padrasto me fez. Ele me dominou pelo medo. Fez de tudo para que me calasse; passei a evitar minha mãe por puro medo do que poderia ocorrer comigo ou com ela, devido às ameaças do meu padrasto.

"Durante dois anos fui obrigado a me submeter a seus caprichos.

"Nesse tempo, brotava em mim certa repulsa pelo meu corpo. Queria me esconder, a todo custo; fazer qualquer coisa para disfarçar a vergonha e o asco que meu padrasto produziu em mim.

"Quando completei 16 anos, experimentei a maconha pela primeira vez. Ela me serviu como fuga da situação insuportável que eu me vi obrigado a viver. Meu corpo, já mais formado, causava inveja em certos rapazes, tanto quanto desejo. Mas ninguém sabia do tormento em que eu vivia. Não podia contar nada à minha mãe, pois ela estava loucamente apaixonada por meu padrasto. Não sei como ela receberia a verdade dura.

"Saí de casa. Resolvi colocar fim à situação. Não vi outra maneira.

"Fui abrigado por alguém que conhecera no colégio. Era uma das pessoas que traficava a maconha, mas foi a oportunidade que encontrei. Logo mudei de cidade. Não foi fácil. Hoje me pergunto: caso meu padrasto não tivesse feito o que fez, eu seria como sou? Teria experimentado o sexo com outro homem?"

– Reflita bem, Paloma – interrompeu Samuel. – O que a atormenta é o fato de ter feito sexo com homens ou a forma como conheceu a experiência sexual?

Pensando mais detidamente, Paloma respondeu, meio vagarosa:

– Sem sombra de dúvida, minha maior tormenta foi a violência com a qual fui tratada pelo meu padrasto.

– Pois é, minha querida. Você mesma me disse, em seu relato, que aos 13 anos já emergia do seu interior toda a sensibilidade de uma alma feminina. Apaixonou-se por outro garoto antes mesmo de qualquer acontecimento traumático.

Contudo, parece-me que nada houve entre vocês.

– Não! Foi somente um beijo na face, alguns olhares, sorrisos. Guardo essa lembrança carinhosa, terna, dentro de mim.

– E quanto a seu padrasto? Já lhe ocorreu perdoá-lo? Parece-me que ainda agora você carrega uma mágoa profunda dentro de si…

– Como posso perdoar? A dor, que persiste dentro de mim até hoje, não diminuiu. A investida dele sobre mim, o abuso sexual por dois anos seguidos, tudo isso repercute ainda hoje em minha vida. Não consigo me relacionar mais intensamente com ninguém, mesmo que, para os outros, eu pareça bem resolvida. Tenho medo de me entregar, muito medo; verdadeiro pavor…

– E por isso se vê atormentada dessa forma.

– Acho que a experiência com meu padrasto me afetou profundamente a vida. Antes de morrer…

– Antes de morrer?

– Bem, vou reformular minha fala. Antes de vir parar aqui, eu tinha um parceiro, um namorado. Alguém que eu amo muito e, tenho certeza, sente o mesmo por mim, também. Mas fico imaginando quanto ele sofre comigo.

– Não entendi! Se vocês se amam, como ele pode sofrer com você?

– Namoramos já há alguns anos. Porém, depois da experiência com meu padrasto, nunca consegui me entregar plenamente a ninguém. Vivemos um amor quase platônico. Meu menino – é como nos chamamos – me aceitou assim mesmo, quase sem contato sexual, íntimo. Em silêncio, ele sabe compreender. No entanto, sei que não deve ser fácil para ele.

– Mas também não deve ser fácil para você.

– E não é mesmo! Quando nos abraçamos, nos beijamos, vêm à mente as imagens do trauma que vivi. Isso me inibe e me traz imenso sofrimento. E, assim, percebo que transfiro para toda e qualquer figura masculina o trauma vivido com meu padrasto. E, para as mulheres, ofereço o silêncio negligente de minha mãe.

– Que tal você contar isso a seu namorado? Já pensou na possibilidade? Talvez ele pudesse auxiliá-la...

– Mas não compreende que não tem mais jeito? Eu morri com aquela bala perdida...

– Morreu?... Interessante! – respondeu Samuel. – Para quem morreu, até que sua memória e suas emoções estão funcionando direitinho...

– Está bem! – falou Paloma. – Seja lá o que for que nos aconteceu, acho improvável e muito difícil que eu tenha oportunidade de falar com ele.

– E se, até que ocorra essa oportunidade, você aprender a trabalhar essas emoções?

– Agora sou eu que não entendo.

– Você confiou em mim se abrindo, colocando a descoberto sua vida íntima, as dores e os traumas que experimentou. E se tentássemos algo que fizesse você se liberar dessas emoções?

– Você me ajudaria?

– Podemos tentar juntos! – sorriu Samuel, encorajando-a ainda mais a confiar nele.

Depois de algum tempo em silêncio, Paloma resolveu aceitar a ajuda de Samuel.

Enquanto isso, Patrícia parecia menos agitada; entregara-se a um sono suave. Samuel a afagava enquanto conversava com Paloma. Parecia que sua interlocutora estava preparada para um mergulho no passado e era capaz de enfrentar os traumas mais profundos e significativos de sua alma.

7

ENFRENTANDO OS TRAUMAS

"FECHE OS OLHOS, mergulhe dentro de si mesma... – falava Samuel, de forma que somente Paloma o escutasse. Estavam recuados, deixando que os demais se pusessem a imaginar o que se passava. – Sinta as emoções, deixe-as emergir de seu espírito. Permita-se sentir as dores morais. Não fuja das próprias dores. Enfrente-as."

Algo ocorria no interior de Paloma. Parecia que uma tempestade emocional se esboçava em seu âmago. Algumas lembranças, *flashes* de memória, sons, aromas; algo incomum para ela, até aquele momento.

– Tente agora identificar a emoção mais forte, que a incomoda mais profundamente.

Uma lágrima desceu à face de Paloma.

– Vamos, Paloma! Não recue. Não se fixe nas imagens. Quero que perceba as emoções. O que a incomoda mais intensamente? Que tipo de emoção vêm à tona neste instante?

– Revolta! – chorava baixinho. – Revolta e rejeição... – respondeu Paloma, com voz quase inaudível.

– Hummm... Revolta e rejeição – repetia Samuel, tranquilo, interessado em auxiliar.

– Tente identificar essas emoções e perceber a ocasião em que elas se manifestam mais nitidamente... Procure notar em que momento de sua vida elas apareceram de forma mais marcante do que nunca.

Paloma respirou mais devagar, tentando mergulhar na memória das emoções, deixando as imagens mentais de lado e procurando cada gota de emoção que emergia:

– Quando eu morri – respondeu Paloma.

– Quando você morreu... – repetiu Samuel.

– Não, não! Quando o policial me pegou; e logo depois, quando senti a bala...

– Detenha-se aí, neste ponto. A rejeição, quando o policial a maltratou. A bala que abriu seu peito e a revolta.

Samuel deixou Paloma refletir, fixar sua atenção nas emoções, explorar cada sensação e sentimento advindos daquela experiência.

– Por que a revolta? Por que a rejeição? Consegue responder essas perguntas?

– Revolta porque fui tratada como um animal. Me confundiram com alguém que estava ali para se prostituir.

– E?

– E me senti rejeitada pela sociedade, pelo mundo, pela vida.

Silêncio da parte de Samuel. Ele procurava dar um tempo a Paloma, a fim de que ela mesma refletisse acerca do que falava, das emoções fortes que vinham à memória e do significado de cada uma. Só depois de algum tempo é que prosseguiu:

– Pense bem, Paloma. Aprofunde-se nessas emoções, busque-as dentro de você...

As lágrimas começaram a descer mais intensas.

– Em que outro momento você identifica essas emoções em sua vida? Tente rever o passado; veja e sinta quando essas emoções se manifestaram, em outras ocasiões.

Mais uma vez ela se via regressando ao passado. A memória passeava por eventos, traumas, alegrias e dores. Alguns instantes depois, Paloma foi capaz de identificar, sob influência e amparo de Samuel, o momento exato que ela precisava ressignificar; o acontecimento primordial, que desencadeava as sensações que passaram a acompanhá-la nas horas graves da vida.

– Quando fugi de casa!...

Nova pausa, nova oportunidade de reviver a emoção e o abandono, de revisitar a experiência.

– O que você sentiu?

– Não me vejo fugindo. Vejo-me sendo abortada emocionalmente; sinto-me expatriada, expelida em direção ao mundo. É como se fosse expulsa do ventre de minha própria mãe. Guardo profunda revolta em relação ao que me ocorreu; principalmente, devido à forma como ocorreu.

Sinto como se eu fosse uma infecção na família, um câncer que se extirpasse; alguém que, sem saber por que, não foi compreendido...

– Mas você se aceitava? Você se compreendia, afinal? Pense um pouco sobre isso.

Paloma nem precisou pensar muito. A resposta estava na ponta da língua:

– Não! Na verdade, não sinto que eu me aceitasse. Eu vivia uma ilusão, eu tentava viver, idealizando um futuro feliz, mas não me permiti viver a minha realidade naquele momento. Tive enorme dificuldade comigo mesmo.

– Volte mais ainda, Paloma. Um pouco mais. Tente identificar, antes desse momento, as emoções que a incomodam...

– Não posso! É demais para mim.

– Tente! Não desista! Você chegou até aqui, e para isso foi necessário coragem. Você é capaz de prosseguir, sim. Deixe as emoções brotar sem máscaras.

Mediante o incentivo de Samuel, ela foi avante:

– Vejo André.

– Quem é André?

– O garoto por quem me apaixonei...

– E as emoções? Quero saber de suas emoções. O que André lhe inspira?

– Não tive coragem de me aventurar, de assumir. Senti medo de ser rejeitada.

– Quem porventura a rejeitaria? Sabe identificar de quem você temia receber rejeição?

– Dele... André.

– Ele? Seria ele mesmo?

– Não, não sei exatamente. Não tenho certeza. Eu acho...

– Você acha? – Samuel não deu tempo para a dúvida se aprofundar. Através de perguntas diretas, induzia Paloma a se pronunciar, a explorar ainda mais suas emoções, a enfrentar-se.

– Não! Tenho certeza, agora, de que era eu mesma que estava me rejeitando. Rejeitando a situação que eu não compreendia. Revoltei-me por não ter com quem compartilhar aquela angústia; revoltei-me por não encontrar alguém que me auxiliasse a compreender o que ocorria comigo. Eu estava só, emocionalmente...

Paloma chorava ante a constatação da verdade íntima.

– Então era você, Paloma...

– Sim, eu fiquei amarga. Transferi para o outro minha revolta.

– Retorne ainda mais... Aprofunde-se um pouco mais nas emoções...

– Vejo meu pai. Meu pai verdadeiro...

– O que você sente?

– Ele me abandonou. Não pensou em mamãe nem em mim. Nos rejeitou, assassinou nosso amor, nossas emoções. Repudiou-nos abertamente. Senti que era por minha causa. Achei que se envergonhava de mim.

O pranto se tornava convulsivo. Paloma deixava emergir toda a dor e a emoção contida por anos e anos a fio...

– Vá ainda mais longe no passado... Aprofunde suas observações. Sinta-se com ainda maior intensidade. Que percebe?

– Sinto as emoções de meus pais... Eu nascia. Era uma criança linda, sorridente. Mas parece que meu pai queria uma menina. Sim, uma menina era tudo o que ele queria. Percebo minha expectativa de ser afagado, pegado no colo e, de outro lado, a decepção de meu pai. Eu implorava para ser tocado, acariciado; minha única linguagem era o sorriso e o choro. Eu era um bebê. – Paloma chorava muito. – Meu pai se recusou a tocar em mim. Minha mãe se revoltou contra meu pai e demorou a me amamentar. Ela me culpava. Não a ouço falar nada... só percebo. Percebo a amargura e a frustração de minha mãe e a rejeição de meu pai. Eu queria colo, carinho e afago.

– Pare aí, Paloma. Interrompa a lembrança dessas emoções. Cerre as lágrimas. É preciso "congelar" a revolta e a rejeição.

Paloma fez o exercício mental e emocional

sugerido por Samuel. Deixava-se conduzir plenamente pelo novo amigo.

– Vamos agora progredir no tempo.

– Estou exausta...

O amigo de Paloma amparou-a com um abraço. Deixou claro o apoio irrestrito naquele momento especial para sua alma sensível.

– Respire fundo! Respire mais ainda e sinta-se amparada. Estou aqui, a seu lado.

À medida que Paloma se tranquilizava, ocorria um fenômeno interessante com seu corpo espiritual. Modificavam-se gradativamente as feições femininas, que cediam lugar, segundo após segundo, à aparência masculina, embora os traços fisionômicos permanecessem finos e elegantes, sem o peso de uma forma masculina mais rude. Ela descansava com os olhos fechados; ao abri-los lentamente, a fisionomia mudara quase por completo. As roupas de agora não eram mais o vestido usado para as apresentações artísticas; não era mais o vestido que rasgara para mostrar-se a Hugo, anteriormente. Neste momento, surgia a personalidade de um rapaz elegante, de certa maneira forte, corpo definido, mas sem excesso de músculos. Olhos claros, quase azuis. Os cabelos caíam-lhe sobre a testa suaves e macios, enquanto atrás, na nuca, eram rebatidos, mais curtos. Paloma assumira a feição masculina, a de quando não estava interpretando, no palco. Era o homem que respondia, no cotidiano, pelo nome de Hector.

Respeitando o momento de Paloma ou, então, Hector, Samuel concedeu um tempo para que se refizesse, reassumisse a postura íntima e identificasse possíveis medos, a fim de arregimentar forças internas para continuar, de alguma maneira.

Ante a dificuldade de Hector-Paloma em prosseguir, Samuel lançou mão de um recurso um tanto inusitado.

– Se você desejar, Hector, tenho um amigo que posso chamar para nos auxiliar. Trata-se de uma ajuda simples; porém, quem sabe, poderá impulsionar você, livrando-o de um pouco da angústia, enquanto absorve dele alguns elementos mais sutis, que o farão sentir-se melhor para as reflexões futuras. Veja bem, não desejo induzi-lo, mas colocar à disposição certos recursos interessantes e bastante eficazes. Quando julgar oportuno, pode contar comigo.

– E que recursos serão estes? – perguntou Hector ou Paloma com visível interesse, mas prestes a desfalecer, quase sem forças para dar continuidade ao processo de revisão e reorganização emocional e mental.

– Meu amigo é um médium. Por certo, a esta hora, está dormindo, mas isso não impede que auxilie você ou outros que desejem socorro. Podemos procurá-lo e isso não demora muito. Eu tentaria um método que consiste em acoplar você ao organismo mediúnico, de modo que fosse submetido àquilo que chamamos de choque anímico. Isto é, tão logo estivesse acoplado ao espírito do médium – falo assim para resumir o fenômeno –, receberia os fluidos benéficos que ele detém. Ao mesmo tempo, as angústias e dificuldades mais profundas passariam através dele e seriam descarregadas na natureza. Você certamente se sentiria bastante aliviado e prosseguiria sua caminhada bem mais fortalecido.

Hector-Paloma pensou por algum tempo, que Samuel lhe concedeu, sem interromper suas reflexões. Ao cabo de alguns minutos, resolveu aceitar o recurso oferecido.

Samuel inspirou Hector a levantar-se. Posicionando-se ao lado dele, o instrutor pôs a mão direita sobre a fronte do transformista enquanto a esquerda amparava-o na altura da nuca. Samuel concentrou-se por alguns instantes, tendo o pensamento fixo no amigo encarnado, que, como previsto, dormia, mas estava desdobrado, fora do corpo físico.

Imediatamente, o ambiente à volta dos dois pareceu ter-se modificado. Em meio a fluidos vaporosos, viram-se ambos ao lado da cama do rapaz, que estava deitado com a barriga voltada para cima. O corpo jazia sobre o leito, mas seu espírito permanecia desperto, logo ali ao lado, como se aguardasse a chegada de algum dos mensageiros com os quais habitualmente trabalhava.

– Você, Samuel? – falou o médium desdobrado, surpreso. – Não esperava que fosse você a me procurar para o trabalho desta noite. Em que posso ser útil, meu amigo? – falou o médium fora do corpo, já olhando para Hector, que apresentava sinais visíveis de cansaço, desvitalizado devido ao esforço de rememorar o passado e lidar com as emoções reprimidas.

– Que bom que está de prontidão, meu caro! – respondeu Samuel, deixando claro, através do pensamento, o que pretendia, a fim de conceder assistência imediata ao novo pupilo. – Preciso promover um choque anímico. Meu amigo aqui, que está quase inconsciente no momento, em estado alterado de consciência, precisa de elementos sutis, de fluidos nervosos para recompor-se e continuar sua vida, suas reflexões.

– Puxa, amigo, mas ele ainda está encarna…

Samuel fez um gesto rápido, interrompendo o médium, deixando claro com isso que não queria dar informações que pudessem dificultar o processo de revisão dos valores, de reavaliação emocional ao qual Hector se submetia. E antes que o médium pudesse externar qualquer comentário a respeito, Samuel perguntou, convidando-o ao trabalho:

– Topa participar, doando fluidos para que ele se refaça?

– E lá sou homem de perder a oportunidade de ser útil? Claro, amigo! Conte comigo.

O que se passou foi algo impressionante, sob o aspecto fenomênico. O médium desdobrado concentrou-se profundamente; fazendo uma prece rápida, tomou seu lugar ao lado de Hector, que, de pé, parecia meio perdido, aéreo. Além do mais, não tinha conhecimento e muito menos estava habituado aos fenômenos mediúnicos. Com o auxílio de Samuel, o médium ministrava, no amigo necessitado, algo que se assemelhava a passes longitudinais. O novo ajudante pareceu logo entrar em transe, enquanto sua aura irradiava energias benéficas, que eram canalizadas por Samuel em favor de Hector, à medida que se liberavam. Neste momento, o rapaz necessitado foi levantando-se no ar, suspenso pelo magnetismo de Samuel para, em seguida, ser conduzido ao corpo do médium, que repousava sobre o leito. O espírito de Hector-Paloma acoplou-se célula por célula no corpo do médium, que antes se aproximara muito dele.

Assim que Hector se conectou ao corpo do médium, recebeu uma espécie de descarga magnética de tamanha intensidade que se sacudiu todo. Um vapor exalou de cada célula do corpo deitado sobre o leito. Era o ectoplasma ou fluido vital, que, ao comando da mente do auxiliar desdobrado, envolvia Hector e lhe concedia uma vitalidade extra, energizando seu corpo espiritual. A seguir, o médium, ao lado do seu corpo, sentiu-se um pouco angustiado. Ele absorvera, por vontade própria, os fluidos adensados pelas emoções conturbadas de Hector. Era uma troca magnética, energética: ambos permutavam jatos de energias. Mas a sensação percebida pelo médium durou poucos minutos.

Enquanto Hector, depois de sentir um formigamento a percorrer-lhe o corpo espiritual, arregalou os olhos e percebeu-se num corpo estranho, deu-se ali mesmo forte estremecimento. Imediatamente, viu-se lançado para fora do corpo hospedeiro, ao tempo em que o médium retornava ao próprio corpo, assumindo aquilo que lhe pertencia de fato. Samuel amparou Hector quando este se colocou acima do corpo do médium, auxiliando-o a levantar-se, visivelmente melhorado.

Ao retomar o corpo físico, o médium abriu os olhos, percebendo a presença espiritual de Samuel e seu pupilo. Levantou-se com forte náusea, pois processava os fluidos densos, a carga tóxica acumulada pelas emoções mais materializadas ou cristalizadas, absorvidas de Hector. Sabia muito bem o que significava aquele tipo de ação. Num gesto breve, agradeceu a Samuel a oportunidade de ser útil e sem demora se dirigiu ao lavabo, onde descarregou os fluidos densos através da urina. Logo depois sorriu, satisfeito com o trabalho da madrugada, e voltou a dormir, enquanto participava de outras atividades, em desdobramento.

Por meio de uma concentração breve, Samuel reconduziu Hector ao ambiente onde estavam antes. No plano mental, talvez tudo tenha se passado em apenas alguns segundos; do ponto de vista de Hector-Paloma, era como um longo tempo, provavelmente horas e horas.

Quando Hector voltou, renovado pelo socorro oportuno, mostrou-se muito disposto. A angústia havia cedido lugar a um estado de espírito sereno, embora as reflexões continuassem. Ao regressar, notou que, durante a conversa com Samuel, estivera o tempo todo no mesmo ambiente dos companheiros de jornada: Hugo, Ronie, Adir, Patrícia e César. Porém, devido a algum efeito ou artifício da mente, compartilhado por todos, prevalecera a noção de que estivera ausente. É que estavam se movendo numa dimensão puramente mental, na qual cada um elaborava seu próprio tempo, criava seu próprio mundo, ainda que se mantivessem ligados devido a processos comuns de culpa, medo e castigo, que impingiam a si mesmos.

Na hora em que Hector, e não mais Paloma, praticamente se materializou ante os olhos assustados de seus companheiros, apresentava visível transformação, com a aparência bastante mudada. Ereto, elegante, traços finos e sem a maquiagem, dirigiu-se imediatamente ao local onde estava Patrícia, tomando-a nos braços. Habituara-se a dar apoio a pessoas necessitadas, como fizera durante longo tempo. As dificuldades íntimas? Os problemas? Muito provavelmente não estivessem de todo resolvidos, mas tivera a coragem de enfrentá-los, sem fugir.

Voltando-se para Samuel, Hector comentou:

– Sinto-me refeito, porém ainda há muita coisa a resolver dentro de mim. Quero agradecer a ajuda inesperada. Acho que a morte é isto: a oportunidade de nos encontrarmos com nós mesmos, nos encararmos, sem máscaras nem maquiagem.

– Nem sempre é preciso esperar a morte para esse enfrentamento, meu amigo. Muitas questões de ordem íntima podem ser trabalhadas quando se está de posse do corpo físico. Em diversas ocasiões, algum impacto mais forte faz com que emerjam do psiquismo certos fatos e memórias que ficaram gravados numa dimensão mais profunda, no chamado inconsciente. Nesses momentos, somos levados a rever nossos valores, avaliar nossas emoções e conceitos e, quem sabe, dar novo significado às vivências mais incômodas e até dolorosas, que calaram fundo na alma.

– Após avaliar melhor e com mais fôlego minhas questões íntimas, chego à conclusão de que eu queria mesmo era ser feliz, nada mais...

Samuel soube interpretar aquele momento precioso das reflexões e conclusões de Paloma – agora, Hector –, que disse mais:

– Creio que vivi o tempo todo em confronto comigo mesmo. Por talvez não compreender minha situação íntima, meus conflitos internos e marcantes, não me perdoei, não perdoei meu pai nem meu padrasto. Eu queria ser aceito ou aceita a todo custo, mas será que eu mesmo havia me aceitado? Será que soube compreender a mim mesmo? O abuso cometido por meu padrasto durante longo tempo poderia ter encontrado termo caso me decidisse a falar com minha mãe ou tomasse qualquer atitude, ou pelo menos tentasse. Mas eu me perguntava: será que ela me ouviria? Será que enfrentaria meu padrasto e poria fim a meu horror? Pouco importa. Seja como for, a verdade é que me faltou coragem.

Samuel ouvia atentamente as conclusões de Hector, enquanto ele acariciava os cabelos de Patrícia, transmitindo-lhe energias balsâmicas sem o saber. Samuel olhava ora para um, ora para outro e sondava a natureza de Hector. Percebia a capacidade de auxiliar e a disposição clara em fazer algo de bom por quem quer que estivesse em seu caminho. Com aquele gesto, Patrícia parecia mais calma e ensaiava acordar do transe.

– Vejo que você tem alguma habilidade em ajudar os outros, meu amigo – falou Samuel, apontando em direção a Patrícia.

– Pois é – respondeu Hector, ligeiramente sem graça com a observação do amigo espiritual. – Trabalhei na noite durante muito tempo, conforme já lhe disse. Resolvi fazer isso por dois motivos. Primeiro, era uma forma de me realizar como pessoa, como artista. Adoro a diversão, a noite, a fantasia, as luzes, o palco. Mas também encontrei na minha arte a forma de ganhar um dinheiro a mais. E ganhei muito dinheiro, muito mais do que com minha profissão oficial, de *design* de moda. Com essa renda extra e com o que meu namorado me ofereceu, pois me compreendia o desejo de ajudar, consegui comprar um casarão, que reformei usando a doação de um empresário que procurei e aceitou colaborar. Dei à casa o nome de Palácio de Cristal.

E sorrindo, ou melhor, rindo gostosamente, satirizou:

– Nada mais bicha do que o nome Palácio de Cristal, né?... – as risadas foram gostosas; Hector já era capaz de rir de si mesmo e referir-se a si de maneira descontraída.

Ele prosseguia relatando sua história:

– Então, fiz algo que desejava há muito tempo. Junto com meu namorado, consegui arrebanhar algumas *meninas* – assim eu as chamava; eram travestis e garotas de programa –, que não conseguiam sair das drogas e da vida nas ruas, e levá-las para o Palácio de Cristal. Ali recebiam um tratamento digno, humano. Eram conduzidas a médicos, psicólogos e outros profissionais. Consegui estabelecer uma parceria proveitosa com muitos desses profissionais, que frequentavam a noite, as boates. Conversava francamente com eles sobre meu projeto de vida e muitos se solidarizaram.

Respirando aliviado, Hector lembrava cada detalhe de seu sonho pessoal de auxiliar aqueles que necessitavam.

– O projeto estava em pleno andamento. Mas eu hesitava em divulgá-lo; não queria que as pessoas em geral ficassem sabendo. Permanecíamos no anonimato, pois, se muitos ficassem sabendo ou porventura fosse divulgado na mídia, poderia atrair curiosos, políticos que queriam se promover e outras coisas indesejáveis. Foi quando aconteceu o incidente comigo, quando me vi envolvida naquela batida policial. Enfim... – suspirou. – A bala perdida me pegou de jeito.

Depois de um pouco de silêncio, desabafou:

– Sabe, Samuel, na verdade não fui vítima de bala perdida. Eu me joguei à frente do policial, num ímpeto, sem raciocinar, pois vi o revólver sendo apontado para ele. Acho que foi mais instinto do que altruísmo. O que eu não esperava, de verdade, eram os pontapés, as agressões da polícia. Mas a tal bala que me trouxe ao encontro da morte...

– Morte? Que morte, Hector?

– Desculpe, Samuel. Se morrer é isso, então acho que nunca estive tão vivo quando antes. Pois bem, eu me joguei em frente ao policial. Nem sei ao certo a motivação que me levou a tomar essa decisão sabendo do risco, do perigo que corria. Só me lembro das imagens, dos sons, enfim, da imagem do meu menino, do amor de minha vida – Hector esboçou uma lágrima, que lhe caiu do rosto.

– Se eu tivesse a chance de retornar, de reencontrá-lo, após as reflexões que fiz aqui, com seu auxílio, certamente ele teria uma surpresa agradável comigo. Nossa relação provavelmente seria muito melhor, com mais qualidade. Sabe de uma coisa, amigo?

– Fale, Hector. Deixe sua alma derramar-se por inteiro.

– Eu começaria tudo de forma diferente. Mas ainda tenho um desafio, e é pena que não possa enfrentá-lo, depois do que me ocorreu.

– Posso saber que desafio é tão instigante para você neste momento?

– Claro, Samuel, claro! Queria muito reencontrar meu padrasto. Procurá-lo, e à minha mãe, para conversarmos e, quem sabe, em vez de perdoá-lo, pedir seu perdão. Preciso mesmo disso para poder prosseguir meu caminho e ser mais feliz. Queria lhes apresentar meu namorado e dizer-lhes quanto ele me faz feliz; queria falar das coisas que faço, não com o intuito de ser aplaudido ou reconhecido, mas para compartilhar, apenas isso. Sinto que estou cheio de vida e queria mesmo assumir minha condição, minha vida, meu amor perante meus familiares...

Enquanto acariciava Patrícia, Hector fechou os olhos, visualizando aquela imagem; era quase uma prece, uma rogativa.

Quando os abriu novamente, tomou um choque: estava noutro lugar, com outras pessoas. Olhou para si e viu ainda os farrapos da roupa que usara na *performance* daquela noite, na boate onde trabalhava. Não sabia o que estava acontecendo. Não via mais Samuel, nem Patrícia, nem os demais.

8

SOMBRAS, PAISAGENS E IMAGENS SOTURNAS

ENQUANTO TAIS acontecimentos marcavam a experiência de Paloma, que aprendera a se aceitar mediante o enfrentamento das emoções mais cáusticas, Arthur observava os demais componentes do grupo, que se mantinham prisioneiros da culpa e das questões não resolvidas. Arthur e Nestor comportavam-se como Samuel anteriormente. Invisíveis, porém atentos, presentes. E foi em determinado momento de discussão entre Ronie, Hugo e Adir que Arthur resolveu aparecer, dar o ar da graça, como alguém diria.

Quando comentavam o fato de Hector ou Paloma ter sumido do campo de visão, Arthur aproximou-se lentamente de Ronie. Porém, este não podia vê-lo, ainda. Mas notando que algo ou alguém estava próximo, o rapaz se apavorou. Sentiu-se arrepiar por inteiro. A sensação de Ronie foi como se vivesse um pesadelo. Em todos os sentidos. Arthur aplicou-lhe um jato de sopro frio sobre a nuca e, logo depois, sobre o plexo solar, visando acalmar-lhe as emoções. No entanto, a experiência fora percebida por Ronie apenas como um vento, algo que o roçava; um calafrio. Amedrontado, deu uma volta em torno de si mesmo quase aos gritos, sem poder perceber visualmente a presença de Arthur, que tentava uma aproximação mais ostensiva. Ronie estava mergulhado em vergonha e culpa. Usava a máscara de sempre, de pessoa resolvida, e a arma da violência verbal, com a qual se defendia atacando os outros, embora definitivamente não conseguisse esconder-se ou enganar mais ninguém.

– Que é isso, Ronie? Está louco? Rodando feito um pião, assim...

– Não vê que tem alguém mais aqui, entre nós?

– Não vejo ninguém. Você está paranoico!

– É o Diabo! Aposto que é o Danado, que está rondando vocês pra levar suas almas com ele – falou Adir quase berrando, pois pressentia a presença de Arthur também, embora não conseguisse explicar de forma inteligente o que o impressionava.

Arthur mais uma vez tentou estimular o campo de visão de Ronie, para que pudesse conversar diretamente com ele, porém, desta vez, o rapaz quase enlouqueceu. Pôs-se a correr de um lado pra outro, numa velocidade alucinante. De nada adiantava. Para qualquer direção que apontasse, voltava sempre ao mesmo lugar.

Depois de algum tempo nessa atitude, já cansado, Ronie corria menos velozmente, até que deparou com uma situação incomum. Via-se projetado em diversos lugares, como se estivesse numa sala repleta de espelhos. Para qualquer lado que olhasse, lá estava a própria imagem; não via mais os companheiros Adir, Hugo ou César e Patrícia, esta há muito tempo fora de seu campo visual. O pavor de Ronie aumentou consideravelmente. Tentava apalpar as imagens para ver se realmente eram reflexos de algum espelho, mas nada. Parecia que estavam todas de pé, mais reais do que cogitaria sua mente tresloucada. Para piorar a situação, em cada réplica de si mesmo que observava, havia algo ligeiramente diferente, uma transformação ou deformação no próprio corpo, cujo reflexo provinha não se sabia de onde nem de que maneira. Numa das figuras, via-se como um corpo metamorfoseado, dotado de fartos seios femininos, e o restante do corpo perfeitamente masculinizado, com pelos, muitos pelos. Outra imagem ostentava dois órgãos genitais: o masculino, atrofiado, e o feminino. Ronie gritava, quase louco...

– Coitado do nosso amigo – falou Arthur para seu companheiro do Invisível, Nestor. – Parece que está sendo impelido a encarar a própria realidade íntima. As imagens são projeções do seu corpo mental, que já está muitíssimo adoecido, devido ao estilo de vida que levou na Terra e que lhe afetou profundamente a estrutura espiritual.

Ronie ensaiava correr, mas as imagens de si mesmo pareciam persegui-lo; vinham-lhe ao encontro na mesma velocidade em que ele se movimentava. Era realmente uma cena de pesadelo.

Arthur aproximou-se novamente, procurando acalmá-lo, a fim de que ele o pudesse perceber. Com bastante dificuldade, aplicou-lhe um passe longitudinal e, logo após, um sopro quente sobre a região frontal, entre os olhos. Ronie deteve os movimentos num ímpeto, sem, contudo, conseguir livrar-se das visões de si mesmo. Parou com os olhos arregalados e um grito de espanto paralisado no rosto. Foi então que Arthur teve uma ideia, que, talvez, pudesse fazer com que o rapaz o enxergasse. Uma vez que Ronie estava tão conectado, tão imerso em sua própria realidade, em seu mundinho íntimo, ele não tinha olhos para ver além. Não conseguia registrar formas e seres mais sutis. A mente do jovem garoto de programa era refém de um fenômeno conhecido como circuito fechado de pensamentos. Gravitava em torno da própria realidade, isolando-se mais e mais do mundo objetivo.

Arthur resolveu assumir outra conformação externa, perispiritual, moldando os fluidos próprios e em redor. Enquanto tocava ligeira e sutilmente a cabeça de Ronie, foi se adensando pouco a pouco. Novamente o rapaz ficou horrorizado com o que via. A mão de Arthur, agora numa forma feminina, de uma mulher negra, foi a primeira a se materializar, segundo a ótica de Ronie. Não foi a intenção de Arthur, mas foi como Ronie registrou o fenômeno. Cada um vê exatamente aquilo a que se capacitou, se assim se pode dizer; escuta e percebe de conformidade com determinados fatores, tais como a vida íntima, a cultura e a forma de ver o mundo. Logo depois da mão, os braços se mostraram, aparentemente do nada, naquela dimensão inexplicável para os conhecimentos dos personagens e, principalmente, de Ronie, que sentia emergir de sua alma todo o medo e pavor, toda a culpa e todo o pânico, de uma só vez. Ficou petrificado. Não conseguia se mexer, enquanto uma negra elegante, vestida em trajes que lembravam roupas africanas estilizadas, erguia-se a seu lado. Arthur assumira a feição de sua última personalidade, na existência física mais recente.

Balangandãs, colares belíssimos e coloridos caindo-lhe ao peito, além dos cabelos elegantemente enroscados sobre a cabeça, num estilo africano inconfundível. Formas elegantes, embora dotadas de um quê diferente, quase masculino, sem perder, entretanto, a formosura e o jeito faceiro.

Quando a aparição terminou de se formar, Ronie movimentou levemente a cabeça, engolindo em seco, num estado que psicólogos e psiquiatras da Terra provavelmente classificariam como crise de pânico. Esse era o panorama íntimo do rapaz.

Arthur, agora modificado, transfigurado, mostrava-se como outrora. Uma mulher de traços firmes, que trabalhara desde cedo, desde tenra idade junto à família de Ronie, e fora deste a primeira babá. Crescera na família, tomando conta tanto de Ronie quanto de seus irmãos. Porém, no estado em que ele se encontrava, não lograva reconhecê-la. O estado mental do rapaz era o mais desfavorável possível, devido a intensa culpa, vergonha de si mesmo e, somando-se a isso, ao pânico, que se instalara em seu mundo íntimo.

Ao mesmo tempo em que a aparição falou, Ronie saía correndo, como se lhe fosse possível ir para outro lugar. Na sua mente infeliz e culpada, cheia de traumas em virtude do estilo de vida que elegera para si, a visão da negra baiana, embora toda a elegância que demonstrava, se lhe afigurava como produto de um pesadelo, um filme de terror, devido ao inusitado do fenômeno, até o momento inexplicável para ele.

– Que é isso, meu rei? Vixe! Não há porque se apoquentar, não. Venha que vou te ajudar, meu anjo. Estou aqui pra cuidar de você... Não me reconhece?

Saindo em disparada para outro lugar e para lugar nenhum ao mesmo tempo, o rapaz retornava sempre à presença da mulher vigorosa que lhe falava. A visão da negra e as imagens de si mesmo pareciam se alternar, segundo interpretava, numa suposta perseguição frenética, como se ambas as aparições fossem estimuladas e produzidas por alguma estranha e invisível luz estroboscópica. Para sua mente, num estado de quase loucura, era como se uma imagem derivasse da outra, e a figura da mulher que tentava auxiliá-lo saísse de dentro das réplicas de si mesmo, que o atormentavam. Era tal o seu ponto de vista acerca do fenômeno. Enfim, era como ele anteriormente percebia os vultos e as imagens fugidias que o perseguiam durante o transe proporcionado pelas drogas, cujo uso era frequente.

– Se acalme, meu rei! Fique assim, não!... – falava com um sotaque baiano inconfundível.

Como Ronie não ficava quieto de forma nenhuma, resolveu tomar uma medida mais drástica para fazê-lo sair daquele transe louco, como se produzido por alucinógenos. A fim de fazê-lo parar, teria de provocar algo mais brusca, que lhe provocasse grande impacto, quase em nível físico, caso no corpo físico ele estivesse. Soprou bem forte na região mais próxima possível do seu plexo solar. Ronie se deteve imediatamente, levou a mão à barriga e vomitou. Vomitou farta e instantaneamente. Vomitou a ponto de estremecer de fraqueza, logo caindo ao chão, quase desmaiado.

– Afe, bichim! E eu nem imaginava que tinha uma força assim, não!... Mas benfeito, seu menino, você fez por merecer. Imagina correr assim dessa nega, que muito lhe quer bem?

Quase sem fôlego, quase sem forças para se expressar, Ronie voltou-se para a mulher que lhe falava. Balbuciando feito um menino medroso, indagou:

– Quem é você? O que faz aqui?

– Ora, esse menino! Será que já se esqueceu de mim, é? Tô avexada...

– Estou no inferno e não conheço ninguém achegado a mim que esteja na mesma situação desgraçada.

– Modere sua boca, muleque! Nem pense em falar desse jeito comigo, que lhe mostro do que sou capaz.

– E quem você pensa que é? A mulher do demônio? Por acaso está querendo me enfrentar também, feito aqueles miseráveis e desgraçados que estão presos aqui comigo?

– Num sei do que está falando, não! Juro que não sei.

– O Hugo, a boiola da Paloma e também aquele crente desgraçado, que não para de mangar da gente e dizer que estamos perdidos, no inferno. E tem mais gente solta por aí... tão loucos quanto eu e, talvez, como você também.

– Que bom que começou a falar! Mas nem pense em dizer seus palavrões, menino. Não foi assim que eu lhe ensinei.

Rindo, numa risada mais de loucura do que de deboche, o rapaz falou, ou tentou gritar, não fosse a falta de forças que o dominava:

– Ensinar para mim? Você nunca me conheceu antes desse inferno, ou melhor – corrigiu-se –, desse limbo aqui... E nem eu a conheço de lugar algum.

– Acho que vô ter de falar mais sério com esse menino... Meu Deus, meus santo, meus orixá!...

Assim que pronunciou essas palavras, Ronie pareceu reunir forças não se sabe de onde. Levantou-se, embora com evidente esforço, mas levantou-se assim mesmo, colocando-se em frente à chamada aparição:

– Tunica? É você, Tunica? Não acredito que seja você que está aqui nesse inferno... É isso mesmo, você veio me tirar daqui! Veio me arrancar desse lugar, que nem sei onde fica. Eu estou morto, Tunica, estou morto...

– Afe! Que é isso?! Deixou de ser homem, agora? Vem com esse medo todo, parecendo mariquinha, é?

– É você mesma, não é? Somente você pra falar assim, desse jeito. Eu me lembro!

E antes que Tunica respondesse – aliás, Arthur transfigurado em Tunica, a babá que tomara conta de Ronie quando ainda criança –, ele mais uma vez se assustou. Agora consigo mesmo. Enquanto notava que os reflexos de si pareciam se diluir lenta, vagarosamente demais – baianamente, alguém diria, no ritmo Dorival Caymmi –, o rapaz percebeu sérias mudanças em seu corpo. Aliás, sentiu muito mais do que percebeu. Voltando as costas para Tunica, olhando de um lado para outro, enfiou a mão dentro das calças. Arregalou os olhos, e um grito lhe saiu da garganta, mais uma vez...

– Cruz, menino! Agô, meu pai! Parece que você só sabe gritar... Pare com isso e vire homem de vez.

Olhando interessada para Ronie, que ainda tinha as mãos dentro das calças, falou:

– Que é que tem aí dentro? Fale criatura!... – comportava-se como a mais comum das mortais.

Ronie começou a chorar, talvez de desespero e agonia, talvez porque não conseguisse explicar o fenômeno que ocorria com ele e nele.

– Eu... Parece que estou virando mulher... Tenho uma...

– Ah! Deixe disso, Roninho... deixe de medo. Você agora há pouco não me disse que estava morto? No inferno? Então? Se está no inferno, que importa se você continua homem ou mulher, não é mesmo?

– Você não entende... eu tenho os dois!

Modificando o tom da voz, mudando por completo o ambiente de queixas, xingamentos e palavrões, Tunica falou séria:

– Vamos deixar essas coisas de lado. Me fale, menino. Fale agora o que você andou aprontando. Parece que está quase louco. Me conta direitinho o que aconteceu com você.

Sentindo certo influxo no olhar e na voz de

Tunica, Ronie quase esqueceu a transformação lhe que ocorria no corpo espiritual.

– Eu não sei do que você está falando, não! Juro que não sei.

– Deixa de tentar me enganar. Você está tão preocupado com as suas coisas de homem que parece não ter percebido sua aparência exterior. Por acaso já viu o próprio corpo, já?

Então Ronie tentou se olhar, se perceber. Passou a mão pelo corpo, apalpando-se lentamente, para mais uma vez ficar sem saber o que lhe sucedia. Que transformações eram aquelas? O que estava acontecendo naquele lugar? Era prisioneiro de uma situação ou de um local a respeito do qual não tinha nenhuma explicação plausível. Agora, aquilo tudo que se passava com ele. Seu corpo se mostrava quase esquelético. Somente naquele instante notara as próprias mãos. Alongadas, ressequidas e, alongando-se mais do que o natural, seus braços. Tocou a própria face e não se reconheceu... Com certeza não era ele; não era seu rosto. E seus músculos? Não era tão sarado? Não causara tanto despeito em outros machos? Não despertara paixões quase insaciáveis em outras pessoas, tanto homens quanto mulheres? E agora? O que lhe sucedia?

Sem conceder tempo a Ronie para demonstrar uma vez mais o desequilíbrio interior através de manifestações extravagantes, mas compreendendo o momento desafiador, de extrema sensibilidade para sua alma, Tunica ousou insistir:

– Fale, menino! Fale, homem! O que você andou aprontando pra estar desse jeito? Parece um vampiro... Aliás, acho que você se transformou tanto que nem você se reconhece mais.

Ronie desabou chorando. Mas, desta vez, não foi um choro de puro desespero. Agora tomava ciência da sua situação, que não era lá grandes coisas. Por uns instantes, cruzaram-lhe a memória espiritual cenas, perfumes, cores, imagens e outros elementos de sua existência. Que fizera consigo mesmo? Sem esperar por novas perguntas, pois já trazia respostas para inúmeras questões ainda não formuladas, falou, ou melhor, desabafou:

– Eu morri, Tunica. Eu morri! Mas foi tudo culpa minha. Planejei um golpe num cliente e ele já estava preparado, me esperando com amigos dele. Na mesma hora, de relance, também vi alguém contra quem eu havia aplicado o mesmo golpe...

Como se não soubesse de nada, Arthur, transfigurado na figura firme, poderosa e forte da babá de Ronie, questionou, mais uma vez:

– Mas que tipo de cliente, meu menino? E que golpe?

E ainda sugerindo, pelas perguntas, que nada sabia da vida do rapaz, prosseguiu:

– Como você sabe que morreu? E não me diga que estava tentando roubar algum cliente seu! Nem acredito, meu menino! – disse ela, afagando a cabeça de Ronie, que por instantes repousou em seus ombros, chorando, ainda. Um choro profundo, sentido. Um pranto de quase arrependimento, de remorso, mesmo.

– Depois que você morreu, eu me transformei, Tunica! Trabalhei muito, fui um executivo de primeira – disfarçou, tentando não se expor mais do que lhe convinha, ocultando a verdadeira feição de suas atividades. – Trabalhei na área de vendas de produtos muito especiais. Tinha clientes ricos, os mais ricos de Salvador e de outras capitais do Nordeste.

Tunica não esperou que as mentiras de Ronie chegassem a um patamar onde seria impossível retornar, num emaranhado de intrigas, engodos e outras situações piores. Interferiu radicalmente. Levantou-se, deixando que o rapaz continuasse sentado num solo quase invisível, imperceptível. Então disse, cheia de furor:

– Não minta pra mim, Ronie! Você está tentando se esconder atrás da mentira pra quê? Não disse que está morto? – falava com voz potente, forte, e mirava o rapaz frente a frente. – Não sabe que eu já parti da vida física e estou aqui ao seu lado? Por que a mentira? Aqui não adianta camuflar o que a gente fez. Não há como se esconder.

Ainda com lágrimas nos olhos, e assoando o nariz, totalmente abalado com a aparência esquelética e o cheiro que, de um momento para outro, começou a exalar do próprio corpo, falou com voz entrecortada, demonstrando esforço:

– Eu vendia meu próprio corpo, Tunica!... – e o pranto aumentou ainda mais ao confessar seus atos, como se a declaração a Tunica, que lhe devassava a intimidade, subitamente aumentasse a realidade dos fatos. Talvez chorasse inspirado pelo remorso, que tardiamente, segundo acreditava, assumia proporções imensas em sua mente e seu coração. Angustiado, aflito, com mágoas não expressas e pensamentos afogueados de raiva, de um ódio dirigido contra tudo e contra todos, contra Deus e o mundo, menos contra Tunica, manifestou-se, depois do silêncio da babá, que lhe respeitava o momento de agonia interior:

– Vendi meu corpo, Tunica! A princípio, com a desculpa de que precisava de dinheiro para complementar a renda familiar. Mas somente depois de muito tempo tive de admitir pra mim mesmo que eu não precisava disso, desse complemento que se transformou num vício miserável.

– Dobre sua língua, mocinho! Você sabe muito bem do que sou capaz de fazer com você...

Agora, comandando a situação e dirigindo as perguntas de maneira a favorecer uma catarse de Ronie, indagou:

– O que o levou de verdade a tomar esse caminho, Ronie? O que deu em sua cabeça pra fazer isso consigo mesmo e com pessoas que não tinham nada a ver com sua situação?

Balbuciando em meio a algumas lágrimas que ainda caíam de sua face, tentou até mentir, mas não conseguiu, ao olhar para os olhos negros e cheios de magnetismo de Tunica:

– Não sei se foi raiva ou se foi burrice minha, mesmo. Primeiro experimentei o sexo loucamente, com muitas mulheres, uma atrás da outra, e também em orgias. Depois percebi que alguns homens me olhavam de maneira diferente. E após algum tempo resistindo à ideia que me perseguia e a planos mirabolantes de ganhar dinheiro fácil, me vendi pela primeira vez. Foi assim, de um em um, que me viciei.

– Afe, meu rei, nem sei o que dizer. Naquela época em que eu morava com vocês, nunca notei que você ou seus irmãos precisassem disso para viver. E sua mãe então, a pobrezinha, deixou um dinheiro muito grande pra vocês como herança. Não precisava de forma alguma fazer isso. Que coisa...

– Gastamos tudo, Tunica! De minha parte, gastei com mulheres e noitadas. Viajei muito e aprendi a ser um cara mentiroso, a usar da habilidade de mentir para conseguir regalias, manipular as pessoas e tirar tudo o que eu queria delas. Mas não funcionou por muito tempo...

– Não consigo entender, Ronie, com a educação que vocês receberam... Eu mesma acompanhei de perto cada um de vocês – Tunica falava, embora soubesse de cada detalhe. Queria estimular o rapaz a refletir e a desabafar.

– Eu menti até nisso, Tunica. Fingi que ia às aulas na faculdade. Elaborei uma história toda complicada para enredar nossa mãe e meu pai, que ainda hoje pensa que sou um executivo.

– Ou, quem sabe, ele saiba da verdade e não queira tocar no assunto!

– Não sei se ele desconfiou de mim... Mas agora não tem mais jeito. Parece que o tempo aqui parou, que estamos paralisados em algum limbo, e a única coisa boa que me aconteceu nesse tempo todo foi você aparecer aqui.

Interrompendo um pouco a fala, novamente levou a mão ao interior da calça, tocando-se, apalpando-se... chorando novamente... estampando uma careta que podia ser interpretada como pavor.

– Você plantou seu futuro, Ronie. Talvez tenha mentido tanto, levado tantas pessoas no engodo, usado seu corpo a tal ponto como instrumento para conseguir o que queria, para enganar e manipular, como você mesmo disse, que agora seu espírito está se metamorfoseando por completo, sem cessar... Mudando de "cara" o tempo todo.

– Eu fui um vampiro, Tunica... Na verdade, é isso que fui, e foi no que me especializei. Eu vampirizava cada pessoa que entrava em contato comigo. O sexo e a sensualidade, meu corpo e minha mente, por inteiro, foram os instrumentos que utilizei para enganar, roubar, trapacear...

– E agora, como você acredita que está morto,

sua mente reflete no corpo espiritual tudo aquilo que você fez com os outros, ou seja, sua realidade íntima. Sua mente está moldando seu corpo.

– Eu abusei de homens e mulheres, e não somente abusei como inventei desculpas para enganar a família, minha mãe e meus irmãos. Ninguém ficou sabendo da minha verdadeira natureza...

– Quem sabe a gente possa ajudar você, meu menino?

– Ajudar? Como ajudar a alguém que usou do sexo, da mentira e do próprio corpo para afundar os outros na lama? E mais ainda, Tunica: eu aprendi a usar drogas. Primeiro foi a maconha, depois vieram a cocaína e a heroína. Foi então que descobri que precisava de cada vez mais dinheiro para manter o vício, a academia, que tinha de ser a mais cara, e as roupas de grife, que eu vestia sempre para conseguir o que queria. Tudo, absolutamente tudo eu usava, eu sugava, eu roubava; só não roubei o sangue de minhas vítimas.

Respirando muito fundo, quase sem ter o que dizer, uma vez que Ronie descortinava toda a sua vida privada com ela, Tunica não fazia outra coisa senão escutá-lo e rezar baixinho. Depois de um prolongado silêncio, tocou o corpo de Ronie e falou, mostrando as transformações que a mente produzia sobre o corpo espiritual:

– Veja, Ronie, como a mente é poderosa. Ela imprime no espírito as marcas do caráter, das aquisições e das ruínas às quais a pessoa se entregou durante a vida. Você agora ostenta este aspecto não é por punição divina, mas porque a culpa é muito grande. Você mesmo está se punindo. Como nesta dimensão não há como se esconder de si mesmo, vem à tona a realidade e, com ela, todo o conteúdo de sua alma. Evidenciam-se as máscaras com was quais se cobriu e emerge do seu interior a verdadeira face de seu espírito. Repare como não adianta o corpinho sarado, as academias, que dão forma ao corpo, as marcas famosas das roupas, que apenas encobrem sua natureza real. Sem ter um direcionamento na vida e sem um ideal, um objetivo maior, tudo isso passa.

– E o que faço agora, Tunica? Estou no inferno, ou no limbo, e não quero continuar assim, me transformando desse jeito. Onde eu vou parar?

– De alguma maneira, Ronie, você está traçando os rumos da próxima encarnação. Seu espírito guardará as marcas do corpo que você usará numa outra vida.

– Outra vida? Então terei oportunidade de me modificar?

– Todos nós temos muitas e muitas chances

em várias vidas, várias existências – asseverou Tunica, sem dar maiores detalhes. – O que importa é que a pessoa deseje se modificar de verdade, genuinamente. Mas uma coisa é certa: como você abusou demais do sexo e da sexualidade, de homens e mulheres... Consegue imaginar o tanto de gente que, a troco de prazer, teve as energias vitais sugadas por você? Tente imaginar!

O remorso pareceu bater fundo na alma de Ronie, mas não ainda o arrependimento.

– Mas todos eles tiveram o que procuravam; a todos dei prazer...

– Você vendeu prazer, ou melhor, se vendeu. E como você mesmo se definiu, no início de nossa conversa, você se transformou num executivo, só que num executivo de corpo e de alma. Vendeu a si próprio, a sua alma, muito mais do que ao corpo.

– Mas eu tinha necessidade do dinheiro...

– Ao que parece, meu menino, todas as pessoas que se vendem lançam mão da mesma desculpa. Todos que oferecem corpos e almas a troco de dinheiro, prazer, diversão, posição social ou outra vantagem qualquer alegam necessitar do dinheiro. E mais ainda... costumam dizer que é por pouco tempo. É só por causa de uma dívida, um problema de família, coisas assim. Pelo que entendo, com você não é diferente. Pelo menos meu filho podia inventar uma desculpa mais original!

– Mas eu realmente pretendia terminar com essa vida, Tunica! Eu estava programando arranjar um emprego...

– Quando, Ronie? Quando? – perguntou num tom quase ríspido. – Não tem vergonha na cara?

E vendo que Ronie curvava a cabeça num claro gesto de vergonha de si mesmo, arrematou:

– Acho que você ainda não se arrependeu de nada que fez! Consegue ainda mentir pra si mesmo, como se isso resolvesse sua situação, que não é nada boa.

O rapaz desabou a chorar. E, ao mesmo tempo em que se dava o pranto, as imagens mentais voltaram a persegui-lo. Iam e vinham de lugares diferentes. Imagens de si mesmo em diversas situações. Agora, entretanto, acrescidas de figuras outras, talvez seus fregueses, suas vítimas energéticas. Ronie levantou-se e começou a correr novamente. Mas, como antes, não conseguia fugir, ir a lugar nenhum. Estaria preso numa dimensão diferente? Era tudo projeção da própria mente, já afetada por tanto uso de drogas, ou seria projeção do inconsciente, devido ao peso da culpa?

Ronie estava repleto de traumas relacionados tanto à sexualidade quanto à maneira como encarava a vida de prostituição. Inventara uma justificativa para si, uma mentira, e essa mentira tornara-se realidade, embora uma realidade alternativa, fabricada por ele mesmo, mas que passara a ser seu mundo real. Acreditava piamente nas histórias que concebia. Entre as imagens que via e que eram projetadas, quem sabe, a partir da própria memória ou do cérebro extrafísico, aparecia perambulando pelas ruas em busca de fregueses. E entre outras tantas recordações e imagens mentais, apareciam as cenas da infância e da adolescência, com destaque para o jeito e a malícia ao lidar com os demais, sempre tentando manipulá-los e extrair-lhes algo para o proveito pessoal. Uma sucessão de intrigas, problemas, drogas, inferninhos, até a doença.

Ah! A doença... Começou a se instalar quando se sentiu ameaçado pela polícia pela primeira vez. Um ataque de nervos. Ronie sofria de narcolepsia, uma condição que o levava a dormir durante horas e horas a fio, toda vez que tinha um abalo emocional. Ninguém era capaz de acordá-lo. Foi assim que diversas vezes acordou seminu, que lhe roubaram roupas, documentos e dinheiro em mais de uma ocasião. E agora? Será que estava vivendo um pesadelo durante um desses ataques?

Enquanto corria de um lado para outro, corria de si mesmo – e sofria. Era o seu inferno particular. Quase louco, acabou por esbarrar em Tunica, que o amparou e o fez deitar-se no chão, no lugar onde ela estava. Quando o tocou nesse estado de quase demência, também conseguiu ver as imagens projetadas pela mente irrequieta. Ela pôde então avaliar a gravidade e a intensidade do problema vivido por Ronie. Ele se encontrava num estado lamentável. Seu espírito estava doente; sua mente, enferma. Ronie precisava urgentemente de ajuda externa, embora Tunica não estivesse certa de que ele quisesse ser ajudado. Passando as mãos em seus cabelos, ela inspirou-lhe calma e relativa tranquilidade. Ronie dormiu longamente. Mas não foi um sono bom ou calmo. Ele teve pesadelos, intensos e significativos pesadelos.

– Meu menino, que você fez com sua vida? Como chegou a este estado? – Agora era Tunica quem chorava, enquanto algumas lágrimas caíam sobre a face de Ronie, que permanecia deitado em seu colo.

O mundo mental. Uma dimensão totalmente desconhecida pela maioria dos seres humanos. Imagens e paisagens, personagens muitas vezes sem forma, mas presentes, reais, intensamente reais; cores, sons, emoções das mais variadas e intensificadas pela força do pensamento, as quais se manifestam ali da maneira mais veemente e aguda possível. Sem barreiras, sem obstáculos, as energias do espírito irrompem da intimidade do ser, de tal sorte que não há como impedi-las de se expressar, de se revelar em toda a sua pujança.

Nesse contexto, as forças da alma podem se exprimir de modo a levar o ser à experiência máxima do amor e do prazer, numa dimensão mais ampla e imaterial, ou, então, induzi-lo a enfrentar seus fantasmas e temores mais profundos e pronunciados, com a máxima força que o alto grau de culpa arquivado na própria alma venha a impulsionar.

Quando se encontra cativo dessa dimensão, o ser não faz a passagem por esse mundo em caráter voluntário, tampouco por processo natural de evolução. Não. Ele fica aí detido por algum impacto mais brusco e até violento, que abala suas estruturas psicológicas; então, não aguentando o mundo soturno e sombrio criado por si mesmo, passa a externar o panorama íntimo quase automaticamente. É assim que forma, no entorno, um inferno ou purgatório de natureza equivalente àquela encontrada dentro de si.

Talvez se trate apenas de uma defesa natural da mente. Incapaz de suportar em seu bojo o caudal de sofrimento produzido pelo próprio espírito, exterioriza, de maneira audaciosa, o conteúdo mental e emocional. Manifesta-se, assim, nas paisagens, imagens e personagens sombrias que faz eclodir, e que, ao aparecerem, povoam o ambiente dessa dimensão tão sensível ao pensamento e às emoções. Surgem figuras e cenas fugidias, paisagens quase oníricas, surreais; personagens forjados no cerne da mente daquele que se precipita nesse plano, e nele se trancafia por meio dos ferrolhos do pensamento desgovernado pela culpa, que, contudo, não podem atar o conteúdo macabro das próprias criações mentais infelizes. Nessa condição, não há como o ser escapar empregando apenas forças pessoais, subjetivas, sem recorrer a auxílio externo. Sozinho, ele não é capaz de emergir desse mundo que não é imaginário, mas no qual a imaginação doentia desempenha papel de protagonista, denunciando o grau de felicidade ou infelicidade desse ser que é vítima de si mesmo.

Enquanto Ronie dormia o sono atormentado em que se lançara, imagens de uma vida passada ou de outras vidas desfilavam perante os olhos de seu espírito demente. Sentia-se um vampiro energético, espiritual, segundo a própria definição que empregara, embora fosse impotente para descrever em toda a abrangência e intensidade o significado dessas palavras, no tocante à sua condição real. Conforme ele mesmo deixava transparecer, o quadro íntimo era ainda pior, mais degradado, então exibido sem máscaras nem maquiagem. Via-se ora como dona de um bordel, ora como prostituta, que desfilava entre palacetes e mansões de políticos do início do período republicano, no Brasil da virada dos séculos XIX e XX. Outras vezes, sentia-se manipulando ideias, pensamentos e documentos, bem como roubando vítimas, das quais subtraía dinheiro, fortunas, ceifando-lhes também a vida. Enfim, as cenas se sucediam num clássico pesadelo de enredo amargo, que ele protagonizava e, simultaneamente, assistia; uma trama digna de contos de horror.

Quando notou que o rapaz estava tão imerso em vivências pessoais, profundas e soturnas, Tunica resolveu interferir, aplicando-lhe magnetismo vigoroso e favorecendo-lhe o despertar.

Ao abrir os olhos, Ronie permaneceu ali, parado, quase paralisado, de olhos fixos em Tunica, ou como se a perpassasse e enxergasse além de um véu imaginário, divisando algum universo que a imaginação doente compusera, num relance não identificado, impreciso na linha do tempo de sua existência. Ali, ensimesmado, olhar vitrificado, somente a pouco e pouco despertava daquela espécie de sonambulismo induzido pela culpa e pelo remorso. Não obstante, o arrependimento ainda estava distante de se manifestar, de surgir ou emergir das sombras da memória.

Em seu mundo íntimo é noite, profunda noite, na qual uma ronda de sombras povoa-lhe a memória espiritual, o cérebro extrafísico. Em suas memórias, naquele momento de reflexões alicerçadas em elipses mentais, não havia matrizes que captassem, naquele entrelaçar de pensamentos angustiosos, sequer um gosto sublime, um momento breve de alegria genuína. Faltavam-lhe os registros de uma felicidade que cheirasse o cheiro morno de um dia de verão ou o frescor da gota de orvalho, que imprimem nos sentidos uma quase sobrenatural sensação desse aroma de felicidade. Não conhecia o nosso personagem, em suas rememorações, o gargalhar infantil que inspirava enlevo e satisfação, ou outro qualquer fato marcante, feliz, talvez, quem sabe, registrado em suas memórias mais antigas; não! E essa tétrica realidade, emoldurada e arrematada nas forjas da memória culpada, devia-se ao peso que nutrira a culpa, a qual se assemelhava a uma bigorna onde se moldara seu mundo interior. Não conseguira firmar sua atenção sequer na lembrança do afago de uma mãe, a qual pudesse aliviar a tensão interna da alma que ardia, ou produzir uma polifonia cuja harmonia íntima pudesse perceber, como em um coro de vozes sublimes, que talvez o fizesse emergir da melancolia arrítmica à qual se entregara seu ser em sofrimento.

Tunica, a cada instante em que tentava auxiliar, via-se enredada numa teia de narrativas mentais, como se lendo estivesse um romance *noir*, de texturas sólidas e relevos marcantes, cujo enredo, recheado de suspense e de mistério, houvesse se transformado na vida de Ronie. A existência dele fora, quase toda ou na maior parte, ambientada em cenários exóticos, sórdidos e sujos, os quais elegera como temática natural para sua passagem terrena. As roupas de grife, os músculos torneados ou fabricados e as palavras de sensualidade que destilavam os lábios fartos, cheios de malícia, não puderam mascarar o panorama típico de seu drama pessoal. Tampouco a mente adoecida e quase demente, por tantas mentiras e tanta agressividade emocional, exalada sob o império da brutalidade dos instintos; nem mesmo aquela mente, que aprendera a fantasiar, escamotear, gerar e parir novas e alternativas realidades, conseguiu evadir-se da verdade que o fazia sofrer.

Sem ser conivente com o drama daquela existência, abundante nos sabores exóticos do prazer desmedido e irresponsável, Tunica a tudo assistia, observava a vida mental do seu pupilo. Representada nas telas vívidas daquela dimensão surreal, trazia o seu Roninho como ator principal de uma trama fechada, da qual se via impotente para libertá-lo.

O rapaz consumira drogas como se consome o alimento necessário à manutenção do corpo. Com esse consumo, tinha por objetivo colorir ou mascarar o estado da consciência, que cobrava dele utilizando promissórias escritas com letras fermentadas pela dor e pela culpa, executadas devido à imputabilidade do espírito devedor. As drogas lhe desestruturaram a tessitura sutil do psicossoma, desestabilizando os centros de força, responsáveis por manter a conformação externa e interna do corpo espiritual adequada à habitação do ser. Perdia gradativamente a forma, de modo irreversível naquele momento em que se encontrava.

À proporção que despertava, parecia que o corpo espiritual, mais desfigurado ainda, refletia cada vez mais seu panorama íntimo, que era muitíssimo diferente do que qualquer organismo físico poderia expressar. Por fora, de posse do corpo, talvez fosse o retrato da beleza, expressa na musculatura bem torneada e na elegância das linhas e dos traços; no mundo íntimo e na estrutura espiritual, porém, a situação e aparência eram bem diversas.

Tunica notou num relance como os cabelos

do rapaz, outrora vigorosos e sedosos, caíam às mechas, enquanto ele permanecia deitado, em posição fetal, sobre seu colo. A maior parte do seu cabelo caíra; entretanto, restavam pequenos tufos pendidos, exalando cheiro forte e nauseabundo, que denotavam, no aspecto externo, o retrato íntimo da dor e da agonia, que lhe tomaram a alma de assalto à medida que se confrontava e se percebia tal como era, sem a bênção do esquecimento e da camuflagem oferecidos pelo corpo físico. Os olhos vidrados e sem vida mais pareciam os de um fantasma ou os de alguém cuja vitalidade fora usurpada ao máximo, esgotada na íntegra, como se num conto de terror algum vampiro não deixasse restar uma gota sequer de sangue nas veias de sua vítima. A aparência era mais próxima de uma pessoa gravemente anêmica, indescritivelmente cadavérica, e distante do aspecto de um jovem saudável e viril, como se apresentava na Terra, quando envergava o corpo que tanta gente atraiu e por que se viu apaixonada. Tal era a expressão mais exata do feitio e da vida mental de Ronie – totalmente distinta daquilo que demonstrava antes, quando buscou, a todo custo, invadir a privacidade dos outros membros do grupo, alojado temporariamente naquela dimensão, como fizera sobretudo com Paloma, na tentativa de sequestrar-lhe forças vitais através da violência verbal, exaurindo-a, feito um vampiro de energias humanas.

– Por que tanta violência em sua alma, meu menino? Não consigo entender tanta revolta em sua vida, como você se trata e trata as outras pessoas, com tanto desprezo e desrespeito assim... – as lágrimas de Tunica caíam-lhe sobre a face, agora macilenta e esmaecida.

– Tunica... Me salva, Tunica!

– Não posso fazer mais do que te amparar, meu rei. Depende exclusivamente de você recomeçar, fazer uma nova história, reescrever sua própria vida.

– Então me tira desse inferno de dor... Por favor, me ajuda, minha Tunica!

– Estou aqui, meu rei. Esperarei até que você chegue ao arrependimento. Sua nega não pode fazer milagres. Vou rezar, vou pedir aos meus sagrados orixás pra te dar força pra você se modificar. Quem sabe um recomeço?

– Eu tenho medo, Tunica. Eu tenho medo de repetir tudo, de novo... Minha presença faz mal a qualquer um com quem entro em contato. É quase instintivo: eu roubo as energias dos outros, eu sugo, mato a vida e a esperança das pessoas enquanto as deixo embriagadas com a ilusão do prazer que proporciono e uso como instrumento para me saciar.

– Então, meu rei, você terá de recomeçar do zero, com um outro corpo, uma vida totalmente nova. Para o seu caso, voltar ao mesmo corpo seria prejudicial, seria prolongar a agonia sua e daqueles com quem você se relaciona. Mas, mesmo isso, eu não posso decidir por você. Não está em minhas mãos decidir se continuará a viver no mesmo corpo ou em outro, em outra existência. Você está paralisado no tempo, dentro da eternidade de um minuto, e sua mente, meu rei, é prisioneira das próprias criações. Você precisa despertar para o arrependimento, sem o que não haverá mudança de vida.

E Tunica deixou Ronie estirado no solo daquele local quase indescritível, por se tratar de um mundo diferente do habitual, onde as pessoas estão acostumadas a viver. A situação de Ronie não havia mudado, lamentavelmente. Ele experimentara o gosto das próprias criações mentais e emoções em ebulição; ficara frente a frente com a realidade da vida doentia que levava, do consumo das drogas e, até, de estupros que havia cometido, entre diversos outros abusos que perpetrara como lenitivo para suportar a sordidez de seu cotidiano. O corpo era a mercadoria que comercializava; a alma já fora vendida ao preço da infelicidade. E os valores, impressos na alma pela educação que recebera da mãe e da ama, que ora o amparava, foram escondidos num recôndito qualquer, muito profundo de sua consciência. A alma de Ronie precisava de silêncio. Pedia sonhos, sonhados e vividos, e – quem sabe? – um intervalo para revigorar o espírito e recuperar os valores, redescobrir as virtudes.

Mas isso não poderia ser patrocinado por Tunica, que agora se afastava, profundamente tocada pela situação do pupilo, a quem devotava tamanha afeição. Nem as forças dos seus orixás poderiam transmutar o íntimo de Ronie; não naquele momento, não sem seu consentimento, não sem que tomasse as rédeas do processo. Tunica se distanciou e, à medida que o fazia, modificava a aparência do seu espírito, reassumindo a feição de Arthur, o companheiro invisível que, a partir daquele instante, invisível ficaria novamente, aguardando o desfecho que as forças soberanas do universo patrocinariam na vida de Ronie. Infelizmente, ela ou ele não poderia fazer mais nada.

Ronie, arrotando ignorância, permaneceu dormindo o sono das vaidades, entre lembranças mirabolantes de suas experiências e figuras que desfilavam entre sungas, biquínis e corpos desnudos, exibindo a luxúria de seus valores desvirtuados, entre os vapores do ectoplasma exsudado, vampirizado e usurpado de suas vítimas. Assim adormeceu novamente, para acordar somente mais tarde, noutro lugar, numa circunstância em que enfrentaria nova experiência, diametralmente oposta a tudo que desejara, planejara e a que estava habituado.

9

SAINDO DO ARMÁRIO, DO MAIA, DA ILUSÃO

NO MESMO MOMENTO em que Arthur assumia a forma de Tunica perante seu pupilo, Hugo presenciava mais um acontecimento na dimensão onde se sentiam prisioneiros. Talvez desolado com a própria situação e com as demais ocorrências, tais como o sumiço de Paloma e o inexplicável desaparecimento de Ronie, já estava em certa medida insensível a qualquer outro fenômeno. Convencera-se de estar morto. E, uma vez morto, restavam-lhe tão somente traumas e dores, como o arrependimento por não ter se revelado antes do acidente ou pela forma como tratou o primo e a irmã, fatos que lhe marcaram de modo indelével o pensamento.

Dessa maneira um tanto apática, não se assustou como Ronie ao ver a figura de Nestor saindo de algum lugar que não saberia explicar, inaudito, tornando-se tangível diante dele, no exato instante em que se perdia em divagações mentais. Refletia sobre seu comportamento e cobrava-se por haver mascarado a tal ponto as próprias emoções. Nestor estava sorridente, emoldurando-se numa luminosidade suave, embora mantivesse a feição humana quase totalmente natural, não fosse aquele quê de espiritualidade que o envolvia, além da aura suavíssima que irradiava de sua presença.

– Como vai, Hugo? Parece meio distante... Pensando em quê? – perguntou Nestor, tão logo se aproximou de Hugo, sem lhe dar tempo para nenhuma reação. Olhando para a aparição como se estivesse olhando para alguém conhecido e com quem já mantivesse algum relacionamento amistoso, Hugo comentou, quase indiferente:

– Mais um fantasma neste mundo sombrio!... Então parece que hoje os fantasmas resolveram aparecer, enquanto outros desaparecem sem deixar vestígio.

– Fantasmas ou não, estamos aqui juntos, e acho que precisamos aproveitar a oportunidade para nos conhecermos melhor. Quem sabe, tirar dúvidas, resolver pendências?...

Olhando meio debochado, como se aquela conversa não o interessasse, Hugo permaneceu um período em silêncio, mirando noutra direção. Nestor soube respeitar este momento e sentou-se ao lado dele. Somente depois de um pouco de tempo é que Hugo esboçou uma reação:

– Quem é você, afinal? E o que faz neste mundo de mortos-vivos? Por acaso chegou aqui agora ou estava aí nos ouvindo, espionando, como o outro que apareceu aqui antes?

– Digamos que sou um amigo seu; alguém que você não vê há muito tempo. E que também estava aqui, não espionando, mas esperando o momento ideal para nos encontrarmos. Aguardava, quem sabe, uma pausa em suas emoções, que lhe favorecesse me ver.

– Então é uma alma também, um morto?

– Digamos que todos já morremos inúmeras vezes e, agora, estou inserido no seu mundo mental, particular. Talvez aquilo que você chama de morte não seja exatamente o fim, mas uma oportunidade de recomeço, de reescrever a própria história de maneira mais elaborada.

– Você parece conhecer alguma coisa de mim, da minha angústia!

– Nem tanto quanto pensa, mas se desejar um amigo para desabafar...

– Por acaso existem amigos no inferno? Existe alívio após a morte?

– Morte? Que morte? Acho que, para quem acha que morreu, você até está muito conservado – falou num ar de brincadeira o amigo não mais invisível.

– Eu me lembro quando o carro bateu no poste, depois que saí da Linha Vermelha. Pelo menos acho que me lembro; tenho alguma recordação...

– Mas veja por si mesmo – falou Nestor. – Seu corpo não parece nem um pouco destroçado. Quem sabe...

– Acha que estou vivendo um pesadelo? – interrompeu-o. – Será?

– Bem, não sei quanto a você, Hugo, mas eu não me sinto personagem de um pesadelo.

– Então estamos mortos mesmo, você e eu. E se estou morto não importam mais minhas reflexões, meu arrependimento ou meu desejo de mudança.

– Ora, ora, meu amigo! Então você confessa que está arrependido de algo e que tem até desejo de mudar?

– Isso não importa mais para quem morreu, importa? Se eu não posso mais voltar nem remediar meus erros, é tudo bobagem.

– Alto lá! Dizem por aqui que aqueles que amam sempre encontram um buraco na sepultura e por ele passam ao menos uma mensagem para os que ficaram, para seus afetos. Quem sabe a gente não alarga esse buraco um pouco mais e você consiga voltar?

– Você é louco, mesmo – afirmou Hugo, levantando-se. – Nunca ouvi falar de um morto que voltasse à vida.

– Você não é cristão? Ou nunca teve sequer uma semana de ensinamento cristão na vida?

– E o que tem isso a ver, logo agora? Não estamos neste limbo, neste purgatório particular?

– Bem, ouvi contar a história de um homem especial que voltou da morte, que conseguiu a vitória sobre o morrer e retornou para os seus.

Não que eu seja religioso, mas a história é bastante convincente e acho que ele abriu as portas desse chamado mundo dos mortos. Quem sabe não seja a hora de tentarmos?

– Louco varrido! Não resta dúvida. Aqui tem apenas gente como você e eu, que estamos detidos, perdidos neste lugar. Provavelmente é a minha mente doentia, são minhas culpas e meu remorso que criam situações como esta.

– Nunca ouviu falar de Jesus e da ressurreição? De como ele voltou aos amigos, que lhe eram caros? Por isso não há como deixar de acreditar. Desde sempre, a morte nunca se constituiu num problema insolúvel. Muita gente boa e até da oposição tem voltado e visto de perto parentes e amigos, até mesmo conversado com eles. Como disse um sábio: "Tudo é possível ao que crê".[1]

– Não me diga que você é crente, também? Feito aquele pastor louco que veio pra cá conosco, nos atormentar...

– Pode ser que sim, pode ser que não.

– Meu Deus do céu! Parece que usei droga mais uma vez...

– E você alguma vez usou?

A pergunta parece ter tocado em cheio as

[1] Mc 9:23.

lembranças de Hugo. Quando ele se voltou para ver o amigo que conversava com ele, Nestor já estava de pé a seu lado.

– E então, Hugo? Você comentava sobre as drogas...

– Bem, eu não tenho nada a perder, mesmo. Sim, eu usei; na verdade, eu abusei de drogas, mulheres e bebidas. Talvez seja por isso que estou aqui, prisioneiro de mim mesmo, neste inferno mental, do qual não consigo me retirar.

– E quem sabe conversando mais você se sinta melhor, de modo que possamos encontrar um jeito de alargar o buraco e passar por ele?

– Lá vem você, com suas histórias. Mas se quer saber mesmo, se tem estômago para aguentar, aqui vai. Eu usei muitas coisas e agora me arrependo de todas elas. De verdade, me arrependo porque sei que poderia ter feito melhor, diferente, e vivido com mais qualidade. Chego a pensar que eu poderia ter sido feliz e feito outras pessoas felizes, também. Mas...

– Mas se pensa assim, se chegou a essa conclusão mediante suas reflexões, então você não está no inferno. Talvez compense levar a termo suas ideias e pensamentos...

– Eu vivi me escondendo de mim mesmo. Minhas emoções, meus desejos e minhas preferências. Me escondi atrás das drogas e, com baladas e mulheres, mascarei meus instintos e desejos. Mas eu... – ficou reticente, talvez receando ser mais punido do que sua mente já o punia, caso se revelasse por inteiro.

– Fique à vontade, Hugo. Eu também tenho muitas coisas malresolvidas em minha vida. Porém, me conscientizei delas e tenho procurado enfrentá-las. Quem sabe possamos compartilhar nossas experiências e, assim, ver que não é somente você quem errou? Todos nós estamos no caminho, tentando acertar mais e errar um pouco menos. Mas desconheço, em qualquer lado da vida, quem não tenha errado de muitas maneiras.

Portanto, seja bem-vindo ao time, à humanidade.

Hugo até conseguiu esboçar uma espécie de sorriso ao ouvir o companheiro falar assim.

– Me sinto mais aliviado com sua fala.

– Veja que não estamos no inferno, pois, como você disse anteriormente, no inferno não há alívio.

Hugo olhou Nestor seriamente, franzindo ligeiramente o cenho, e notou que algo estava se modificando em seu estado de espírito. No entanto, não conseguiu comentar sobre isso, ainda. Não ousou procurar palavras que expressassem essa sensação. Mas prosseguiu:

– Em determinado momento da minha vida, eu me deixei envolver pelo preconceito. Experimentei uma aproximação com uma pessoa que deveria ter sido alguém muito importante na minha vida afetiva. Mas ele era do mesmo sexo que eu. E eu tive medo de ser considerado um boiola, um *gay*. E aí me ferrei! – relatou Hugo, lamentando a postura e as atitudes que lhe marcaram a caminhada a partir da ocasião mencionada.

– Não se preocupe, amigo. Com todos nós ocorreram fatos semelhantes. Acho mesmo que todos os seres humanos viveram momentos em que escolheram um caminho diferente daquele que gostariam, intimamente. Os fatores que favoreceram tais escolhas? Talvez sejam um mistério, como mistério é ainda a intimidade de todos nós. Mas continue, continue…

– Você não acha errado um homem ter se aproximado de outro como eu fiz, com intenções sexuais? Sentindo atração por outro, do mesmo sexo?

– De forma alguma! E o que há de errado em amar? Alguém no mundo será tão santo e tão resolvido que tenha moral suficiente para julgar os outros? Como posso julgá-lo se trago comigo questões para as quais, ainda hoje, não tenho respostas satisfatórias?

Mais aliviado ainda, como se conversasse com um amigo que o compreendia, que não o marginalizava e tampouco cobrava dele qualquer postura de santidade, Hugo se abriu por inteiro, agora sem reservas:

– Vivi minha vida fugindo de meus sentimentos. Fugi da proximidade com meu primo Ralph. Pois foi ele quem despertou em mim esse tipo de atração, de sentimento.

Hugo lembrava-se do primo e da forma como o tratava.

– E como me arrependo de ter sido tão rude, tão estúpido como fui com ele. Nem dei a ele chance de conversar comigo sobre o acontecido em nossa adolescência. Aliás, não me dei chance nenhuma de pensar, de sequer mencionar o assunto – mais uma vez, lembrou-se de seus modos e fez rápido silêncio, respeitado por Nestor, que definitivamente não pretendia interferir ou impedir que Hugo se manifestasse no ritmo que lhe conviesse.

Após olhar o amigo nos olhos, quase pedindo socorro, numa atitude que não passou despercebida a Nestor, Hugo retomou a palavra:

– Joguei-me nas baladas, tentando curtir as mulheres, ou melhor, abusando do sexo com elas. Todas as vezes que eu procurava alguma mulher, pensava e tinha plena convicção de que eram objetos sexuais. Eu as usava para desafogar minhas mágoas, meu desencanto e a covardia em me assumir, em enfrentar meus sentimentos. Foram dez anos de pura fuga. E as drogas que usei, eu as usei quando não dava mais conta de afogar minhas emoções, isto é, quando o sexo fortuito com mulheres não era suficiente para sufocar meus desejos por outro homem.

– Puxa, amigo! – falou Nestor, agora, visivelmente tocado pela história de Hugo. – Parece que você sofreu muito mais do que curtiu a vida.

Hugo começou a derramar algumas lágrimas de sincero arrependimento, de desejo de fazer melhor e refazer sua vida.

– Eu não conversava mais com minha mãe e tive medo de olhar nos olhos do meu pai. Minha irmã, ela sofria calada, pois eu não aguentava olhar para ela pensando que poderia saber de alguma coisa que se passava dentro de mim...

– Quanta angústia e apreensão! E se ela soubesse!? Qual seria a reação que você acha que ela teria?

Enxugando as lágrimas, Hugo pensou um pouco e respondeu:

– Na época eu não pensei. Mas agora, depois de morto...

– Morto? Tem certeza mesmo de que está morto?

– Depois do acidente – corrigiu Hugo –, tenho pensado muito em como ela reagiria. Somente agora me dei conta de que minha irmã, a Kelly, era uma grande amiga da minha alma.

Uma alma gêmea, talvez, como dizem por aí. Infelizmente, percebi apenas agora que ela me ajudaria, que me apoiaria e teria sido uma força para me amparar as emoções, que, naqueles momentos, estavam em ebulição. Nunca a ouvi me recriminar por nada. Aliás, só tenho lembranças boas dela. Quanto aos meus pais... bem, não sei se seria a mesma coisa.

– E como você acha que eles agiriam, caso soubessem do tormento emocional que vivia? Ou conhecessem sua verdadeira identidade energética, sexual?

– Sabe de uma coisa? Somente agora penso nisso pra valer, mas, caso eu tivesse compartilhado com a Kelly, sinceramente, eu me importaria muito pouco com a reação dos meus pais. Sei que minha irmã me apoiaria; hoje tenho certeza disso. E eu fugi tanto, dela inclusive...

– E de você... E do seu primo, pelo visto.

Pensando um pouco mais, porém agora sem cobrar-se aquilo para o que não estava pronto, Hugo se aventurou a dizer:

– Acho que a gente precisa amadurecer um bocado, até mesmo para aceitar nossas emoções, descobrir nosso estilo de vida e aquilo ou quem nos fará felizes. Pena que, no meu caso, precisei morrer para entender isso; tive de esperar o acidente para despertar.

– É, amigo, às vezes é assim, mesmo. Mas o que importa é que você se sente mais aliviado, pelo que parece.

– Sim! Acho que é a primeira vez que me sinto assim desde que morri – e, encarando Nestor mais uma vez, resolveu reformular –, isto é, desde que cheguei aqui.

– Aí pode ver, então, que este inferno aqui até que não é lá tão ruim. Que a tal da morte, como você diz às vezes, não tem força suficiente para causar nossa infelicidade nem para nos separar de quem amamos.

– Eu não havia pensado nisso. Pelo menos, não dessa maneira. Parece que meus pensamentos, agora, estão mais desembaraçados, que fluem com mais facilidade...

– É porque você venceu suas mágoas, como outras pessoas por aqui.

– Falando nisso, você tem notícias de Paloma? E do Ronie? O que aconteceu com eles?

– Deixemos isso pra lá, Hugo.

– Não! Eu quero saber o que aconteceu com eles. Paloma estava sofrendo muito, e Ronie, coitado, nunca vi tanto rancor e ódio juntos.

– Repare que você já está construindo seu céu particular; está saindo tanto do armário quando do inferno.

Agora Hugo conseguiu rir de verdade. Aliás,

os dois caíram na gargalhada, que acabou rompendo de vez as barreiras internas de Hugo. Ele se mostrava bem mais descontraído. E assim que deixou as amarras de lado, assim que se libertou dos pensamentos em torvelinho que o atormentavam, da cobrança interna e de boa dose de culpa, pôde ver algo diferente ao redor. A paisagem outrora incompreensível, os vapores de fluidos de um mundo surreal começaram a tomar forma. Via cores, sentia aromas; sensações um pouco mais agradáveis. Sua mente se libertava pouco a pouco da escuridão da culpa. Em meio a essa transformação interna tanto quanto externa, Hugo começou a ouvir sons de pessoas chamando-o. Parecia que eram pessoas estranhas... Sentiu, então, um choque no peito, um choque elétrico; era como se estivesse sendo eletrocutado.

– Calma, meu amigo. Calma... – falou Nestor para ele, ao mesmo tempo em que repousava o braço direito sobre seu ombro, confortando-o. – Este mundo aqui é o reflexo da sua mente. Acalme-se e não se preocupe com o choque que você tem a impressão de sentir. Vamos conversar mais um pouco, vamos? Temos ainda um pouco de tempo. Aliás, tempo é o que não nos falta.

Hugo voltou o pensamento para as palavras de Nestor e conseguiu se concentrar no que ele dissera. O amigo agora conduzia a conversa, através de algumas perguntas marcantes e bastante significativas:

– Se você tivesse a oportunidade de voltar, meu amigo, qual seria o objetivo principal de sua vida, a partir das reflexões que fez?

Hugo pensou um pouco, esquecendo-se da sensação de choque que percebera antes, porém não ignorando a mudança radical que se operava no ambiente à sua volta.

– Eu com certeza procuraria Ralph e minha irmã e, quem sabe, até minha mãe. Falaria para ele sobre meus sentimentos, sobre minhas emoções e pediria desculpas. Aliás, tenho tanta gente a quem pedir desculpas... Sem falar na Kelly!

Ponderando sobre o que Hugo falara e elaborando melhor o pensamento, no intuito de formular uma pergunta que ocasionasse um impacto efetivo em seu interlocutor, Nestor prosseguiu:

– O que acha, então, que precisaria mudar ou fazer para atingir esse objetivo, do qual acabou de me falar?

Desta vez, foi Hugo quem refletiu, parecendo se ocupar em escolher as palavras. Entretanto, muito mais tranquilo do que se sentia anteriormente, nem se dera conta de que levava a conversa na mais pura naturalidade. A naturalidade de quem estava vivo, e não morto, conforme acreditava inicialmente.

– É certo que eu teria de estar vivo. Quer dizer, não poderia estar morto para realizar meu objetivo. Precisaria me sentir vivo e ter a convicção de estar no mesmo mundo dos meus familiares, de Kelly e Ralph. Como você diz, Nestor, se este é o outro lado da vida, então não tenho como refazer minha vida aqui. Eu teria de voltar, de alguma maneira.

– E como voltaria, se já disse que está morto?

– E o tal buraco na sepultura? Por certo eu faria dele um túnel, mas retornaria de qualquer jeito para recomeçar, ao menos para falar com Ralph e minha irmã sobre meus sentimentos. Enfim, acho que pediria ajuda a eles.

– E o que lhe impede de fazer isso? Me diga: o que, neste exato momento, impede você de voltar, já que está se sentindo melhor, menos pesado, menos denso e mais livre, interiormente?

Olhando para Nestor e sentindo algo estranho acontecendo nele e em torno dele, como se o mundo a sua volta, o mundo mental, estivesse ficando transparente, e ele próprio, mais permeável, num estado de quase imaterialidade, reuniu forças, enquanto Nestor o fixava com o olhar:

– Ora, eu precisaria de outra oportunidade! Recomeçar na mesma vida ou em outra, como você disse pra mim…

Agora ouvia Nestor quase distante, como se

este gritasse e seu grito fosse sentido e percebido em meio a uma névoa ou bruma que separasse as dimensões.

– Então se dê essa oportunidade, meu amigo! Escute o coração e deixe as barreiras de lado. Permita-se voltar. Queira ardentemente voltar, ser feliz o quanto puder... – a voz de Nestor parecia ser mais pressentida do que ouvida, propriamente, embora, mesmo assim, gravada na alma, na memória espiritual de Hugo, de modo indelével.

E uma vez mais ele sentiu o choque, como se estivesse recebendo uma descarga elétrica. O coração começou a bater acelerado. Ouvia vozes, não mais a voz de Nestor, mas vozes de um mundo que conhecia muito bem. Além de tudo, sentia-se mais materializado. Hugo vencera as barreiras da própria alma. Precisou morrer a fim de despertar para o valor de seus sentimentos.

10

DESPER
TAMENTO

OS ACONTECIMENTOS pareciam quase simultâneos. Primeiro foi Paloma, que se revelara e se descobrira, enfrentando traumas e estabelecendo metas para alcançar a felicidade. Em seguida, Ronie, que não dava mostras de haver se renovado, mesmo diante do choque causado pelo evento que sua mente classificou como a morte. Mais tarde, Hugo, que, arrependido pelo estilo de vida que levava, conseguiu superar os limites, enfrentando seus hábitos nocivos e suas atitudes, as quais reconheceu como impróprias. Não se resolveu; aliás, nenhum dos nossos amigos se resolveu ou se transformou em santo, anjo ou pessoa espiritualizada. Muito longe disso! Se conseguissem ser apenas humanos, isso já seria bom demais para seu projeto de vida espiritual.

Aqueles que, até então, resolveram enfrentar os conflitos íntimos, mais profundos, alcançaram uma vitória extraordinária. Os que relutavam ou acreditavam não deter forças para tanto, apenas adiavam indefinidamente o encontro, se não com a felicidade, ao menos com um estado interior mais satisfatório e de maior contentamento. Não obstante, diante das expectativas no horizonte de cada um, não poderiam evitar as reflexões necessárias à transformação, no momento em que tivessem maturidade. Cada qual, a sua maneira, enfrentava os desafios internos e despertaria no ritmo próprio, no tempo pessoal, para realidades completamente diversas, em estados de espírito variados.

Entrementes, Samuel acudia Patrícia, que agora repousava nos braços de César. Este percebeu que Paloma sumira; não tinha explicações para o fenômeno, que parecia se repetir com um e outro dos componentes daquele grupo de pessoas, reunidas por uma força superior e incomum. Em um momento de reflexão, talvez de oração, pensara em sua amiga Patrícia e sentira-se finalmente atraído pela garota jogada ao chão, ali, o tempo todo. Deixara-se tocar pelo estado debilitado da companheira e, mesmo não tendo certeza absoluta de que era a mesma pessoa que conhecera em sua cidade natal, resolveu socorrê-la. Essa atitude definiu seu futuro, sua vida.

Assim que Samuel achegou-se a Patrícia, ambos, Samuel e César, notaram que ela começara a falar. Se antes se mantinha em seu pesadelo irrequieto, porém silencioso, agora seus lábios pareciam denunciar que um mundo se externava, que ela não conseguia mais relegar ao mundo íntimo o produto de seus pesadelos e experiências. Se estes eram reais ou fictícios, isso era o que menos importava para Samuel, que soube bem interpretar as palavras de Patrícia.

Para ele, o que assomava e guardava significado eram as reflexões, as emoções expressas naquilo que ela destilava pela boca. Somente analisando tais emoções poderiam conhecer algo mais a respeito da garota, da mulher que jazia ali, deitada, como morta-viva, entre as fronteiras de dois mundos.

– Patrícia, Patrícia!... Acorde, minha querida. Estamos aqui ao seu lado. Sinta-se amparada. Somos amigos!

Parecendo falar sem raciocinar, Patrícia balbuciava, como se estivesse embriagada pelas imagens que surgiam em sua mente, prendendo-a ao passado. Estava congelada no tempo, disso não havia dúvida.

– Amigos?! Não tenho amigos... Me sinto abandonada. Mas, também, quem precisa deles, os amigos?

César segurou-a juntamente com Samuel, tentando confortá-la ou transmitir-lhe alguma energia benéfica, pois era prisioneira de seus pesadelos, de suas lembranças.

– Talvez não devêssemos acordá-la, César. Quem sabe ela precise externar suas emoções, como todos nós, quando nos sentimos angustiados? No caso dela, em particular, tudo indica que é refém do passado, possivelmente de um passado em que foi vítima de si mesma. Agora, é a própria consciência que atua como um verdugo impiedoso... Façamos o seguinte. Vou ministrar-lhe um pouco de magnetismo no centro da memória, assim ela terá certa tranquilidade para reviver aquilo que a própria consciência lhe cobra, seja o que for que a incomoda tanto. Com esse procedimento, ela ficará mais tranquila, apesar do peso de certas recordações.

– Mas será que a coitadinha aguentará rememorar os fatos que a incomodam?

– Se ela está tão aflita com alguma vivência ou emoção pretérita, não há outra saída, a não ser revisitar o trauma e, depois, ressignificar essa experiência...

Calando-se, César apenas acompanhou o trabalho de Samuel. Ambos presenciavam o que se passava com Patrícia, ouvindo e vendo suas memórias. A mente perturbada agora externava imagens em torno de si. E os dois permaneceram, também, como espectadores das emoções, traduzidas nas figuras em movimento e nas palavras balbuciadas.

Patrícia já não tinha sonhos. Minutos antes, os pesadelos se transformaram apenas em lembranças. Em meio a cenas e paisagens de um mundo quase delirante, povoado de emoções conturbadas, ela vivia e respirava. Mergulhada naquele universo particular, ouvia e via além das palavras e imagens.

Em um recanto qualquer de sua memória, parecia encontrar-se um lugar onde somente havia pássaros mortos, cujo canto havia silenciado. Ela os enterrara nos escaninhos do tempo, da memória espiritual. Junto a uma multidão de mortos, e em prantos, sentada ao lado de fria sepultura, ela apreciava o próprio cadáver. De repente, sente-se sangrando, tem as mais variadas sensações horripilantes, nos funestos acontecimentos que sucediam no interior da própria sepultura. Um torpor profundo envolvia sua alma, devido a uma culpa também profunda, imensa, impenetrável como a neblina de uma noite de inverno rigoroso. Sentia a alma degenerar-se, renegada e obrigada a remexer no próprio túmulo frio, fétido e úmido.

As recordações das últimas experiências surgiam como névoas de rios escuros e lagos sombrios em noites invernais. Nas imagens que via e externava, lançava-se às águas profundas e turvas que bem representavam sua memória, seus horrores e pesadelos. Nada mais havia. Era como se ela nadasse em águas paradas, águas intranquilas, águas de reminiscências tão gélidas quanto as sensações por elas evocadas. Quase se afogava ao encontro das emoções cristalizadas, vividas, sorvidas ao máximo, as quais lhe embriagavam o espírito como o vinho perdido lançado fora, que continuava degustando, sem cessar, na taça das próprias amarguras e lembranças. Quem sabe tais emoções se assemelhassem à maré ébria de um mar bravio, onde marujos de outras águas também se lançassem, embriagados nas miragens de alguma sereia a entoar seu canto sedutor, perigoso, ardiloso e letal.

Desfilavam figuras de mulheres, que ela se punha a tocar, apalpar, suada – ou, na verdade, suado, pois naquele transe já não mais se reconhecia no corpo feminino. Via, sim, primeiro apenas o dorso, a seguir o espécime masculino por inteiro, repleto da volúpia que as mulheres e alguns homens disputavam a ouro, apostas, tapas e facadas. Os homens? Ela, ou melhor, ele ainda se vê beijando-os. E se observa junto aos amigos em pleno enredo de manipulação, procurando sexualizar a relação a todo instante, tocar e acariciar veladamente, mas sempre abusando, ousando, insinuando-se.

Foi quando sua alma pareceu recitar uma prece, um pedido de socorro, um arremedo de oração, embora não de arrependimento, mas em busca de tranquilidade, a fim de que pudesse viver sem a libidinosa excitação do sexo fácil, pago, comprado, forçado. Ou respirar sem a pútrida sensação de asco em relação a si mesmo – ou si mesma? Já não sabia a que gênero pertencia ou com o qual se identificava, ou do qual meramente se excluía.

– Deus!... – pensava, quase sem manifestar sentimento. – Respondei-me, por amor ou, simplesmente, movido pela minha dor, íntima, eterna, que pesa como pesa a minha culpa. Respondei a mim, pecador e pecadora, de quantas culpas e medos são feitos os meus pesadelos mais sombrios que os de todos os humanos?

Em seguida, um silêncio mortal se pronuncia, apontando muito mais respostas internas do

que palavras expressas. Eloquente entre todos os silêncios, Deus se cala, e o pesadelo aprofunda-se ainda mais, gritando um grito silencioso na alma afogada em lembranças difíceis de suportar. E os mais profundos medos de Patrícia-espírito se arrebentam na alma sem limites, considerada por si mesma como alma pecadora. Pune-se a si própria com as dores de mil pecados calados, mudos, profundos; com os constrangimentos de mil chibatas, grilhões, condenações e juízos. Fortificada pela culpa sem remorso, a alma castiga-se, autoflagela-se nas estâncias forjadas pela própria mente em efervescência condenatória.

O LOCAL É UM BORDEL, num recanto sombrio do Rio de Janeiro. Trata-se do bordel de Feliciana Maria dos Prazeres. Um lugar sujo em todos os sentidos, mas muito concorrido, recebendo uma plateia de quase todos os homens de posse e de alma corrupta da cidade, mesclada a corrupção à vilania e ao erotismo exacerbado. E ele se vê nesse recinto obscuro, que bem lhe representa o espírito inquieto, malicioso, terrivelmente sarcástico e pornográfico. Vê-se efetivamente arrombando a virgindade de um mancebo ainda jovem, lá pelos seus 15 anos, uma quase criança na adolescência da vida. Como cliente do bordel, depois de várias noites comprando e usufruindo do produto comercializado pela vilã das vidas humanas, a própria Feliciana dos Prazeres, a verdade é que ele se sentia no direito. Direito de experimentar, deflorar, desrespeitar a vida e as vidas de uma criança, um garoto e vários outros garotos, os quais exigia como prêmio pela assiduidade rebuscada de prazeres e do vício de sua paixão. Freguês fiel, sentia-se à vontade, sentia-se como quem está em casa naquele trágico reduto de sensualidade vil, fermentada pela proeza irresponsável de seus *habitués*. Ali, garotinhos e garotinhas eram disputados a preço de ouro, mas fora ele próprio quem iniciara a busca frenética por corpos juvenis e até infantis, imaturos para o sexo, naquele covil fétido e sombrio, cuja missão exclusiva era saciar o apetite sexual dos mais abastados e depravados.

Com seu membro em riste, penetra a alma, muito além do corpo, do rapaz submetido à mão poderosa de seu desequilíbrio. Rasga-lhe os sentimentos, as emoções e marca muitíssimo fundo o psiquismo, a alma jovem, ainda bem mais do que o corpo que se contorcia, desesperançado, em espasmo, gritando e gemendo e uivando de dor. Vivendo uma dor pungente e ignorada, como a de um animal ferrado a marteladas ou, então, marcado com ferro em brasa, o garoto sofria, tentando esquivar-se inutilmente. E quanto maior resistência oferecia ao insano homem, mais este demonstrava sentir o prazer dos loucos, ao subjugar os oprimidos e dominar física, emocional e espiritualmente os vencidos. No vaivém da atitude abjeta, ignominiosa e irresponsável, o cidadão sente-se explodir de prazer. Seu sêmen, como a lava de um vulcão, arrastava consigo a juventude, a esperança, a integridade e o chão daquele que se afogava em lágrimas, saliva e sangue. A secreção vertia, ainda, o magnetismo reverso e cruel, as anomalias energéticas que se reportavam ao infame vulgar, aquele que exauria as reservas da alma alheia – além dos corpos – por puro gozo. Ao longo dos anos, o sujeito se aperfeiçoara em desprezar o pranto dilacerante e as agruras causadas, a agonia e os sulcos profundos, as labaredas que arderiam por anos e anos na mente violentada e esquartejada do garoto a seus pés. E depois deste, outros e mais outros e outras também.

Nas memórias de Patrícia, acentua-se a presença de Feliciana, fingidamente dormindo num canto do amplo aposento, na companhia de sua pupila mais nova, também deflorada pelo insaciável apetite do homem, que agora está ao lado do garoto. Este grita, em pânico, esvaindo-se em sangue e lágrimas, a mente assinalada e impregnada, talvez por séculos, pela inspiração sombria do espírito violentado e do corpo massacrado, graças à inconsequência e à sordidez de um homem cuja masculinidade seria mais bem comparada à de uma besta selvagem. Enquanto a dona do cortiço arremeda o sono mentiroso que pretende isentá-la ou dissimular-lhe a culpa, ele continuava sua investida animalesca.

Alves de Castro já havia se saciado grotescamente inúmeras vezes ao lado da cafetina Feliciana, como um íncubo cheio de desenfreado prazer e sensualidade desmedida, exasperada. Divertira-se provocando dor e sentindo a dor alheia, o que lhe aumentava sobremaneira o gozo ao usurpar as energias, o magnetismo e a vitalidade das vítimas quase infantis, dos garotos e garotas de quem auferia seu demoníaco prazer. Alves de Castro estirava-se sobre a cama, após a invasão perpetrada no corpo adolescente e desesperado. Repousava nu e asqueroso, ofegante, com as pernas em cima do garoto, aguardando um tempo não determinado, a fim de recomeçar sua infame tarefa de prazer selvagem.

Entre o pranto, as lágrimas vencidas, as dores horrendas dificilmente suportadas e ignoradas, cruamente causadas, o menino gemia, fustigado no cerne da própria alma. Afinal, fora submetido ao desrespeito mais vil, ao ato mais cruel que alguém poderia praticar, ao crime hediondo que somente o tempo, a reencarnação e as leis impressas na consciência do agressor poderiam um dia reparar, elaborando as experiências dos envolvidos em novas oportunidades. Gravava-se na memória de ambos a trágica noite do desencanto de uma alma vilipendiada e vendida ao prazer torpe de seu grande vilão.

Ainda aos 29 anos, Alves de Castro aventurou-se em direção ao Velho Mundo. Buscava novas formas de prazer, pois aquelas com as quais se habituara já não lhe contentavam os sentidos, tampouco lhe saciavam os instintos. O ímpeto do já decadente senhor não mais se satisfazia com o que encontrava nos bordéis da cidade da luxúria, a babilônia do Novo Mundo. Levou três vítimas de suas taras sexuais, compradas a preço de banana aos pais igualmente inconsequentes; os jovens adolescentes, passando por seus sobrinhos queridos, embarcaram com ele rumo ao mundo velho. Aportaram em seu destino exauridos, drenados e doentes, com as almas ressequidas, em virtude dos abusos aos quais foram submetidos nos meses de viagem. Logo foram descartados em praça pública, na cidade de Lisboa, pois Alves de Castro dizia-se enfadado de sua companhia. Abandonados à própria sorte, os meninos se sentiam mais felizes como pedintes de esmola, realizando pequenos furtos ali e acolá, embora adoecidos pelo abuso a que foram entregues durante os meses que passaram junto do vampiro de corpos e de almas.

Um deles realçava nas imagens da mente de Patrícia, mais do que todos. Era de Alves de Castro o predileto, imensamente marcado em seu psiquismo e atormentado, pelo resto da vida, com as lembranças, os sobressaltos e os pesadelos advindos dos abusos que sofrera.

Mas as imagens na mente de Patrícia não paravam por aí... A memória extrafísica registrava os momentos subsequentes de loucura, de vício e dependência sexual, os quais se traduziam nas aventuras pelas cidades do norte de Portugal, da Espanha e da França. E eis que seu foco mental a localizou numa abadia, onde se viu num festim dos sentidos em meio a monges, padres e freis, além de comerciantes e nobres disfarçados de religiosos. Ali, durante uma orgia promovida com seus convivas, encontrou seu fim, como resultado dos abusos que infligira a crianças e adolescentes – um dos quais, para seu infortúnio, pertencente à família de um dos convidados da velha abadia. O dia era 13 de agosto de 1856. E a mente de Alves de Castro, a partir de então, congelou-se naquele tempo, reverberando e alimentando as imagens e mensagens que sua vida libertina emitia para as células sensíveis do corpo espiritual.

Após a morte do corpo num recanto imundo da construção secular – pátio e paisagem das mais horrendas manifestações do instinto e da volúpia, disfarçadas de assembleias religiosas –, passou a vagar de ano a ano, sem conseguir se desvencilhar das impressões do assassínio violento e torturante, que revivia incessantemente.

Até que um dia, Feliciana, a mulher dos prazeres, reencarnou na região sul do Brasil, e ele fora levado magneticamente até ela, pelo odor dos fluidos da mulher com quem mantivera cumplicidade frenética e libertina, cometendo os maiores abusos que lhe marcaram a existência. Sentiu-se atraído, quase amordaçado, intensamente magnetizado pelas energias e orgias do útero de Feliciana, então reencarnada. A ocorrência se deu numa noite em que ela se entregara a um homem que logo a abandonaria, após momentos de desmesurado prazer. E foi assim que reencarnou, que renasceu Patrícia, cheia de culpas, de dores emocionais indizíveis, marcada pela melancolia e pela depressão.

Como abusara de homens, mulheres e crianças indefesas, as leis da vida, inscritas na própria consciência, incumbiram-se de forjar o clima de infelicidade sob o qual viveria Patrícia, à procura de afeto, respeito e reconhecimento na nova experiência, bem como na nova identidade sexual e personalidade. Espírito inconformado com o corpo feminino, que habitava por impositivo da própria consciência, não detinha uma programação reencarnatória prévia e detalhada. Pôde assistir ao surgimento do desejo por outras mulheres e, algumas vezes, por certos homens, muito embora os próprios traumas que trouxe impressos na memória espiritual a impedissem de externar, mais uma vez, a soma de seus desejos mais secretos. Em outras palavras, vivia submissa aos medos e culpas que trouxera do período entre vidas, refém dos crimes hediondos que perpetrara.

Tal era a atmosfera mental e emocional de

Patrícia, que presenciava, em nítidas, vívidas e recorrentes imagens, experiências que tivera, histórias similares em horror que se repetiram em mais de uma ocasião, em outros tempos, em outras vidas.

Samuel e César se entreolharam, respeitosos perante o momento e as experiências vividas por Patrícia na personalidade de Alves de Castro, enquanto César reconhecia, pelo desfecho da história, a amiga tão querida de uma cidade escondida no sul do Brasil, de onde viera, num município da região metropolitana de Curitiba. Com os olhos em pranto, César ousou se pronunciar:

– Meu Pai! Que dor tamanha se passa em sua alma... Que sofrimento imenso ela experimenta, nessa agonia em que vive mergulhada. Agora compreendo as dificuldades que enfrentou com sua mãe e as emoções tão conturbadas.

– Patrícia parece despertar agora, César. Não podemos fazer muita coisa por ela, a não ser ampará-la no que precisar. Sem dúvida, ela pode ser considerada uma espécie de suicida emocional. Matou a própria vida através da culpa e do remorso. E é prisioneira, ainda, de lembranças que marcam a sua alma com letras de fogo. Posso afirmar que se encontra num estado que antecede a loucura.

– Mas, como estamos todos mortos, Samuel, será que não há como fazer alguma coisa por ela? Levá-la para um hospital do lado de cá da vida, por exemplo?

– Mortos? Puxa vida, parece que vocês todos sofrem da síndrome da morte malresolvida. Quem disse que você está morto?

– E não estou? Eu me vi saindo do próprio corpo...

– Você foi trazido aqui, meu amigo, para amparar a mulher que, em outra vida, abusou de você.

– Então eu fui...

– O garoto estuprado por ela na encarnação anterior, quando se encontrava num corpo masculino! Daí vêm seus dilemas diante do sexo, sua dificuldade em encontrar-se, em viver a vida sexual de maneira mais plena, sem culpas.

– Meu Deus, mas eu gosto tanto de Patrícia... Como pode isso?

– Graças a Deus! Senão, nem sei o que seria dela. Mesmo tendo conhecido o espiritismo em meio a pessoas tão radicais e ortodoxas, você foi abençoado por ele. O ambiente em que conheceu a doutrina, mesmo repleto de ideias absurdas e equivocadas a respeito de sexualidade, foi bom para você. Muito bom mesmo, considerando que seu espírito deparou-se com certo fator educativo. Embora fosse desnecessário ser da maneira como ocorreu, sinceramente, valeu a pena, pois exerceu sobre você algum limite, evitando que desenvolvesse rancor e impulsos vingativos, dor emocional e comportamentos exacerbados, até mesmo sádicos, todos altamente prováveis, em virtude das reminiscências. Além disso, a proximidade e a amizade com Patrícia, as conversas sobre a sexualidade de ambos, quem sabe, tenham amenizado as duras recordações gravadas em sua memória espiritual.

– Em alguns casos, parece que o mal se transforma em bem... No meu caso, principalmente. Mas confesso, Samuel, que tenho muita coisa por resolver. Agora, com a revelação do que me ocorreu no passado... Nem sei dizer com certeza ou me expressar direito, mas, de alguma forma, de alguma maneira que não sei dizer, sinto-me comprometido com Patrícia... Queria muito ajudá-la... mas não sei como.

– Vamos encontrar um jeito, meu amigo. De qualquer modo, agora sabemos um pouco a respeito das angústias e da história de vida dela, além de podermos entender por que rejeitava tanto o próprio corpo e apresentava tão grandes conflitos na área da sexualidade. Isso já nos oferece bastantes recursos para auxiliá-la.

– Acho que, do lado de cá da vida, a gente tem mais recursos, até, do que quando encarnados.

– Ai, meu Deus! Mais uma vez... Lá vêm vocês com essa mania de desencarnar! – reclamou Samuel, teatral.

– Desculpe, desculpe!...

– Bem, vamos ver o que podemos fazer por nossa amiga.

Tomando fôlego, Samuel aplicou um sopro quente sobre a fronte de Patrícia, enquanto ela despertava do pesadelo, um pouco tonta, sem saber ao certo o que ocorria ou onde estava. César a amparou nos braços, mesmo após descobrir o que se passara em outro tempo, em outra vida. Apesar de tudo, parecia sobreviver uma amizade intensa entre ambos.

– César? Você aqui? Então, não ficou em São Paulo?

César olhou para Samuel, sem saber o que dizer ou como se comportar em relação à amiga. Ainda assim, arriscou:

– Estamos num lugar bom, minha querida, junto com amigos que nos querem bem. Este é Samuel – falou apontando para aquele que os orientava.

– Olá, Patrícia, seja bem-vinda... Logo, logo retornará pra casa, refeita.

– Voltar para casa? – questionou César novamente, pensando que Patrícia ou ele, ou ambos, estivessem mortos. Não conseguia se conformar com o fato de que estava desdobrado, simplesmente fora do corpo. Mesmo que aceitasse isso, ele acreditava piamente que Patrícia estivesse morta.

– É como disse Jesus – respondeu Samuel, sem dar maiores explicações. – "Na casa de meu Pai há muitas moradas".[1]

– E minha mãe? Onde ela está? – tornou Patrícia. – E você, César, como chegou aqui? Estou no hospital, não estou?

– Calma, donzela! – brincou Samuel, procurando descontrair o ambiente. – Tudo a seu tempo. Agora vou levá-la a um lugar onde poderá repousar até se sentir mais forte. César precisa voltar e ficar com sua mãe, levando notícias suas. Daqui a pouco, quem sabe, vamos ver como ajudar você no retorno ao lar.

– Vou voltar?

– Que é isso, menino? Deixa de ser agourento! Claro que vai, não lhe disse? – Samuel falou, voltando-se para César, com o jeito dos que se conhecem há muito tempo. – Você precisa voltar, rapaz! Há muita coisa não resolvida dentro de si; precisa lidar com elas. Além do mais, terá um

[1] Jo 14:2.

desafio pela frente: visitar a mãe de Patrícia e levar notícias dela...

– Como assim?

Estendendo o braço em direção à fronte de César, impôs-lhe a mão direita; num só movimento, percorrendo da testa até a altura do pescoço, magnetizou o rapaz. Enquanto César se desmaterializava daquele ambiente, sendo reconduzido ao corpo, o instrutor acrescentou:

– Você saberá! Saberá o que fazer e como fazer. Eu estarei auxiliando-o. Vá, rapaz, e trate de viver a vida. E viva bem, desta vez! Sem culpas, sem medos...

César sumia à frente de Patrícia e Samuel. A moça, ainda meio sonolenta, não sabia explicar a situação; acreditava estar sonhando ou algo assim.

Embora estivesse longe de equacionar os dramas impressos ao longo do tempo em seu psiquismo; ainda que permanecesse psicologicamente marcado pelas experiências de outras vidas, César enfrentara o problema, dele se conscientizando. Porém, sem o amargor, a angústia e sem cultivar ódio contra seu agressor, agora transformado na sombra de mulher que ajudara, de alguma maneira, a amparar. A atitude dele foi determinante para seu futuro; abriu-lhe as portas para uma experiência renovada, fértil de valores nobres e salutares.

Patrícia foi conduzida por Samuel a uma instituição de amparo e reeducação no espaço; através da memória espiritual e das marcas psicológicas impressas em sua própria alma, ela revivera cada fato, cada dor causada, cada lance da história pessoal gravada nos registros do tempo. Os traumas e as dificuldades emocionais, revividos, serviram para despertar o desejo de reavaliar, de recomeçar e de recompor as matrizes do espírito em novas expressões de amor verdadeiro, genuíno, real.

Atada aos compromissos assumidos perante as leis da vida, Patrícia reencarnaria, agora, para uma etapa de reeducação do espírito, na qual poderia redimir-se, quem sabe – a depender de si mesma –, como médium dotada de habilidades na área da cura. Por meio das energias, dos fluidos que doaria, poderia auxiliar, entre outras pessoas, aqueles que outrora prejudicara. Em paralelo, no campo profissional atuaria na área da psicologia, assim contribuindo para a reconstrução do psiquismo de quantos, no passado, manchara e machucara, com o desrespeito sem limite àquelas almas, invadidas por sua promiscuidade. Programada, sua reencarnação seria acompanhada de perto por Samuel, que se comovera ante a história daquele espírito e suas necessidades de recomeçar. Alves de Castro, transfigurado na aparência e na personalidade de Patrícia, agora era conduzido a viver determinadas situações, a fim de que encontrasse novas oportunidades de redenção.

Mais tarde, durante o tratamento e a preparação no hospital, assistida por Samuel, ela escreveria uma mensagem através da mediunidade. Em uma casa espírita de Curitiba, endereçou-a à sua velha mãe:

Mãezinha querida,

Abençoe o meu espírito necessitado do seu amor e das suas orações. Venho dizer, mamãe, que a morte não existe e que estou aqui para atestar a continuidade da vida e a imortalidade. Estou aqui nesta tarde, a sua Patrícia, através da mediunidade, sendo abençoada com a oportunidade de rever minha vida sob o patrocínio de um dedicado amigo espiritual. Ele me ampara as palavras e os pensamentos, ainda conturbados e necessitados de muito amor.

Não foi você a responsável pelo meu estado emocional. Entendi tardiamente a causa do que ocorreu comigo. A não aceitação da minha condição, do corpo que eu habitava, estava diretamente relacionada ao estilo de vida que eu levara na existência anterior. Portanto, mi-

nha mãe, não se martirize! Tudo concorreu para meu despertamento, para a conscientização dos deveres que assumi perante minha própria consciência, os quais devo agora enfrentar como desafio à minha felicidade.

Não encontrei ninguém que me repreendesse pelo que fui ou pelo que sou. Ao contrário, fui amparada e estimulada a prosseguir na busca pela felicidade. Do lado de cá, tenho revisto meus valores, enfrentado minhas emoções. Mediante o amparo a mim oferecido, reavaliei o passado, no qual vi terríveis erros cometidos e, somente então, pude compreender as dificuldades emocionais com as quais convivi ao longo de minha última experiência como sua filha. Nosso passado, minha mãe, se entrelaça em cadeias e algemas de comprometimento moral.

Agora, peço-lhe que continue orando por mim, pois, sem o apoio das preces suas e do meu querido César, não conseguirei levar a termo os projetos de recomeço que foram elaborados para a recuperação de minha alma.

Não chore, mãezinha! Procure aprender a servir e amar, aceitando em seus braços o afago e o carinho de filhos alheios, de outras mães, aprendendo assim a refazer suas emoções e a enfrentar os desafios que emergem de seu próprio passado. Ame os filhos alheios, ampare o quanto puder aqueles que serão conduzidos ao seu regaço, pois assim aprouve à Divina Providência lhe conceder esta oportunidade, minha querida, como acréscimo de misericórdia.

Em breve devo enfrentar novamente o mergulho na carne, e espero sinceramente que a bênção do esquecimento venha me propiciar a tranquilidade necessária ao trabalho que preciso realizar em meu próprio benefício. Foi-me dada a oportunidade de trabalhar como médium na próxima reencarnação, na doação completa aos deveres assumidos em nome do amor que um dia desenvolverei. Mais uma vez, voltarei com as emoções reclamando muito trabalho, mas dedicando-me à recuperação das almas por mim prejudicadas.

Espero, minha mãe, que Deus me conceda forças para caminhar com êxito nesse projeto de recomeço. Espero, ainda, que um dia possamos nos reencontrar, sob a luz das estrelas, com as almas redimidas, e abraçar-nos, minha mãe, sabendo que, por mais que tenhamos errado, Deus nunca nos desampara o desejo de começar de novo.

Deixo aqui meu amor, minha eterna saudade e o beijo de gratidão por haver me recebido como mãe nesta minha última experiência física. Deixo, através de você, lembranças e a enorme gratidão ao César. Diga a ele, quando se encontrarem, que peço seu perdão, do qual necessito para acalmar os gritos de socorro que emanam de minha alma. Tanto quanto possível, farei de tudo para trabalhar através dele por algum tempo, antes de reencarnar, pois foi ele quem me ajudou, me amparou as emoções e abriu as portas de novas oportunidades para meu espírito profundamente endividado.

Com amor, sou sempre a filha que nunca a esquece, sempre necessitada das suas orações,

Patrícia.

11

O FILHO PRÓDIGO

Assim que Adir se viu sozinho – cada um de seus companheiros parecia haver sumido de sua visão –, a culpa explodiu. Emergiu com todas as forças, embora ainda tentasse racionalizá-la e esconder-se sob o fundamentalismo, que caracterizava o modo de ser e viver do ex-pastor. Agora, ele tinha certeza: estava numa espécie de antecâmara do inferno. Não acreditava no purgatório, pois, segundo argumentava, a Bíblia, na qual baseara suas interpretações, não mencionava limbo ou purgatório. Entretanto, diante do pavor causado pelo fato de que suas orações não eram ouvidas – pelo menos não da forma como esperava –, sentia que as barreiras entre a sanidade e a loucura, que mantinham sua mente razoavelmente coerente, pareciam erodidas ou corroídas pouco a pouco. Quedavam-se ante a força crescente das lembranças, da culpa e da convicção, cada vez mais forte, de que havia cometido um pecado mortal, antes ignorado. Esse conjunto de fatores, acentuado pelo radicalismo que alimentava suas crenças pessoais, irrompeu de maneira avassaladora em seu psiquismo.

Tinha a mente irrequieta, cujas matrizes se forjaram sob o efeito de formas-pensamento intensas, prenhes de emoção. Com a vida mental elaborada sobre condutas antiéticas, mesmo que o ser não reconheça a natureza doentia de seus hábitos, tais crenças arraigadas e enraizadas são de tal maneira daninhas que acabam levando a uma reação de autopunição, uma espécie de boicote à felicidade. Esse era o estado da mente culpada do pastor de vidas, de almas, o pastor Adir.

Imagens religiosas pareciam ir e vir em sua mente. Igrejas que, de repente, desmoronavam, apodrecidas como por encanto. Caíam, despedaçavam-se, como se tijolos e paredes inteiras fossem tombar sobre ele e soterrá-lo. Os sons eram perfeitamente audíveis em sua mente. Barulho de construções desmoronando; hinos de louvor sobrepujados por ruídos que cresciam até se tornar o ribombar de tremores de terra imaginários. Em meio a tudo, cruzes e mais cruzes que vinham ao chão e se partiam… Em seguida, todas elas pareciam erguer-se num monte à sua frente, para o qual desejou ir. Caminhava sem cessar em direção à colina mística, mas nunca chegava a lugar nenhum. Ofegava, ensaiava correr, mas tropeçava ou se exauria em esforços inúteis. "Senhor, tende piedade de mim, teu servo fiel!" Súplicas, clamores, protestos e exigências… tudo em vão.

Adir se achava prisioneiro de um circuito fechado de culpa e autopunição. E as maldições em que acreditava e que proferia do púlpito, nos julgamentos e nas palavras condenatórias em que se especializou, todas se tornavam realidade – sucediam-se uma a uma a atormentá-lo.

Cruzes e mais cruzes agora o perseguiam enquanto ele gritava tresloucado, correndo em disparada, fugindo sabe-se lá para onde, perseguido e perseguindo. Onde estava a vida eterna? Onde, o céu dos justos, as harpas angelicais, as cascatas e fontes de água pura da nova Jerusalém, que o deveria esperar de portas abertas? Onde as trombetas, os clarins e os anjos; onde o lado direito do trono do Senhor, que certamente lhe preparara lugar cativo? As imagens das igrejas que se autodestruíam o perseguiam sem cessar. E ele corria para a elevação avistada ao longe – o Monte Calvário, segundo acreditava –, sobre o qual divisava um sem-número de cruzes. A paisagem era emoldurada por um céu plúmbeo. Embalando o cenário bizarro, fruto de sua mente em ebulição, o som de trovões e tempestades o ensurdecia; enlouquecia à visão de raios e relampejos em cores fortes, cuja aparência se comparava à de tintas e mais tintas que vertiam do céu, subitamente, derramadas ou arremessadas por louco pintor.

As tonalidades berrantes, os trovões e o vendaval eram puramente o produto de suas culpas. A mente adoecida não suportara o peso de anos e anos de crenças e atitudes intolerantes, extremadas e fundamentalistas, cuja conta, então, era cobrada pela consciência, que fervia como se chaleira fosse, entre imagens e paisagens para ele assustadoras. Assustadoras, atemorizadoras, apavorantes, mais até do que os chifres da própria besta, conforme acreditava, pois que estes saberia como enfrentar. Habituado a pintar um mundo de pecados, com dramáticas imagens de um possível fim, incluindo a intervenção divina que colocaria ponto final à história da humanidade pecadora, ele próprio se via mergulhar nessa atmosfera, que criou e alimentou durante todo o seu ministério.

As crenças pessoais, admitidas como verdadeiras, mesmo contendo elementos absurdos, conseguem originar imagens, alimentar formas-pensamento e manter paisagens de alegria ou de dor, conforme o conteúdo e mesmo o sentimento inspirado pela própria consciência, onde estão inscritas indelevelmente as leis divinas e das quais ninguém, nenhum ser poderá se furtar ou burlar.

Adir ouviu uma voz, várias vozes, um coro de vozes cavernosas, apocalípticas, infernais, provenientes de onde seu espírito doente de culpa situou a imagem das cruzes bizarras, avistadas há pouco:

– Adir, Adir, por que me crucificastes?

As estranhas palavras, cobrança da própria consciência, eram ouvidas como se fossem a voz do próprio Cristo, de acordo com o que acreditava. Adir gritava, em prantos. Lágrimas irrompiam, bem como as emoções, enquanto perseguia as cruzes, porém não lograva chegar ao local onde apareciam, em sua visão interior. Loucura? Ou o juízo final?

– Senhor, eu nunca faria isso contigo!... – clamava, desesperado ante a cobrança de sua mente ensandecida.

– Adir, Adir! Não confiei meu filho a ti? Que fizeste comigo? Me crucificaste duas vezes?

Sem entender a voz da própria consciência afogueando-lhe a alma, ora acreditava que era o Cristo a lhe cobrar algo que não podia compreender, ora suspeitava que era uma peça pregada pelo demônio, o inimigo das almas, conforme dizia para si.

– Adir, olha para mim, a quem crucificaste!...

E novamente relâmpagos e trovões pareciam pipocar na imensidade do céu de sua consciência. À medida que cores fortes se alternavam no ambiente à volta, a face de Adir se transfigurava, aproximando-se do retrato da destruição.

– Meu Deus! Me perdoa, me perdoa... – falava chorando, gritando, num inferno mental e emocional característico da mente em desequilíbrio. – Eu falei que aqueles outros eram do demônio, disse que estavam perdidos e, agora, quem se sente perdido sou eu... – E o pranto sofrido corria-lhe em cascatas, sobre a face enrugada.

Quase sem fôlego, em determinado momento pareceu alcançar o monte onde avistava as cruzes – elementos nos quais, segundo sua fé isenta de raciocínio, encontraria todo o poder de Deus revelado. Para ele, aquela visão era o símbolo de uma força superior, do Calvário. Tratava-se do lugar exato, segundo presumia, de modo literal, no qual Jesus havia sido exposto ao vitupério e ao escárnio de assassinos. As imagens pareciam agora estar em câmera lenta ou, quem sabe, ele próprio se aproximava em câmera lenta. Mas os raios e trovões continuavam a envolver a paisagem mental pintada com as cores fortes de emoções conturbadas.

– Adir, Adir, por que me crucificaste? Onde está o filho que confiei a ti?

Gargalhadas, gargalhadas de deboche, em meio a gritos que remetiam a alguém sendo torturado, pareciam vir do local onde as cruzes estavam. À visão do pastor, elas estavam mais perto, e ele foi se acercando delas lentamente, vencendo o vendaval que queria lhe impedir a aproximação. Era um quadro medonho de se ver, produto de uma ideoplastia forjada e mantida pela força da culpa e das crenças alimentadas durante a vida inteira.

Quando enfim conseguiu chegar o mais perto possível do local onde, segundo sua visão interior, estavam mais de dez cruzes imensas, negras, erguendo-se contra o céu também negro, coberto por nuvens colossais, apocalípticas, quase infernais, Adir parou, ainda mais assustado. Olhos esbugalhados e marejados, boca entreaberta como se visse o Diabo em pessoa, presenciou um movimento que as cruzes descreviam em torno de si mesmas. Elas se viravam, cada uma movendo-se lentamente, e vinham na direção de Adir. Pairando sobre as cruzes, estava a figura de Jesus, segundo ele acreditava. Mas era um Jesus completamente sujo, deformado, dificilmente assemelhado à noção que faziam dele os religiosos. A despeito disso, Adir conseguiu ver uma figura que, embora diferente, estranha, quase inumana, era interpretada por seu espírito como sendo Jesus. Na verdade, eram diversas representações desse Jesus escatológico, que então ria, dava gargalhadas demoníacas, ora apresentando os dentes quebrados, ora descendo da cruz e vindo em sua direção, cobrando-lhe a culpa pela crucifixão. Uma a uma as imagens pareciam adquirir vida. Duas delas desceram da cruz e começaram a pular sobre o solo, como crianças nervosas, gesticulando e gargalhando como loucas. Outra forçava a própria cruz onde estava pregada a se curvar, como se a madeira tivesse elasticidade. O rosto do Cristo mostrava-se transfigurado no máximo de horror possível à sua visão interior. Era a caricatura de um ser tresloucado, que se inclinava na direção de seu espectador e era posta em evidência por uma luminosidade ora roxa, ora vermelha, algo temível, medonhamente confundido pelo pastor com o Cristo em que ele afirmava acreditar.

De repente, em vez da imagem de Cristo crucificado, estranhamente se comportando e se transfigurando à sua frente, a fisionomia do filho Carlos estava estampada sobre a cruz. Na memória de Adir, afetada pela loucura que aparentemente lhe dominava o mundo interior; em sua visão escatológica de um mundo que se derretia em figuras horrendas, bizarras, demoníacas – fruto de sua própria culpa –, o seu Cristo, o seu Jesus, agora com o rosto do filho escorraçado, cobrava-lhe, ainda:

– Adir, Adir, por que me crucificaste? Onde está o filho que a ti confiei?

Não havia mais como fugir às imagens, que agora desciam das respectivas cruzes, das mesmas cruzes que se curvavam sobre um Adir atônito, paralisado de pavor, compondo uma cena de terror digna dos mais hábeis escritores do gênero. Adir foi ao chão, sentindo-se sufocado pelas cruzes e pelos personagens macabros de sua história de vida, da vida íntima, mental, quase insana, na qual sua mente mergulhava cada vez mais.

No exato momento em que gritava, pedia perdão e clamava pelo filho Carlos, o qual despedira de sua presença ainda jovem, em razão do fundamentalismo religioso; nesse exato instante, um vulto é avistado em meio ao ribombar dos trovões.

É Samuel, que se aproxima lenta porém firmemente, chamando-o:

– Adir, Adir, acorda do pesadelo, Adir!

Samuel foi avistado pelo pastor como se fosse um anjo, um mensageiro de Deus em meio à paisagem do seu inferno particular, que havia sido criado pelo seu próprio magnetismo associado ao poder do pensamento. Um purgatório, onde sua alma se refugiara, ardendo em sua intimidade como fogo de mil brasas.

Samuel aproximou-se devagar, lentamente demais, segundo acreditava Adir, mas se aproximava, estendendo sua mão para amparar o pastor que estava caído, extenuado, sem força para resistir à cobrança da própria consciência. Segundo acreditava, as cenas e todo o enredo em que estivera mergulhado duraram uma eternidade. À sua visão, ficara vagando, fugindo e enfrentando os horrores do seu pesadelo por anos a fio, até que aquele anjo do Senhor o abençoara, aparecendo para resgatá-lo. E assim que Samuel o tocou, as imagens de Jesus, cada uma em seu instante, gradativamente se dissolveram, derreteram, liquefazendo-se e empoçando no chão, porém adquirindo aspecto viscoso, irreconhecível, indescritível por qualquer vocabulário conhecido. Dali, aquele líquido estranho emaranhava-se nas entranhas da terra ou do local sob os pés de Adir.

Samuel estendeu-lhe a mão, levantando-o, aconchegando-o ao peito. Adir chorava. Então ele chorou não o pranto dos desesperados, como antes, mas o pranto do remorso, que precede o arrependimento. Deixou-se afundar nos braços de Samuel, que, inspirado pelo momento tão particular, tão especial para a alma resgatada, trazia os próprios olhos marejados e permanecia em silêncio. O velho pastor deixou suas emoções romperem todas as barreiras concebíveis ao se permitir ser amparado pelo suposto anjo, o mensageiro divino que o abrigara ao peito.

– Calma, Adir, calma... Descanse um pouco e deixe fluir a dor. Libere-se da culpa que o consome – falava pausadamente Samuel, enquanto passava a mão sobre a cabeça do homem que se diluía em pranto convulsivo.

Adir notou que, à medida que ficava próximo de Samuel, as imagens mentais se dissipavam, a angústia delas advinda aliviava, o inferno a que se vira preso parecia esvaecer. Ao tentar se desvencilhar de Samuel, tudo voltava com toda a força de suas emoções desalinhadas, descontroladas. As imagens das cruzes, do seu Cristo demoníaco, às avessas, bem como a face do filho expulso do ambiente familiar – tudo retornava quando tentava se afastar do "anjo bendito do Senhor".

Novamente o tempo passou, segundo o ponto de vista de Adir, como se fora uma eternidade. A mente do antigo pastor não conseguia mais, devido à carga de culpa, livrar-se do fantasma do filho, cuja imagem vira se transfigurar, substituindo os traços de Jesus, em pose demoníaca. A mente se impregnara daquelas memórias, das terríveis figuras vivas, da lembrança do filho, de modo aparentemente irremediável. Fora profundamente afetado, e suas crenças, naquele momento, não se mostraram satisfatórias nem sequer para amenizar, muito menos para livrá-lo do tumulto a que se entregara emocionalmente. Sentia-se num tribunal, prestes a ouvir a sentença – a sentença emitida pela própria consciência

–, em cuja estrutura íntima, imaterial, estivesse escrito, em letras de fogo, o juízo sobre os atos e atitudes, tardiamente reconhecidos como errados.

Soltando-o aos poucos, Samuel mirou a figura do pastor e compadeceu-se. Aliás, sentiu pena, mesmo. Nunca pensou que sentiria pena de um ser humano – especialmente de Adir – no nível em que sentia.

O homem à sua frente pareceu se recuperar, gradualmente, do abalo que o subjugara. Adir levantou o olhar em direção a Samuel e lhe disse, quase humilde:

– Você veio me tirar deste lugar? Veio me livrar do inferno a que me lancei?

Olhando o homem sofrido, deprimido, atormentado, o instrutor respondeu medindo cada palavra, um tanto quanto reticente:

– É, pastor, você conseguiu forjar seu próprio instrumento de tortura. Como você mesmo disse, foi o inferno no qual *você* se jogou. Mas, infelizmente, não cabe a mim tirá-lo daqui. Não mesmo!

E antes que Samuel concluísse seu pensamento, Adir o interrompeu, modificando imediatamente a fisionomia e a atitude íntima, num quase acesso de fúria, tentando agarrar Samuel, sacudindo-o, gritando a plenos pulmões:

– Miserável, desgraçado, filho do inferno e

da perdição! Então você é um anjo de Satanás – falou, enfatizando a palavra – disfarçado em anjo de luz, em anjo de Deus... Você tem de me tirar daqui. Eu não aguento mais ficar neste...

– Cala-te, homem! – gritou Samuel em alto volume, inspirando temor em Adir, o qual recuou completamente modificado; como antes do pesadelo a que se entregara, logo assumiu a postura farisaica, orgulhosa e prepotente, esbravejando:

– Você! Aposto que você é um dos perdidos do inferno, um daqueles que vieram com os demais – referia-se a Hugo, Ronie, Paloma e os outros. – É uma alma arrebatada por Satanás!

– Não, Adir, não sou nem anjo e nem demônio. Mas me parece que você agora se recuperou, voltou ao seu normal. Enfim, a mim me parece que não mudou nada, nunca mudou.

– Mudar o quê? Sou um servo de Deus! Eu vi o inferno e voltei sozinho dele, sem ajuda nenhuma a não ser de minha fé. Retornei pra testemunhar o poder da salvação. E não pertenço aos perdidos...

Mas assim que pronunciou a palavra *perdidos*, Adir retomou o pranto. Era como se alternasse entre momentos de arrependimento ou de culpa e remorso e, em seguida, momentos em que reassumia a postura autoritária e radical do velho pastor.

– A culpa o consome, não é, pastor? Mesmo assim quer se dizer melhor e coloca os demais como perdidos?! E como se sente em relação a Cristo? Como sua consciência vê a atitude que teve com o próprio filho? – Samuel atiçou-lhe os pensamentos, tentando provocar reflexão.

– O Senhor me cobra algo para o que ainda não estou preparado...

– O Senhor ou sua consciência?

Demonstrando uma desorganização mental intensa, pareceu não entender ou ignorar a pergunta de Samuel, trazendo à tona um dos fatores de incômodo:

– Mas a Bíblia diz que sexo entre homens é pecado. Deus destruiu Sodoma e Gomorra pelo pecado do homossexualismo, da pederastia! Como eu poderia suportar alguém na família depondo contra Deus e sua lei? Um filho que se entregou a Satanás dentro da minha própria casa... Isso desmoralizaria meu ministério e destruiria minha igreja.

– Mas pense bem, pastor. Se Deus destruiu Sodoma e Gomorra, conforme você interpreta, pelo pecado da homossexualidade, então podemos presumir que Deus mudou o jeito de agir? Mudou de ideia e se arrependeu ao longo dos tempos?

– De jeito nenhum. Deus é o mesmo ontem,

hoje e eternamente...

– Então, por que ele não destruiu cidades como São Paulo, Nova Iorque, São Francisco, Rio de Janeiro e tantas outras cidades no mundo? Pois nelas há milhares e milhares de *gays*, muito mais do que tiveram Sodoma e Gomorra reunidas... Ou ele mudou de ideia e se arrependeu ou não tem mais poder. Como você explica isso?

– Você é do demônio! É enviado de Satanás para provocar a ira divina – falou, espumando e vociferando como louco.

– Mas parece que foi você quem provocou a ira dele, segundo acredita. Ou estou enganado? Não foi você quem ficou vagando, gritando e em prantos, correndo de si mesmo? Não era você, Adir, quem estava prisioneiro do próprio inferno?

– Você é um espírito maligno! É um demônio das profundezas dos infernos! Sai de mim, Satanás! O sangue de Jesus tem poder...

– Será que você não resiste a um simples questionamento, a outras pessoas que pensem e vejam a vida de maneira diferente da sua? Ao que me parece, Adir, quando qualquer pessoa lhe apresenta um argumento, questionando seu ponto de vista, talvez por falta de conhecimento ou desespero você prontamente classifica essa pessoa como enviado do diabo.

– Eu sou um servo do Senhor, do Deus Altíssimo e, por isso, não posso estar errado.

– Ah! É?... Mesmo assim, quero lhe propor o seguinte exercício. Que tal a gente se entender, se respeitar e conversar? Você apresenta seu ponto de vista e eu apresento o meu, tudo dentro da Bíblia, estritamente de acordo com o que você acredita. Se você estiver certo e convicto do que ensina, respeitarei sua visão e interpretação e me calarei. Caso avalie que meus argumentos estão corretos e lhe parecerem mais claros e lógicos, você apenas refletirá sobre eles; não peço nada mais de você. Que tal?

Adir ficou um pouco quieto, talvez mais cansado de seus próprios argumentos sem fundamento do que meditando na proposta de Samuel.

– Veja que não lhe peço nada demais – tornou o instrutor. – Apenas conversarmos dentro dos ensinos da Bíblia... E, para que você não fique pensando que sou um espírito do mal querendo desviar sua atenção, que tal a gente orar? Pedir a Deus tranquilidade mental e emocional para captarmos a inspiração divina?

Ante a proposta renovada, Adir prestou mais atenção, conseguiu ver um pouco mais além do orgulho, da prepotência e do radicalismo.

– Orar?

– Sim, orar! Quem sabe você não faz a oração? – propôs se aproximando ligeiramente do pastor, porém sem tocá-lo.

– Eu não pensei que você orasse.

– Eu também não pensei que você orasse. Então, estamos mais ou menos quites...

Adir conseguiu achar graça na situação, mas logo voltou a ficar com a cara tipicamente emburrada, a demonstrar arrogância.

– Então eu oro, pois aqui sou o pastor, o servo de Deus!

– Pois não, servo de Deus. Ore você, que o acompanho.

E Adir, pela primeira vez desde que chegou naquele local ou dimensão, conseguiu orar de verdade. Uma oração curta, mas nada decorada ou maquinal. Embora pedisse em oração apenas que Deus o livrasse da tentação e do espírito do mal, ainda assim sentiu-se bem, ligeiramente mais tranquilo. As emoções se acalmaram um pouco. No entanto, não abriu mão de sua postura orgulhosa.

Depois de ouvi-lo, Samuel, demonstrando tranquilidade, começou a falar:

– Acho que o que mais incomoda você é o fato de ter expulsado seu filho porque ele era *gay*, não é isso? Parece que você não resolveu direito essa questão dentro de si e a culpa o consome.

Pensativo, o velho pastor baixou a cabeça, meio envergonhado de si mesmo, e comentou:

– Não consigo entender o que se passa dentro de mim. Nunca tive um dia sequer de tranquilidade desde que o Carlos partiu. Tenho pesadelos horrendos quase toda noite e acordo suando frio. E oro. Oro todas as noites o Salmo 91, pois sei que fiz a coisa mais correta, de acordo com a Bíblia. Ele era um pederasta.

– Meu Deus, Adir! Que expressão mais arcaica, pejorativa e preconceituosa.

– Não sou preconceituoso. Eu tenho princípios. O homossexualismo é contra a natureza e contra a Bíblia. E quem não se converte a Deus e ao Evangelho não merece ir pro céu.

– Mas e você? Em algum momento você me disse que pensava ter morrido – falou para o pastor devagar, colocando ênfase na frase. – Será que está no céu? Por acaso encontrou o tão falado paraíso?

– Estou a caminho dele. O Senhor me salvou. E a Bíblia sempre tem razão. Os outros dois filhos que tenho, ambos seguiram o caminho de Deus. São missionários.

– Será mesmo que seguiram, Adir? Você tem certeza disso?

– Nunca mais tive notícias deles. Mas sei que estão no caminho do Senhor. Um deles é missionário na África, e o outro... Bem, o outro saiu pelo mundo pregando.

Samuel aproximou-se ainda mais e, pedindo permissão a Adir, colocou a mão sobre sua fronte, dilatando-lhe ligeiramente o campo de visão por meio de grande carga magnética.

– Veja, Adir! Veja seus filhos, agora.

Adir sentiu algo como outro ataque cardíaco. Viu um de seus filhos numa imagem tridimensional. Ele estava no Brasil mesmo; ao que tudo indicava, na Região Nordeste. Porém, ao contrário do que o pastor esperava, o filho ingeria alguma bebida alcoólica; na verdade, estava quase caindo de tão bêbado. O homem estava totalmente embriagado e, ao mesmo tempo, re-

voltado. Gritava para uma mulher, que o ouvia segurando o filho, um menino, em seus braços:

– Meu pai, aquele miserável! Eu falei para o Carlos ir embora conosco. Mas Carlos teimou em ficar em casa. Ele dizia amar muito nossos pais e não sairia de casa, a menos que fosse expulso. Queria cuidar do pai quando ficasse velho... – o homem falava em meio a arrotos e soluços, engasgado com a própria saliva. – A gente não aguentava mais ver a mãe sofrer e se submeter à loucura daquele traste. A gente inventou que ia trabalhar como missionário para ficar livre dele...

O pobre sujeito chorava, tossia, resmungava enquanto cambaleava. Era um dos filhos de Adir. Durante o tempo em que o pastor observava a imagem do filho mais querido – missionário, segundo acreditava –, ficou muito desolado, pois sabia, na intimidade, que aquilo que presenciava era a mais pura verdade. Ele via a cena em todas as cores possíveis; era de uma realidade quase palpável, inquestionável. Então, pôde vislumbrar a dimensão do mal que causara à própria família.

– Está preparado, agora, para ver o outro filho tão querido? Quer ver seu amado Mateus?

– Não quero acreditar que causei tanto mal assim ao meu filho, que ele não é o missionário que eu sempre acreditei...

Adir se desfazia em prantos, diante da realidade – perante a sua realidade e a do estrago emocional causado na vida do próprio filho. Mais ainda ao ouvir Israel falar do amor de Carlos pelo pai, e de como se recusou a sair de casa com os demais porque queria cuidar dele. Adir soluçou de amargor, de remorso.

– Eu quero ver! Quero ver o meu filho Mateus... Onde ele está? Será que ao menos ele se tornou um missionário? Mas eu tenho certeza, eu mesmo o consagrei, lá na minha igreja!...

– Então, Adir, vou lhe mostrar o seu filho Mateus – falou Samuel, à medida que aplicava nova dose de magnetismo na fronte de Adir, expandindo-lhe a visão extrafísica.

Assim que começou a ver as cenas envolvendo seu filho, teve a certeza de que todos os seus esforços foram em vão. Que os dois filhos, que presumira serem missionários, na verdade queriam mesmo era se livrar dele, pois não podiam mais tolerar o radicalismo do pai.

As imagens mostravam um homem com cerca de 38 anos. Era alto, magro; trabalhava, ao que tudo indicava, num porto do Sudeste brasileiro. Mais precisamente, no porto de Santos. Ali, junto com companheiros de trabalho, parecia se alegrar, à sua maneira, fumando um baseado, dando baforadas e algumas gargalhadas. Ao longe, passava uma mulher que Adir interpretou como sendo uma prostituta. Ele mexia com a mulher, falava palavrões, chamava-a, instigando-a e convidando-a para o sexo fácil. Adir não suportou mais e pediu:

– Pare! Pare com isso, filho do demônio! Você está tentando minha alma... Você é o responsável pela minha infelicidade.

– Então você se considera infeliz, não é mesmo, pastor Adir? Consegue refletir sobre o alcance de suas palavras, sobre o que fez à própria família? Aos filhos que Deus lhe confiou?

Adir novamente chorava muito. Desta vez, caiu ao chão e se colocou em posição fetal, derramando lágrimas profundas, embora, no entremeio, xingasse, dissesse coisas incompreensíveis; parecia delirar.

– E agora, Adir? – indagou Samuel, abaixando-se e passando a mão sobre seus cabelos. – E o que dizer do seu filho Carlos? Sabe o que ocorreu com ele? Você tem notícias dele?

O pastor levantou-se de chofre; pondo-se de pé, fitou Samuel nos olhos, repetindo com raiva os mesmos argumentos de antes:

– Ele era um perdido! Foi ele, foi ele sim, o responsável por tudo o que ocorreu na minha família. Ele se entregou ao Diabo, ao inimigo das almas e de Deus. E influenciou o Mateus e o Israel. Sei que foi ele.

– Como pode ter tanta certeza assim?

– Ele era sodomita, o danado. Ele era homossexual.

Respirando fundo, para suportar a ladainha de Adir sem perder a paciência, Samuel perguntou:

– Você não gostaria de rever sua opinião, sua visão a respeito do que a Bíblia diz sobre Sodoma e Gomorra? Será que esse negócio de homossexualidade é pecado mesmo? E já que você repete isso com tanta convicção, quem sabe não se importaria de ver o texto bíblico sob uma ótica diferente? Uma outra opinião...

– Quem é você pra me ensinar Bíblia? Quem

imagina que é para querer me dar lições da palavra de Deus?

– Eu, Adir? – Samuel pensou bem antes de falar, fazendo breve silêncio. – Eu não sou ninguém, pastor. Mas eu conheço alguém que pode lhe falar a respeito.

– Só conheço um homem de Deus que poderia me falar algo que eu não sei sobre a Bíblia. E ele está morto.

– Mas pense bem: como você cogitou, em certo momento, que estaria morto, então não será difícil encontrá-lo.

Adir pensou, um pouco surpreendido com a proposta de Samuel, e resolveu averiguar:

– Você conseguiria por acaso localizar ou chamar o pastor que me formou, que me ensinou a pregar? O servo de Deus que me ensinou o caminho da salvação?

– Quem sabe? Pode ser que sim. Que tal se tentássemos?

– Se você conseguir isso, digo, chamar o pastor Neemias...

Assim que Adir pronunciou o nome do seu antigo professor, do pastor que o batizou e iniciou no conhecimento das Escrituras, um leve tremeluzir se fez perceber no ar. Irradiando a mesma luz na qual Samuel se envolvia, sorrindo um sorriso leve e descontraindo o ambiente, surgiu a figura de um homem que aparentava uma certa idade, em torno de 65 anos. Vestindo um traje elegante, risca de giz, o velho professor se postou à frente de Adir; olhando-o nos olhos arregalados, assustados, falou, enquanto tocava levemente o ombro de Samuel:

– Meu querido amigo! Como esperei por este momento – abriu os braços e, então, aproximou-se de Adir, envolvendo-o.

Adir dava mostras de perder a respiração, tão emocionado ficara. Abraçou o velho amigo como se abraça a uma mãe da qual se tem muita saudade, após longa separação.

– Como pode ser isso? Então você morreu e foi para o paraíso, e eu fiquei aqui, do lado de fora, depois da morte?

– Pois é, Adir. Cada um fica no local onde sua consciência o localiza.

– Não entendi!

– Não tem problema, velho amigo; não importa agora. Ao que parece, meu amigo Samuel...

Adir interrompeu o pastor imediatamente:

– Ele é amigo seu? Por acaso não é um anjo de Satanás que quer desviar minha alma do caminho do Senhor?

– Puxa, velho amigo... – falou Neemias a Adir. – Me parece que você levou às últimas consequências a leitura da Bíblia. Nem o reconheço!

Adir abaixou a cabeça, envergonhado. E, em meio a tudo que acontecia, não conseguia tirar da cabeça as imagens dos filhos, as quais acabara de ver. Era como se agora as cenas se desenrolassem dentro de si. Não sabia como fazer e o que fazer. Sentia-se verdadeiramente perdido.

Samuel deixou que os velhos conhecidos conversassem, que se entendessem, afastando-se um pouco, embora tudo acompanhasse.

– E então, Adir, quer dizer que você não conseguiu tirar o espírito da letra? Interpreta a Bíblia ainda na base do olho por olho, dente por dente?

– Como assim, pastor Neemias?

– Cheguei a ouvir parte de sua conversa com nosso Samuel. Parece que ainda vê pecado em tudo. Do lado de cá, pastor, a gente aprende muita coisa. E desaprende um monte de outras, também.

– Agora é que não consigo entender, mesmo, suas palavras.

– Depois da morte, Adir, o véu da ilusão cai de nossos olhos e aí conseguimos aprofundar nossa visão e enxergar o sentido real dos textos que antes estudamos. Torna-se possível rever muita coisa que pregamos e que, até aquele momento, fazia parte de nossa convicção. Aqui, a teoria é outra, a verdade é mais ampla. E despidos do artificialismo, da roupagem farisaica, somos obrigados a enfrentar a vida da forma como ela é, abrindo mão dos preconceitos e das barreiras que criamos. Somos obrigados a tirar a trave dos olhos e enxergar além de nossos próprios interesses.

– O senhor fala a respeito...

– Da visão sobre homossexualidade, à qual você se referiu. Da sua interpretação do pecado de Sodoma e Gomorra. Parece que sua crença nesse suposto pecado fez com que cometesse vários enganos. Entre eles, o pior...

– Expulsei meu filho Carlos de casa! Agora, não sei o que pensar, se fiz bem ou mal. Mas fiz tudo segundo a Bíblia mandava.

– Será mesmo, pastor Adir? Meu amigo!...

– E não falam as Escrituras sobre os sodomitas que tentaram os anjos do Senhor?

– Bem, mas parece que Nosso Senhor Jesus discordava dessa interpretação. Pelo que podemos entender, ele não via o pecado de Sodoma como sendo a homossexualidade.

– Mas Jesus condena Sodoma e Gomorra! Está lá, na letra do Evangelho.

– Segundo nosso irmão Paulo, a letra mata; o espírito vivifica...[1]

– Mas está lá, Pastor Neemias. Eu li. E foi

[1] Cf. 2Co 3:6.

por isso que expulsei aquele...

– Aquele filho de Deus, que precisava do seu amparo, da sua compreensão e do seu amor.

Dando um tempo para Adir refletir, percebeu que ele não chegaria a lugar algum por si só. Neemias resolveu auxiliar na condução das reflexões:

– Posso entender, Adir, meu amigo, que, quando a Bíblia menciona certos comportamentos humanos de ordem sexual, ela o faz de acordo com a visão das pessoas na época em que foram escritos os textos sagrados. A ciência, tanto quanto a compreensão dos problemas humanos,

caminhou a passos largos, mas, naquele tempo em que os textos considerados sagrados surgiram, reinava uma ignorância muito grande a respeito da vida. E sobre os comportamentos humanos, então, nem se fala.

Neemias nem esperava que Adir aceitasse de imediato o que falava. Porém, notando a situação íntima do pastor, resolveu ir mais além em suas ponderações:

– A discussão nos dias de hoje, Adir, volta-se muito mais para o comportamento humano e as pessoas que para a função genital. Na atualidade, o debate é a respeito do afeto entre pessoas do mesmo sexo, ou de sexos diferentes, e não somente de um mero relacionamento carnal, puramente sexual. Fala-se da possibilidade e da capacidade de pessoas comuns, como nós mesmos, expressarem seus sentimentos e compartilharem seu afeto por outras, que casualmente podem ser do mesmo sexo. E essa discussão estava longe de existir nos tempos em que se originaram os textos bíblicos. Portanto, como esperar que a Bíblia nos dê resposta para uma questão que nem sequer ocorrera aos autores dos livros sagrados?

– Mas Deus diz que isso é errado! A Bíblia condena, e é por isso que agi como agi. Eu não me considero culpado.

– Será mesmo que não se considera culpado, Adir? Será mesmo que você esconde seus atos atrás de palavras escritas há 2 mil anos ou bem mais, em alguns casos, para justificar suas atitudes?

Neemias demonstrou certo rigor ao proferir essas palavras. E diante da sua postura, Adir procurou ser mais comedido, pois respeitava profundamente o velho amigo, pastor e professor que o introduziu no ministério.

– Afirmar que a Bíblia ou Deus disse que isso é pecado, é algo errado, não é uma resposta tão boa assim; não é um argumento convincente e suficientemente inteligente para se emitir um veredicto. Entre o que está escrito, Adir, e o que se entende e acredita, está a interpretação do texto, ou melhor, está o ponto de vista daquele que lê. E interpretação é algo completamente pessoal, depende da cultura e da formação de cada um.

"De toda maneira, se a Bíblia ou Deus diz que determinada coisa é errada, o texto deve pelo menos apresentar um argumento inteligente o bastante, a fim de mostrar a razão pela qual é assim. Senão, seria arbitrário da parte das Escrituras ou, até mesmo, de Deus. Sem explicação explícita, não haveria boa intenção e não haveria, também, bom senso da parte de Deus, nosso Pai. E se não houver, Adir... Aí, pelo amor de Deus! Se a moral da Bíblia não resistir à razão, não suportar o raciocínio, é uma coisa ilógica e não passa de imposição. Equivaleria a dizer que as coisas consideradas certas ou erradas só são assim ou assado por um capricho de Deus ou de Jesus; na pior das hipóteses, dos autores dos livros bíblicos."

– Eu não consigo acompanhar seus argumentos. Não consigo entender seu raciocínio, pastor Neemias.

– Vejamos apenas um exemplo para você tentar me acompanhar o raciocínio, Adir. Paulo fala, em 1Timóteo 2:11-14, que a mulher deve aprender em silêncio e, em 1Coríntios 14:34-35, o apóstolo assevera que a mulher deve ficar em silêncio na igreja, pois é vergonhoso para a mulher falar ali; caso tenha dúvidas, que interrogue o marido em casa. Mas em momento algum ele esclarece o porquê dessas diretrizes de forma clara e inteligente. Por que é vergonhoso para a mulher falar na igreja? Veja que não podemos atribuir a Deus uma opinião de nosso irmão Paulo. Não foi Deus quem disse esse absurdo, mas foi uma interpretação, uma crença de Paulo, até compreensível para aquela época.

– Eu não havia pensado nisso! Eu proibi minha mulher de pregar, de ensinar na escola dominical, para as crianças...

– Pois é, pastor. Veja bem: onde está o bom senso nesse ensinamento? E o que dizer, então, da ideia de que o comportamento sexual entre duas pessoas do mesmo sexo é errado? Baseado em quê? Qual o motivo? Qual a razão?

"Veja que em Gênesis 19:1-25, a Bíblia fala do que ocorreu em Sodoma. Na verdade, pastor, mesmo sob a visão de Jesus, expressa muito tempo depois, o pecado atribuído a Sodoma nunca foi o sexo entre homens. Repare que, de todas as pessoas que estavam naquela cidade, Ló foi o único que teve a honradez e a educação, conforme considerado na época, de convidar os forasteiros, os chamados anjos, a se hospedarem em sua casa.[2]

[2] Cf. Gn 19:2-3.

"Numa região inóspita como aquela onde se localizavam Sodoma e Gomorra, num local onde a aridez da terra era decerto um complicador para os viajantes, a hospitalidade era um dever, tido como uma forma honrosa de se praticar a caridade, conforme era entendida na época. A pessoa permanecer exposta, durante a noite, a ataques de hordas de agressores e ao frio do deserto, era realmente um disparate, pois poderia ocasionar até mesmo sua morte, ou pelas mãos de ladrões, ou pelo frio extremo do período noturno. Essa é a razão por que a hospitalidade era considerada uma virtude. E o contrário, ou seja, a recusa em abrigar alguém, era tida como um grande erro, uma grande ofensa, talvez, até, um pecado. Para os que viviam ali, naquela cultura, para todos que habitavam cidades próximas ao deserto, lugares ermos ou inóspitos, a hospitalidade era regra básica. E tão estrita que proibia até mesmo o ataque ao inimigo, caso tivesse sido abrigado por alguma família, a fim de passar a noite. Ló recusou-se a sujeitar seus convidados, os chamados anjos, ao relento ou ao convívio com os habitantes de Sodoma. Fazer isso seria violar a lei divina, a regra mais cara à sociedade daqueles tempos."

Adir conseguiu acompanhar o raciocínio do seu amigo Neemias, sempre mantendo vívidas as imagens mentais do filho, aliás, dos filhos, a incomodá-lo. Não se perdoava, ou melhor, sentia-se frustrado, culpado, com remorso. E talvez por isso, mesmo entendendo as palavras de Neemias, não conseguia penetrar-lhes profundamente o sentido e sondar-lhes o alcance. O velho pastor continuou:

– Num dos livros do Evangelho, em Mateus 10:5-15, até Nosso Senhor considerou o pecado de Sodoma a falta de hospitalidade, isto é, ele demonstra claramente interpretar desse modo o texto do Antigo Testamento. E não sou eu quem estou forçando a interpretação; são as palavras do próprio Jesus. Afinal, é após falar sobre a eventual recusa em hospedar os discípulos, que ele sentencia: "Em verdade vos digo que no dia do juízo haverá menos rigor para Sodoma e Gomorra do que para aquela cidade".[3]

"Além disso, existem outras referências na Bíblia, no próprio Antigo Testamento, nas quais os pecados atinentes a Sodoma são enumerados, e nenhuma dessas passagens menciona relações sexuais entre homens ou pessoas do mesmo sexo. Ao contrário, todos os textos – Isaías 1:10-17; 3:9, Jeremias 23:14 e Sofonias 2:8-11 – fazem uma espécie de listagem dos pecados daquele povo: in-

[3] Mt 10:15.

justiça, adultério, mentira, parcialidade e opressão. E ainda assim, em sã consciência, tem gente que se considera servo de Deus e que força e extrapola a interpretação de trechos como esses, para adequá-los ao partidarismo religioso. Enchem-se de ira, de cólera, e se inflamam ao falarem sobre *gays* ou se dirigirem a eles. Assim, não só admitem a conduta discriminatória e homofóbica como cristã, mas também a recomendam. É possível aceitar isso?"

Respirando fundo, o pastor Neemias arrematou, para depois deixar Adir sozinho, sob o olhar e a supervisão de Samuel:

– Ainda bem que Jesus pensava de maneira diferente da que pensam tão grande número dos chamados pastores e cristãos da atualidade. Senão, eu me recusaria a acreditar num cristo homofóbico, num Jesus parcial, num messias preconceituoso... Logo ele, que andava em meio a "pecadores" e gente de má vida, como o Evangelho registra várias vezes![4] Ele, que curava leprosos e pagãos,[5] que conversou com mulheres como a samaritana ou como aquela com fluxo de sangue,[6] todos indivíduos discriminados pelo po-

[4] Cf. Mt 9:10-13; 11:19; Lc 7:37-39; 15:2; 19:7 etc.

[5] Cf. Mt 4:24; 10:8; Mc 5:29; Lc 8:26-39; Jo 9:24-25.

[6] Cf. Lc 8:2,43; 13:32; Jo 4:9.

vo judeu e tidos na conta de amaldiçoados... Como podemos adotar comportamento segregacionista e nos dizermos seguidores de Cristo, quando agir assim se parece muito mais com a conduta de fariseus e doutores da lei, que foram as figuras mais recriminadas e contestadas pelo Nazareno?[7]

O pastor Neemias se afastou, dissolvendo-se em meio aos fluidos ambientes, sem dar a Adir tempo para despedidas. Este permanecia ali, sentindo-se prisioneiro, talvez num mundo criado por sua própria mente, num mundo interior forjado por culpas e castigos, por preconceitos e repúdio contra tudo e contra todos que viviam de maneira diferente ou simplesmente não viam o mundo como ele mesmo o via.

Samuel aproximou-se, comovido, encarando Adir de modo penetrante. Este indagou:

– Que foi que eu fiz com meu filho, meu Deus? Que fiz com meu Carlos? Que fiz com minha família?

Olhando Samuel frente a frente, pediu, com vontade e visível remorso estampado no rosto:

– Se você me fez ver meus dois filhos que eu considerava missionários, então, pelo amor de Deus, me mostre o Carlos, me mostre o filho que eu abandonei...

[7] Cf. Mt 6:2-17; 22:18; 23; Mc 7:6; Lc 11:44; 13:15.

Adir tremia todo; se não estivesse fora do corpo, com certeza morreria uma segunda vez, como viria a dizer mais tarde. Perante seus olhos marejados, Samuel o surpreende e transfigura-se à sua frente. Era o próprio filho que ele abandonara. Era Carlos, o filho *gay*, que, desencarnado, voltara para buscar o velho pai, consumido pelo sofrimento e pela culpa durante toda a vida. Samuel abraçou-o longamente, tocando-lhe os cabelos com delicadeza e chorando, naquele momento ímpar do reencontro de duas almas. Adir não se conteve. Abraçou-o também:

– Perdão, meu filho, perdão! Perdoe seu velho pai... Eu pequei, meu Deus! – gritava, aos prantos. – O que fiz com meu filho, Senhor? O que fiz com os filhos que a mim confiaste?

Ambos choravam, embora Adir se entregasse a um prato convulsivo e Samuel permanecesse emocionado e agradecido. Depois de longo tempo abraçados, tendo o pastor sido aconchegado pelos braços do próprio filho, resolveu perguntar:

– Que houve com você, Carlos? Ou será Samuel? Para onde você foi, meu filho amado? – pela primeira vez articulou em palavras o amor pelo filho. Talvez pela primeira vez desde a infância de Carlos.

Enxugando as lágrimas, Samuel tomou coragem, respirou fundo, de forma a haurir forças do Alto, e contou sua história:

– Depois que você me expulsou de casa, meu pai, fui morar com uma família em Petrópolis, na região serrana do Rio de Janeiro. Lembra-se daquela família que o senhor pediu para se retirar da igreja? Aqueles que não concordaram com o senhor quando estava construindo o prédio? Eles me acolheram. Eu me correspondi com eles por um ano e lhes contava as dificuldades enfrentadas em casa, tanto por minha mãe quanto por mim. Foi quando o senhor resolveu me expulsar, após eu lhe contar que era *gay* e falharem os exorcismos, as correntes de oração e libertação.

Respirando mais, evitando falar do próprio sofrimento após o trágico incidente, Samuel continuou, refeito das emoções:

– Fui para Petrópolis, meu pai, e lá em pouco tempo conheci um rapaz que me ajudou a me encontrar. A família com a qual convivi me auxiliou muito, e conversamos muitas vezes sobre meus dilemas, sobre o que ocorria comigo. Eles fizeram de tudo para eu não desenvolver nenhum rancor nem ódio contra o senhor. Aos poucos compreendi o estado emocional e a postura de pastor, que o movia. Um dia, eu e meu namorado voltávamos da cidade do Rio de Janeiro, onde ele compareceu a uma entrevista de emprego. Subíamos a serra; em meio a uma neblina muito forte, o carro dele bateu e chocou-se contra outro, que vinha em sentido contrário, avançando na pista. Naquele acidente eu deixei o corpo violentamente e aqui estou, seu filho, sofrendo junto com você, meu pai; sofrendo com minha mãe, mas orando por ela e por nós – por você e por meus irmãos, que, revoltados, se consomem em caminhos que escolheram, nos quais experimentam sofrimentos e semeiam situações completamente desnecessárias para eles.

Samuel discorreu por alguns minutos, falando da forma como amparava sua velha mãe e

como aguardara o momento de tocar no coração do pai, Adir. Explicou como teve de estimular suas reflexões, promover uma tempestade cerebral, a fim de despertar o pastor e pai, para que revisse suas atitudes e posturas, que fizeram sofrer toda a família.

Adir ouvia tudo derramando lágrimas, com uma vergonha imensa de si mesmo e do filho. Fora amparado exatamente pelo filho *gay* que desprezara e execrara por tantos anos. Pouco a pouco, Adir se acalmava, à medida que Samuel tocava-lhe os cabelos, alisando-os, acariciando-os como não fazia há tempos. Lentamente, acabou por adormecer, suavemente aconchegado pelo filho, até que dormiu profundamente e sonhou. Sonhou que estava no leito de um hospital. Adir simplesmente libertou-se daquela prisão mental, da dimensão em que se sentira prisioneiro. Ressurgia em outro lugar, em outras circunstâncias.

Samuel levantou-se do local onde se encontrava, onde estivera segurando o corpo espiritual do velho pastor Adir. Olhou para o alto, rumo a um país distante da imensidade. Iluminou-se completamente; sua aura alcançou dimensões extraordinárias e, como uma borboleta de luz, transfigurou-se, tornou-se uma estrela, singrando o firmamento daquela dimensão e dirigindo-se para junto de outras almas, mais esclarecidas,
rumo a um mundo onde não havia rancor, nem perseguição, nem preconceito, nem homofobia. Ali, para onde ia, todos se amavam e se respeitavam. Todos acreditavam num amanhã iluminado pelas luzes de uma espiritualidade sem fronteiras, sem proibições. Samuel regressara para junto de seus amigos pertencentes a um mundo plural, colorido com todas as cores do arco-íris.

12

O DESPERTAR DE DUAS VIDAS

3H33 DA MADRUGADA

ADIR ACORDOU na cama da própria casa. Respirava com dificuldade, enquanto a mulher fazia massagens em seu peito e gritava por socorro. A parada cardíaca parecera haver colocado fim à vida de Adir. A esposa não poderia suportar a perda dele. Depois dos filhos, de Carlos, que se fora, expulso pelo pai; dos outros dois, que partiram pelo mundo assumindo o trabalho missionário para nunca mais dar notícias, agora a possibilidade da morte do esposo. Isso ela não aguentaria. E chorava, chorava e gritava pelo poder do sangue de Jesus.

Mas Adir ainda não morrera. Depois de intensas rogativas e muita exasperação, ela aguardava o fim, o veredicto da morte. Queria orar pelo marido, mas não conseguia. Ouvira-o urrar exatamente no instante em que se levantara para o momento da oração, que escolhera para pedir pelos filhos, por suas almas e por si própria. Foi quando ouviu os gritos roucos, abafados, e saiu correndo, encontrando Adir estendido na cama, com os olhos parados, quase sem respirar – ou será que respirava ainda? Ela apavorou-se; rasgou a camisa que o marido vestia para dormir e fez-lhe respiração boca a boca. Tudo foi muito rápido. Forçou as mãos contra o peito dele, como aprendera nas aulas de primeiros socorros. Adir parecia respirar novamente. Fora somente um susto. Passara-se apenas um minuto. Um minuto do mundo dos homens em que o pastor esteve prisioneiro de si mesmo. Um minuto de eternidade em que a culpa e a dor, o remorso e o reencontro se deram numa dimensão além do tempo, do espaço, das possibilidades de Adir e sua mulher compreenderem, explicarem ou crerem. Adir abriu os olhos, respirando com dificuldades, dando mostras de que agonizava.

– Rute, pelo amor de Deus!... – exclamou, com a respiração ofegante. – Eu fui ao inferno, Rute. Eu estive no inferno e fui libertado por um anjo de Deus. Eu vi o Carlos...

O velho pastor fez leve careta e tornou a sentir o coração falhar.

– Deixa disso, Adir. Agora não é hora para isso, homem! Vamos orar. Eu vou pedir a Deus um milagre em sua vida...

E antes que Rute pudesse sequer formular uma frase, Adir deu o derradeiro suspiro. A respiração parou definitivamente, para não mais voltar. Rute chorava, gritava pelo sangue de Jesus. A vizinhança se alvoroçou. Depois de alguns minutos, o corpo do pastor era levado pela ambulância, dado como morto. O coro dos fiéis entoava uma música nostálgica, falando do paraíso, dos salvos, dos eleitos.

Os filhos não vieram – não souberam, não puderam ou não quiseram vir, nem naquele dia nem nos demais. Rute nada sabia sobre o destino deles, nem mesmo de Carlos, a quem tanto amava, embora houvesse permanecido silenciosa e inerte quando ele mais precisou. E Adir partia, com algo terrível como segredo. Um segredo que somente ele conhecia, guardado em sua memória, a memória espiritual. O corpo foi levado para o hospital.

A esposa ficara, tomando providências, preparando o enterro, a documentação... Sofrendo? Ninguém sabe. Aliviada? Possivelmente. Só se sabe que não chorava mais. Que coisa estranha, essa. Se chorou na hora da morte, foi alguns minutos apenas; depois, já não chorava. Ou as lágrimas secaram ou, então, se sentira aliviada, liberta; possivelmente se sentisse desprezada, talvez pela própria vida. Era algo assim melancólico, trágico, porém sem saudades. Deveria dar cabo dos afazeres relacionados à morte, ao enterro. Planejar o velório, as comidas, a cova. Até mesmo o cortejo com os hinos, o carro de som que anunciaria pela vizinhança a morte do pastor, o servo de Deus.

O defunto nem havia ainda *defuntado*, e os fiéis já estavam se mexendo, remoendo as lembranças, cantando qualquer coisa que recordasse esperança e fé. A cova e o coveiro também foram, por sua vez, devidamente acertados. Deveria ser um coveiro convertido, batizado. Assim quisera o pastor, assim deixara claro nas suas pregações, no seu palavreado de crente convicto, salvo e consagrado.

Mas o morto não merecia todo esse cuidado. Ao menos, assim pensava Rute. Liberta, de alma lavada, após os primeiros gritos, o choro arrumado, o pranto sofrido de alguns minutos apenas. Era o desespero de quem se vê sozinha na vida; mas, afinal, quem precisa de um companheiro como aquele? Que espreme, aperta, sufoca, cobra e maquina a perdição junto com o mais velho demônio do inferno? Pois assim foi que ouviu, durante toda a vida de casada, sobre aqueles que se perderiam caso renegassem não Jesus, propriamente, mas o que a igreja ensina a respeito dele. E Rute respirava o suspiro, o respiro, a aragem experimentada somente pelas aves libertas, como liberta se sentia, da gaiola das crenças impostas. Enquanto isso, Adir pairava mais além, sensível aos sentimentos que para trás deixara, inspirara, naqueles a quem dizia haver conduzido aos braços do Pai.

Foi assim que o velho pastor partiu, deixando como herança somente a sua igreja com os fiéis, à mercê de qualquer outro pastor ou missionário que tivesse a coragem de substituí-lo, de sagrar-se comandante daquele batalhão de almas crentes, dedicadas, acostumadas a serem guiadas, moldadas a ferro e a fogo. Mas Rute, a mulher do pastor, ao relembrar o filho expulso, os filhos que se foram, entregou-se à amargura. Não verteu mais nenhuma lágrima, mesmo havendo antevisto o futuro, provavelmente, na solidão. Não se permitiu chorar. Nem mesmo de saudade. Não quis sofrer a dor da perda mais uma vez. Apenas a experimentou como uma gota amarga, mas não mais do que uma gota. E se entregou à angústia, à escravidão mental e emocional – esta, outra forma de dor.

Por Adir não sofreria mais. Não espernearia, não gritaria mais do que o fez para chamar a atenção da vizinhança e dos irmãos, na ocasião da partida. Mais não faria. Mais não sofreria. Não por ele, o morto, o algoz de sua alma. Assim considerava, velada ou acanhadamente. Aceitou a morte do pastor com resignação. E se esforçaria para não lembrar mais, para não sofrer mais.

Adir se viu sozinho em meio aos pensamentos, às emoções conturbadas, aos sermões decorados sob a luz estrelas ou do fogo de algum lugar ermo, do averno, talvez na antecâmara deste. Não fora capaz de inspirar nem mesmo as lágrimas de alguém para chorar por ele de maneira genuína, sentimental, verdadeira; nem mesmo lembranças ternas deixara. Apenas o alívio que sua morte causou na mulher a quem dominara a vida inteira. Nada mais.

A morte de Adir sucedera, tanto para a esposa quanto para muita gente da congregação, não como a passagem a outro mundo ou o ingresso num presumível paraíso. Ele tão somente passara do presente para o pretérito, demarcando nada mais que o emprego de novo tempo verbal, fato este nem sempre compreensível por aqueles com quem conviveu. Simplesmente ingressara, de maneira irremediável, no passado das vidas de todos. Principalmente nas de Rute, dos filhos perdidos e como salvos tidos, da mulher que se enterrara não na cova com o marido, mas nas teias da solidão escura. A morte de Adir se restringira ao mundo asséptico da igreja, das crenças impostas, vigiadas, quase mortas de tão rígidas, como ele mesmo talvez estivesse naquele momento. E assim, como personagem de uma história, a sua história, ele jamais conseguiria reverter o fato de que modificara para sempre sua localização geográfica, na gramática da vida, do tempo presente ao passado indefinível, na vida daquelas pessoas.

Adir dormia... além da sepultura, além da morte, num país chamado saudade. Entre as estrelas do firmamento, Samuel – ou melhor, Carlos – embalava o espírito do pai, que, adormecido, sonhava com todos os detalhes possíveis; sonhava, em todas as cores do arco-íris, com os fatos vividos, as emoções sentidas, as saudades reprimidas. De alguma maneira e para a surpresa de Adir, ele fora recebido pelo próprio filho que expulsara do lar. Adir sonhava, tinha pesadelos; enfim, via a própria vida transcorrer nas telas mentais como um filme, de trás para frente. As imagens exibidas pelo fantástico poder da memória espiritual mostravam um homem arrependido, transfigurado pelo remorso, pela saudade, pela vontade de acertar. Ele teria nova oportunidade, nova chance de se redimir. Quem sabe, voltaria na nova existência como alguém ainda em dúvida quanto às próprias emoções; quem sabe sua consciência o abonaria para reencarnar como médium, a fim de auxiliar outras pessoas a se reencontrar ou, então, para combater o preconceito de que fora veículo? Quem sabe, ainda, renascesse não como um espírito índigo, mas, talvez, como um espírito cor-de-rosa, como *gay*? Quem sabe, quem sabe?!... Somente se saberia de tudo isso, com certeza, no próximo minuto. Numa próxima vida.

Nas avenidas do Rio de Janeiro, uma ambulância corria a toda velocidade. Dentro dela, um rapaz fora quase ressuscitado, após um acidente. Hugo voltara à consciência. Ficara durante um minuto desacordado, um minuto apenas, porém o suficiente para absorver intuições e inspirações. Diante do impacto do carro no poste, perdera a consciência física, mas aquele minuto havia tido a máxima importância para o resto de sua vida. Durante o transe em que aparentava perda da lucidez, recobrou o sentido da existência. Permanecia na ambulância, sendo levado em direção ao hospital.

– Conseguimos tirá-lo de lá consciente, graças a Deus! – falou um dos paramédicos.

– Agora precisamos localizar a família.

– Já liguei e falei com a irmã do rapaz. Ele se chama Hugo.

– E como você sabe disso? Como conseguiu o telefone da família?

– Peguei o celular que encontrei embaixo do assento do carro. Por sorte, não estava bloqueado. Localizei um telefone de emergência, e quem atendeu foi a irmã dele. Ela já está a caminho do hospital.

Hugo foi levado para uma unidade de emergência, a fim de ser atendido conforme o protocolo. No entanto, logo foi transferido para o Hospital Samaritano, a pedido da irmã. Foi para lá que ela se dirigiu, juntamente com Ralph, o primo recém-chegado de Nova Iorque. Assim que chegou ao hospital, o rapaz recebeu logo um sedativo; os familiares só puderam vê-lo bem mais tarde, quando amanheceu o dia. Kelly entrou no quarto onde o irmão estava, acompanhada de Ralph. Encontraram Hugo ainda adormecido, com uma das pernas engessada e vários ferimen-

tos espalhados pelo corpo; entretanto, estava bem cuidado, com os devidos curativos. Dormia profundamente.

Kelly olhou para o primo sem saber o que fazer, como a pedir socorro:

– Meu Deus, eu não sei como ele conseguiu chegar aonde chegou. Saiu tão desequilibrado lá de casa...

– Não se preocupe, minha prima – falou Ralph, aconchegando-a nos braços. – Vamos nos inteirar de tudo com o médico, assim que algum aparecer por aqui. Parece que Hugo escapou por pouco. Graças a Deus, o *airbag* funcionou bem. Além disso, ele deve ter alguém lá em cima que olha por ele. Do carro não sobrou muita coisa, pelo que ouvi.

– Nem me fale, Ralph. Nem me fale. Queria aproveitar e lhe pedir um favor.

– Fale, minha querida. Sabe que eu faço qualquer coisa pra ajudar.

– É algo que me incomoda muito ter de pedir a você, mas, nesta situação, não sei qual seria a melhor coisa a fazer.

– Peça, fale logo, antes que me deixe louco. Já estou a ponto de explodir com tudo que aconteceu nesta noite.

– Queria lhe pedir para ficar lá fora um pouco. Você viu o estado alterado em que Hugo se encontrava lá em casa, durante a recepção que preparei com muito carinho pra você. Tenho medo de ele acordar de repente, ver você aqui e...

– Está bem, Kelly, está bem! Mas eu não queria ficar de fora desta situação. Mesmo correndo o risco de ele se alterar comigo mais uma vez, eu daria tudo pra ficar ao lado dele agora – Ralph falou emocionado, bastante sensibilizado ao ver o primo naquele estado.

– Mas você faria isso por mim? – perguntou Kelly, demonstrando real preocupação com o jeito como o irmão acordaria ao ver o primo, com o qual não se dava nada bem.

– Na verdade, eu não sairia, caso você não me pedisse com tanta insistência. Prefiro enfrentar uma possível crise de fúria de Hugo a deixá-lo aqui, mas...

– Mas eu ficarei de plantão perto dele. Além do mais, você vai estar logo ali fora, na sala de espera...

Enquanto conversavam, Hugo foi retornando do efeito do medicamento. Acordara, embora devagar, mas o bastante para escutar parte da conversa de Kelly com o primo. Balbuciando, reuniu forças e articulou, forçando para ser ouvido:

– Deixe ele ficar, Kelly! Quero que Ralph fique aqui, também...

Os dois voltaram-se assustados para Hugo,
 que tentava se mexer na cama, mas mal conseguia movimentar a cabeça. O acidente deixara-o muito fraco e debilitado, com várias partes do corpo afetadas, ainda que temporariamente.

– Hugo!... – exclamou Ralph. – Graças a Deus, você está bem! Quer dizer, está se recuperando. O que aconteceu com você? Me conta, está se sentindo bem?

Esboçando um riso que mais parecia uma máscara estampada em seu rosto, Hugo tentou responder:

– Fui um louco Ralph, um louco e sem responsabilidade!

– Pare com isso, meu irmão – intrometeu-se Kelly na conversa.

– É isso mesmo, Kelly. Eu fui um irresponsável! – enquanto falava, Ralph se aproximou de Hugo e, num gesto mais de delicadeza do que de carinho, tocou-lhe a mão levemente. Logo foi correspondido por Hugo, que lhe apertou os dedos, mesmo com poucas forças.

– Quero lhe pedir perdão, Ralph. Fui inconsequente e mal-educado com você. Me perdoe, cara! – falou olhando diretamente nos olhos do primo, agora, no entanto, com um olhar que dizia muito mais do que palavras.

– Que é isso, rapaz!? – falou Ralph, comovido com a postura diferente do primo, até mesmo delicada, pela forma como o olhou e segurou sua mão. – Não guardo nenhum rancor. O que importa mesmo é que você saia logo daí. Afinal, tem muitas meninas lá fora, loucas para te ver, e você tem muito o que aproveitar da vida. Fique bom, que isso já é suficiente.

Pensando um pouco e com uma discreta lágrima descendo-lhe a face, Hugo falou ainda, com voz entrecortada:

– Não quero saber de visita de menina alguma. Quero que vocês fiquem ao meu lado – tossiu um pouco, aumentando assim a dificuldade que tinha para se exprimir. – Quero que especialmente você fique ao meu lado – disse, olhando novamente para Ralph.

Kelly olhou para Ralph sem entender o que se passava, mas feliz, pois Hugo parecia haver se modificado muito após o acidente. Disso não restava dúvida! Parece até que vira algo, um fantasma ou qualquer coisa do gênero. Mas que mudara, mudara. Ralph não conseguiu conter mais as lágrimas, bastante emocionado com a reação do primo, e então chorou. Talvez desabafando todo o conteúdo emocional represado durante os poucos momentos que passara junto de Hugo e Kelly, desde que retornara ao Brasil. Liberava toda a tensão gerada pela forma como o primo o tratava, feliz porque a situação se modificara por completo.

– Não se preocupe, meu primo. Ficarei a seu lado o tempo que puder.

E realmente foi assim. Por quinze dias, Ralph e Kelly ficaram juntos no hospital, num apartamento que acomodava acompanhantes. Dia a dia Hugo parecia melhorar; em diversos momentos, olhava para Ralph de maneira diferente, quase pedindo para ficar a sós com o primo. Mas a irmã não arredava pé. No fundo, tinha medo de uma recaída de Hugo, de que ele em algum momento viesse a tratar mal o primo. Mas Hugo nem de longe pensava em voltar atrás. Conversavam sobre quase tudo. Hugo queria saber, aos poucos, das novidades na vida de Ralph e do restante de sua família, que havia permanecido no outro continente.

Alguns dias mais, e Hugo foi liberado do hospital com algumas recomendações médicas. Saiu daquele acidente totalmente transformado, de corpo e de alma. Levado para casa, exigiu que o primo deixasse o hotel e ficasse com eles em casa; porém, Ralph se recusou terminantemente. Estava bem instalado e não queria, de forma alguma, causar transtornos para a família.

Kelly teve de se ausentar um dia, deixando Hugo aos cuidados de Ralph. Hugo já se levantava, caminhava sozinho e conseguia, até certo ponto, retomar os movimentos e a autonomia, mesmo que sob cuidados médicos e fazendo uso de medicamentos.

Tudo aconteceu numa tarde em que Ralph descansava na sacada, observando o movimento na orla, ao longe, quando Hugo se aproximou devagar, quase sutil. Percebendo a presença do primo, Ralph se sentiu subitamente desconfortável, pois também não esquecera o que ocorreu entre eles dez anos antes. E como Hugo modificara radicalmente o comportamento ao longo desses anos, Ralph tinha receio de que sua presença pudesse, de algum modo, perturbar o primo – logo agora, quando a relação entre ambos parecia restabelecer-se, com uma amizade incipiente e uma aproximação mais tranquila. A mudança recente se devia ao acidente de automóvel no qual Hugo se envolvera, quase perdendo a vida. Retomara a consciência surpreendentemente transformado, como se algo houvesse ocorrido com ele enquanto esteve em estado alterado de consciência, após o acidente. Ralph não entendia dessas coisas e não queria deixar seus pensamentos vagarem por essas vias. Seja de que forma fosse, tinha medo da eventual aproximação do primo. Queria que tudo transcorresse com mais vagar, respeitando os limites de Hugo.

Em suas cogitações Ralph foi surpreendido pela atitude do primo. Hugo achegou-se, tocando ligeiramente e quase trêmulo o ombro de Ralph, que se assustou com o gesto inesperado. Conversando qualquer coisa sem muita importância, Hugo permitiu que a mão deslizasse pelo ombro de Ralph, como se estivesse esboçando certo carinho. O coração de Ralph quase explodiu, e a taquicardia se manifestou, ante o assombro com o carinho explícito do primo. Era mesmo uma carícia, afinal? Sim, não havia margem para dúvida. Fato é que não teve palavras para dissuadi-lo, tampouco pôde evitar. Estava paralisado com o gesto. Hugo continuou observando a orla enquanto suavemente tocava o primo, tentando disfarçar, com as palavras, a ternura que desejava transmitir, embora não tivesse muito jeito com isso. Principalmente com outro homem. E quanto mais esboçava o carinho reprimido a duras penas, durante dez anos, mais Ralph parecia petrificado, até que, de um momento para outro, começou a tremer, devido à tensão.

– Desculpe, primo – falou Hugo, ao notar o nervosismo de Ralph. – Eu não queria causar constrangimento em você. É que se passou tanto tempo, e eu fui tão...

Ralph voltou diretamente o olhar para o primo. Procurou encarar a situação com o máximo de naturalidade, ficando frente a frente com o improvável Hugo. Os olhares se cruzaram, se fixaram e, neste momento, os corações de Hugo e Ralph pareceram disparar. Havia uma comunicação não verbal, não articulada, mas perfeitamente eficaz e compreendida. Os corpos de ambos pareciam, agora, corresponder às emoções que agora afloravam, após anos de repressão. Ralph manteve-se de pé, respirando fortemente, demonstrando tanto seu nervosismo quanto seu desejo, que explodia manifestando-se no corpo jovem através do suor, da musculatura retraída, não relaxada, pulsante de vida.

Pela primeira vez, Hugo se permitia sentir a resposta física de suas emoções direcionadas a outro homem, sem barreiras, sem dramas, sem nada que pudesse nublar suas intenções, sem a necessidade de esforço para dissimular sua atração, seus desejos agora revelados pela exuberância do corpo, que falava muito mais do que qualquer palavra. A proximidade com Ralph lhe provocava um leve tremor; o cheiro do primo fazia com que seus hormônios entrassem em ebulição. Estavam tão próximos que foi impossível para Ralph ignorar o fato de que Hugo experimentava uma ereção, enquanto seus corpos se atraíam um pelo outro com um magnetismo irresistível. Não suportando mais, Hugo beijou o primo mais uma vez. Desta vez, dez anos após o primeiro contato, porém, beijou-o sofregamente, com toda a volúpia de sua alma, que arrebentou a represa criada para impedir que se assumisse e reconhecesse sua paixão, enquanto recorria à mentira, à repressão e à homofobia.

Ralph também não resistiu. Agarrou o primo, ignorando por um instante que ele talvez ainda sentisse dor, devido ao acidente; mesmo assim, tomou-o nos braços e o conduziu ao leito. Ali, seus corpos se tocaram e, tocando-se, abraçaram-se, enquanto Hugo delirava com o prazer que despertava nele, em cada célula, cada átomo. Não imaginava que outro homem pudesse fazê-lo se sentir assim, tão intensamente vivo; jamais cogitara que um corpo masculino pudesse suscitar sensações de prazer indescritível como as experimentava. Naquele momento, só havia ele e Ralph, que não se sentia nem um pouco inibido ao demonstrar seu carinho, mostrar sua virilidade e penetrar a alma de Hugo, tanto quanto seu corpo, numa explosão de prazer, sensualidade e magnetismo, intenso magnetismo, coagulado e depois liberado em cada gota de sêmen, que parecia escorrer como a lava de um vulcão, numa erupção dos sentidos.

Hugo gemia de prazer. Intimamente, confessava a si mesmo que nunca experimentara tamanha sensação de plenitude, tão genuína e intensa, quanto nesse contato arrebatador dos sentidos, que acontecia, que vivenciava com Ralph. Após os longos momentos em que trocaram suas energias mais íntimas, os fluidos corporais exsudados pelo calor da paixão duramente reprimida, beijaram-se ternamente; tão mágica e suavemente que esse ato conseguiu romper de vez qualquer possível barreira que restasse na intimidade de Hugo.

Agora descansavam sobre a cama, abraçados, como dois namorados, como dois amantes. Ralph não saberia dizer quais pensamentos se passavam em sua cabeça, porém, de uma coisa sabia: sentia-se feliz. Imensamente feliz.

Passada mais de uma hora em que os dois ali estavam, já quase adormecendo, curtindo ainda o transe hipnótico da presença do outro, sem palavras, sem desculpas, sem barreiras, ouviram os passos de Kelly, que adentrava o apartamento sem nenhum porquê que a levasse a disfarçar sua presença. Ralph olhou para Hugo, como a esperar dele uma reação, talvez na tentativa de esconder o que houve entre ambos, mas foi surpreendido mais uma vez. Hugo levantou-se devagar, quase devagar demais, beijou longamente a boca de Ralph e envolveu-se numa toalha que pegou no *closet*. Deu alguns passos de volta até o primo e segurou-lhe a mão, estimulando-o a levantar-se também. Ofereceu-lhe outra toalha, na qual se abrigou. Quase arrastado, dirigiu-se à sala, tendo a mão puxada por Hugo. Um gesto realmente inesperado.

Quando Kelly viu os dois entrando na sala, enquanto arrumava algumas sacolas de compras, parou imediatamente, estupefata. Arregalou os olhos, literalmente, ao ver seu irmão, que se comportava como machão, que havia sido tão rude com o primo, protagonizando aquela cena. Ambos enrolados em toalhas bem ali, ao alcance dos olhos, revelando, com inquestionável evidência, que trocaram intimidades. Mas Hugo não deu tempo de Kelly falar absolutamente nada. Nem mesmo perguntando a Ralph se ele queria ou não mostrar-se assim para a prima, agiu mais do que falou. Na frente de Kelly, beijou o primo, abraçando-o e sendo correspondido por ele automaticamente, quase mecanicamente, para em seguida falar com a irmã:

– Não se assuste, irmã. Resolvi assumir meu amor por Ralph, assumir que sou *gay*, homossexual, bicha mesmo!

E vendo o espanto, quase o choque da irmã, arrematou, com leve sorriso.

– Tudo aquilo que eu falei no passado contra Ralph, chamando-o de boiola, de bichinha, de todo adjetivo que encontrei para fazer com que se sentisse diminuído, eu agora estou experimentando. Era disfarce, fuga, máscara mesmo.

Kelly ria, devido ao nervosismo. Ria a plenos pulmões. Ria como nunca rira em toda a sua vida. Abraçando os dois, falou para o irmão, num tom de brincadeira:

– Então eu tenho um irmão boiolinha, uma moça!...

Rindo os três juntos, Hugo arrematou:

– Uma moçoila!

E riam gostosamente.

Nos bastidores da vida e desses acontecimentos, amigos invisíveis presenciavam o encontro entre Hugo, Ralph e Kelly. Haviam disposto guardiões em torno do apartamento, a fim de impedir o acesso de outros espíritos com segundas intenções, que pudessem bisbilhotar o ambiente e interferir nos momentos de intimidade dos dois primos, das duas almas que se reencontravam. Um campo invisível, porém perceptível a qualquer espírito, envolvia o quarto de Hugo e só foi desfeito esse campo de força quando os dois deixaram o ambiente. O momento íntimo de ambos serviu para Hugo e Ralph se reabastecerem, na troca energética proporcionada pelo encontro íntimo. As demais energias ali liberadas foram dispersas na atmosfera, de modo que nenhuma entidade vampirizadora pudesse sugar ou roubar os fluidos exalados e exsudados no local, que estava preservado de absorções energéticas indevidas.

Samuel, Arthur e Nestor retiraram-se do ambiente satisfeitos, porque Hugo havia solucionado alguns de seus desafios mais ásperos. Outros restavam a enfrentar, é claro, mas, com a presença de Kelly e Ralph em sua vida, por certo teria muitos instrumentos para solucionar os obstáculos naturais de sua caminhada. A Ralph, restava resolver a situação com o amigo de Hugo, Sebastian, que se aproximara dele. Mas esse capítulo ele deixaria para mais tarde, para outro dia, quem sabe, para o próximo minuto.

13

RENASCIDO PARA AMAR

César acordou do desdobramento ainda com imagens vívidas na memória. Retomou o corpo físico pretendendo, em alguma medida, escrever sobre o pouco que lembrava. No entanto, o barulho lá fora, o burburinho de alguns grupos, esfuziantes em virtude das festas que ocorriam em toda a cidade após a Parada Gay, nas baladas da noite, não o deixaram tranquilo o bastante para registrar as ocorrências das quais se recordava. Não obstante, voltou com ânimo renovado, com energias revigoradas e uma disposição tão boa que quase não se reconhecia.

Do outro lado da vida, numa dimensão próxima, Samuel procurou deixar tudo preparado. Não abandonaria César, pois afeiçoara-se a ele. Pediu a dois guardiões que o acompanhassem no regresso ao corpo. Mas pediu, também, que providenciassem algo mais. Uma surpresa agradável para o rapaz que ainda não havia se assumido, nem descoberto seu caminho. Samuel temia que César se envolvesse com a pessoa errada e recebesse a influência de alguém que pudesse, de alguma forma, complicar-lhe a vida espiritual. Dessa preocupação César nada sabia. Porém, os guardiões mexeram alguns pauzinhos nos bastidores enquanto César ainda permanecia pensativo em seu quarto, num hotel muito simples nos arredores da Bela Vista, em São Paulo.

O tempo se passou, e César conseguiu um emprego muito bom numa empresa da capital. Estabelecera-se, montara o próprio apartamento, embora as dificuldades esperadas; mas sentia-se otimista. O tempo transcorria, enquanto, nos bastidores da vida, os acontecimentos eram observados, acompanhados de perto pelos amigos espirituais de César.

A festa de casamento de Igor, amigo de uma amiga que se mudara para São Paulo havia sete anos, já era um evento esperado. O rapaz se casaria na semana seguinte com a mulher de seus sonhos. "Hétero convicto e praticante", afirmava sempre, namorou durante cinco anos a menina de sua vida, como costumava chamá-la; resolveram, depois de alcançar certa estabilidade financeira, enfrentar o casamento. Ou seja, decidiram em comum acordo que queriam, desejavam viver juntos, além de se casar com pompa e circunstância, conforme manda o figurino.

Tudo fora preparado com esmero por ambas as famílias. Igor se casaria, finalmente; concretizaria o sonho de constituir uma família. Ana Cristina sentia-se realizada, pois, transcorridos cinco anos entre namoro e noivado, muito planejamento e uma vida em comum satisfatória com Igor, só lhes restaria selar suas vidas, seu compromissso um com outro, com a bênção do sacerdote. Os convidados foram todos escolhidos a dedo e, entre eles, a amiga de infância Isabelle, a quem devia muito. Fora através dela que conhecera Igor, por quem se apaixonara e com quem resolvera se casar. Convivia bem com a família dele. A sogra, uma empresária de sucesso, fez questão de bancar a lua de mel. Igor estava radiante e, somente depois de muita insistência por parte de um amigo próximo, é que concordou em fazer a popular festa de despedida de solteiro. Mas queria algo diferente. Nada de extravagâncias, nada de exibições. Queria a presença de seus amigos e dos amigos de Ana Cristina.

A essa altura, César havia se conformado com a morte da única amiga com quem conseguira se abrir. Decidira que não se envolveria amorosamente com ninguém; isso seria fácil para ele – assim pensava –, pois ainda não havia tido nenhuma experiência sexual com outro homem. Considerava-se *gay*, mais na teoria do que na prática. Então, pensou, não seria difícil encontrar uma namorada, alguém com quem pudesse dividir as emoções, a vida e as aspirações. Assim pensou e confidenciou a uma amiga distante, que encontrara, por acaso, passeando em São Paulo. Tentou se expor o mínimo possível. Isabelle o convidou para uma festa de quase casamento, como ela diria mais tarde. Era uma despedida de solteiro; ali, ele certamente teria oportunidade de conhecer e se entrosar com outras pessoas e outras mulheres. César estava resoluto.

Ele tinha, algumas vezes, suas horas tristes, de instabilidade emocional e melancolia, mas não se entregava à depressão, pois não tinha tempo para isso. Precisava trabalhar para sobreviver na cidade grande. Vez ou outra, revoltava-se contra a monotonia da vida que escolhera levar, dos dias e meses que se desfolhavam iguais em tudo, sempre iguais... O corpo, cansado após a jornada no trabalho que conseguira na capital, não reagia; o pensamento vagava por ondas, preguiçosamente perdido em imagens e pensamentos variados, coloridos pela ideia romântica de encontrar uma mulher que o fizesse feliz. E ele estava numa idade em que as alegrias e prazeres da mocidade estavam em ebulição; isso não podia negar. A frieza e o desinteresse pelas coisas materiais, por uma vida sexual ativa, estava longe de ser realidade, ao menos para César.

Espírita convicto, médium de excelentes faculdades, encontrara um local que poderia frequentar; logo fez amizades, e foi admitido no grupo de estudos mediúnicos. Por causa do suposto compromisso espiritual, renunciava a certos divertimentos do mundo, exagerando nas suas obrigações espirituais. Mas, mesmo desejando encontrar uma parceira com quem pudesse compartilhar a vida e desenvolver uma experiência sadia, tinha medo de apaixonar-se. Fugia do risco de amar, de levar para casa, para o gozo do corpo e da alma, uma pessoa parceira, uma mulher que pudesse ser-lhe um apoio emocional passageiro. Queria alguém com quem pudesse construir um futuro. Havia se decidido interiormente e relegado aos escaninhos da memória, nas profundezas do inconsciente, qualquer pretensão de uma vida homoafetiva, de um relacionamento do gênero. Escolhera ser feliz da forma como agora concebia.

O seu jeito de se relacionar com as pessoas, aparentemente frio, dava-lhe muitas vezes, ainda que de modo passageiro, um ar de rigidez emocional, muito em contradição com seu desejo interno de se abrir a novas possibilidades de relacionamento. No dia a dia era calmo, e tinha sempre um jeito todo seu, uma muleta psíquica ou máscara que usava com muito cuidado, a fim de não trair as horas de enlevo, de fantasias, em que lhe passavam pela mente desejos e idílios irrealizáveis, segundo sua nova proposta de vida.

Sua pele e sua carne apresentavam o vigor de um fruto verde, que clamava por carícias e toques sensuais. Quando se deitava, sozinho nas noites frias, estendia-se na cama com certo torpor, uma moleza, uma languidez somente compreendida como fruto de um desejo duramente reprimido, do tesão dos seus órgãos, da sua pele, da sua alma, que clamava por outro corpo, outra vida com quem compartilhar aquele frescor de juventude, no frescor e entusiasmo dos seus 30 anos de idade. Embora a determinação de não se entregar a outro homem, era visto nele um encanto diferente e delicado, que ninguém afirmaria ser produto de sutilização das energias da alma. Não! Ele todo era sensibilidade, e seu jeito de andar, de sorrir ou dizer as coisas denunciava a identidade energética da própria alma.

Num domingo de agosto daquele ano, recebeu o convite da amiga Isabelle para ir à festa de despedida de solteiro. E para lá se foram os dois, muito se divertindo, e ele, deveras excitado, considerando a oportunidade de conhecer gente de fora do círculo religioso a que se filiara. Apresentado a vários amigos de Isabelle, à própria noiva, que também não abriu mão de, muito rapidamente, dar uma passadinha na festa do noivo, César sentou-se na sala de estar, muito bem iluminada, a partir de um projeto especial, pois o noivo era arquiteto de interiores e se esmerara na decoração do ambiente onde moraria após a lua de mel. Estendido numa *chaise longue*, perto da janela, pôs-se a observar as pessoas enquanto conversava distraidamente com um dos convidados, que, como ele, também fora levado por um amigo do noivo.

Não poderia negar que estava vivendo um de seus momentos de melancolia; almejava algo indefinível, que não poderia precisar exatamente o que era. Mas aquela festa viera a calhar, pois não queria permanecer assim, melancólico, triste, sem saber o porquê. Talvez, o estado emocional que lhe tomava de assalto fosse produto de uma revolta muda contra a prisão mental de uma vida sem emoções; contra aquele propósito de enterrar sua mocidade e sua juventude, de banir seu vigor e sua masculinidade pujante para longe dos gozos e dos prazeres chamados mundanos.

O seu olhar percorria superficialmente todo o ambiente. Não conseguia se divertir com as brincadeiras promovidas pelo amigo do noivo, e este, até então, não aparecera. Parecia uma noiva ao se preparar, tanto demorava. Foi assim, nessa languidez mental, que, de súbito, estancou o olhar num ponto. Por muito tempo, não despregou os olhos de um rapaz alto, moreno como jambo, de uma cor bem brasileira, olhando-o e encarando-o, até sua amiga Isabelle tocar-lhe mais intensamente numa das mãos, chamando-o à realidade. Voltado para o homem que aparecera de repente, como se houvesse se materializado à sua frente, ele continuou imóvel, com os braços lassos estendidos sobre o sofá. Mirava-o com o pensamento erradio e as emoções em revoada, como pássaros num dia de verão, que o desnudavam perante os outros; como uma pessoa abstrata, ora pensativo, ora concentrado na aparição à sua frente. Não havia como ignorar a situação. Isabelle notou que César era correspondido. Estranhamente correspondido por Igor, que adentrava o ambiente completamente vestido de branco, com uma bermuda que lhe realçava a pele, as pernas bem feitas, musculosas, ao passo que a camisa, meio aberta ao peito, mostrava o vigor de sua juventude pululante de vida e abraçava um invejado tórax, com alguns poucos pelos sobressaindo, sem exagero.

A noiva, Ana Cristina, já se despedia dos convidados para deixar Igor mais à vontade entre os amigos e amigas. Ela própria também faria uma despedida de solteiro semelhante. Alguns amigos jogavam um jogo de cartas num canto, mas notaram perfeitamente quando Igor entrou. A noiva não teve como ignorar os olhares cruzados, estranhamente cruzados, como presos por intenso magnetismo que entrelaçava ambos. Entretanto, ninguém supôs algo tão estranho como uma atração sexual ou emocional entre ambos, pois todos sabiam da fama de mulherengo e da identidade sexual de Igor. Ele jamais tivera qualquer ligação com um *gay* ou com o universo *gay*. Portanto, deduziram que os dois se conheciam de outro lugar e então se reviam, exatamente na festa de despedida.

Isabelle resolveu se entrosar com um grupo de moças que conversava num canto da sala, pois já se sentia incomodada com a situação do amigo César, para a qual não tinha explicação. Não conhecia sua intimidade muito bem. Igor mal ouvia, no apartamento elegante, as risadas dos alegres convidados, que se divertiam e conversavam em grupos. Ele era o jovem, o noivo, o centro das atenções da festa. Não obstante, encontrava-se paralisado por uma razão que não saberia explicar. Era a primeira vez que se sentia assim, ou ao menos se percebia assim, estranhamente interessado na figura de outro homem. Um magnetismo diferente, intenso, irresistível o ligava a César, que também não sabia como tirar o olhar de Igor. Filho de uma mulher muito conhecida na sociedade paulistana e de um rico empresário, Igor tinha recebido dos pais uma educação viril e herdara uma genética privilegiada, que lhe conferira uma robustez invejável e saúde em todos os sentidos. Conquistara um pequeno patrimônio por meio do trabalho profissional, recusando a ajuda da família, que lhe oferecia facilidades para avançar na carreira.

O olhar de Igor, de repente, passou num lance rápido. Registrou os amigos e convidados, a noiva, que já se retirava, dando-lhe um beijo na face, que ficou quase ignorado. Olhar novamente abstrato, voltado outra vez para César; ambos estavam inconscientemente reféns um do outro. A cabeça fervilhando de pensamentos, e as emoções, em burburinho, emoldurados pelo elegante corpo e envoltos no ar de masculinidade que exalava de sua presença, como uma aura que estendia suas energias para além dos próprios limites. Assim o pensamento, para além da ideia de uma festa, ia esvoaçando, como uma pluma levada pelo vento. Mais tarde, não saberia dizer como se voltou repentinamente, sendo seguido por César, quase hipnotizado com a aparição do noivo, enquanto os convidados mais próximos também não sabiam identificar o estranho comportamento de ambos.

E o pensamento do noivo acordara de um sonho numa outra peça do apartamento, num outro cômodo; acordara de uma visão em que jazia mergulhado havia longo tempo... César assim o encontrou, nessa outra parte de sua residência, atraído magneticamente pela vibração varonil, pelo cheiro do homem que se materializara em sua vida, arrebentando todos os muros, todas as barreiras que, até então, tivera o cuidado de construir em torno de si.

– Igor... – apresentou-se o rapaz, que estava diante de César.

– César – respondeu, fixando mais intensamente a alma do homem que mudaria para sempre sua vida, como ele próprio também mudaria a vida daquele homem.

Era o primeiro e mais intenso contato que Igor tivera, nesta vida, com outro homem. E César jurara nunca procurar uma pessoa do mesmo sexo para ter qualquer tipo de relacionamento íntimo. Decisão esquecida num átimo de segundo, no mais ardente magnetismo, do qual conhecera a mais intensa manifestação. Partiram um para o outro sem pensar, sem raciocinar – pura emoção, reprimida por um, incompreendida por outro –, como se fossem velhos amores, advindos de outras terras, histórias entrelaçadas através do tempo; porém, sem pensar, sem meditar sobre os eventos marcantes das duas almas que se reencontravam. E deixaram falar mais alto o viço da juventude, o furor da energia que exalava de cada um, cada qual à sua maneira. E se apaixonaram ali mesmo. E se beijaram sem nenhum pudor, sem nada que os impedisse. Igor nada compreendia naquele momento, mas apenas aceitava o fato de que não conseguiria, de modo algum – como também não desejava –, impedir a aproximação de César, o entrelaçar das línguas, das almas, dos corpos mudos, mas que falavam pela linguagem do suor voluptuosamente exalado, pelo magnetismo que explodia no ar.

Entrementes, a noiva havia entrado no mesmo ambiente em que eles se encontravam. Acompanhada por Isabelle, ela presenciara o toque, as carícias e a proximidade inconfundível dos dois. Ei-la, a noiva, intensamente perdida, agora profundamente abalada, alarmada, porque lera nas letras da ocorrência que não mais haveria volta, que seu casamento desabara e seu sonho de mulher, pela primeira vez desde que conhecera Igor, estava para sempre desfeito. Ela soube interpretar o que via e dali, correndo, saiu pela porta de serviço, não sendo mais vista por nenhum convidado. Isabelle saiu junto, pois, ante o que viram – os dois abraçados, beijando-se, solene e completamente ignorando tudo e todos que porventura presenciassem o fato –, era claro que não havia nada mais a fazer.

Sem conseguir definir a sensação de forma inteligível, racional, Igor sabia que estivera todo aquele tempo à espera de César, embora desde sempre tivesse a orientação sexual perfeitamente resolvida, segundo acreditava. Era heterossexual e disso nunca, jamais duvidara. Agora, teria de descobrir como se portar, como se comportar. A ele caberia conceber novo formato para sua vida; dar satisfação à noiva, que, com certeza, sofreria muito com aquele imbróglio. De uma coisa estava certo, porém. Não se casaria mais. César, naquele momento arrebatador, representava para ele tudo na vida; todo o seu mundo em um único momento. Mas como explicar o que acontecera consigo? Ainda não tinha respostas. Seja como for, não poderia deixar de procurar a noiva, Ana Cristina, e conversar com ela, conversar longamente, até mesmo tentando entender suas novas emoções, caso ela o recebesse.

Como se comportaria no que diz respeito à cerimônia? Pensava ainda nos preparativos do casório, no amor que sentira por Ana Cristina e nas ocasiões em que se encontravam em casa ou namoravam, trocando juras de amor. Ana possivelmente ainda trazia na memória o último beijo que ele lhe dera, na boca, apaixonado, no dia anterior. Imaginaria ela os dilemas que lhe perpassavam a cabeça? Ele próprio não compreendia o que ocorrera consigo mesmo. Sabia apenas que não poderia mais contrair matrimônio, sob pena de fazer infeliz a mulher a quem havia amado tanto e que prezava bastante, a despeito de qualquer coisa. Mas e seus pais? Seus sogros? Devia-lhes uma explicação, conquanto ele próprio não tivesse esta explicação para si. Contudo, resolveu ser o mais claro e transparente possível.

Somente mais tarde compreenderia por que a noiva, perdidamente apaixonada por ele, não permitiu que ele contasse nem aos próprios pais nem aos dela. Somente transcorrido certo tempo seria capaz de compreender a situação e, então, agradeceu comovido a Ana Cristina. Ela se recusou, depois do acontecido, a conversar novamente com ele. Ela até poderia respeitar a decisão dele, mas jamais o entenderia.

E Igor se foi, esperando o momento propício para voltar a tocar no assunto. Se esse momento ocorresse algum dia. Enfim, ele sabia, por intuição, por uma impressão forte em sua alma, que não poderia perder César de vista, nem tampouco permitir que ele se fosse. Afinal, naquele dia, sua vida mudara completamente.

Ana Cristina buscaria a todo custo apagar o fato da memória, principalmente a figura de Igor, casando-se logo em seguida, alguns meses depois, com outro homem, para tentar abafar a situação e disfarçar a decepção e a dor irremediável.

Igor assumiu seu amor por César, um amor louco, dificilmente explicável, que nascia ali, mesmo que ainda imaturo.

Em que se transformaria a vida de César, depois dessa inexplicável atração? Como era espiritualista, poderia atribuir esse reencontro com uma alma tão afim a uma espécie de programação espiritual? Não saberia dizer. Embora fosse espírita convicto, estudioso, não era nada afeito a especulações místicas. Preferiu nem pensar no assunto sob esse ângulo.

Os dias foram se sucedendo assim, com César junto a Igor, sem comoções que os marcassem. César descobria diariamente, nas conversas que demoravam noite adentro, que Igor era um bom homem, pacífico e, sobretudo, transparente e honesto com seus sentimentos. Aproximavam-se cada vez mais; descobriam-se mais ainda, à medida que o tempo passava.

Igor nunca estivera tão íntimo de outro homem. Nunca se permitira uma proximidade sequer, um carinho, quanto mais um afago tão intenso como os que experimentavam. Por um mês os dois apenas se encontraram, trocaram beijos, carícias e afeto; compartilharam suas experiências de vida. Somente depois César sentiu-se preparado para o contato mais íntimo com o namorado. Conversavam sobre tudo: a vida no Paraná, as experiências com a mediunidade, a busca por espiritualidade, incluindo as dúvidas e indefinições a respeito da sexualidade e sua insegurança, enfim. Nesses diálogos César descobriu imensa afinidade com Igor. Ele era budista; portanto, como espiritualistas, tinham muito a compartilhar e poderiam se ajudar mutuamente.

Foi numa noite fria que resolveram selar seu amor, no primeiro encontro mais íntimo desde o início do namoro, no apartamento de Igor. E César pôde conhecer sem traumas o amor, o sexo, o compartilhar de emoções. Descobriu que entre dois homens poderia haver muito mais cumplicidade, muito mais afeto e amor do que muita gente supunha.

Vez ou outra, porém, repercutia em sua tela mental a imagem da amiga Patrícia. Foi inspirado numa dessas recordações que resolveu retornar à cidade onde morou, em visita, viajando na companhia de Igor, agora seu namorado, seu amor e a pessoa que elegera para dividir a vida e compartilhar a caminhada. Ao desembarcar no Aeroporto Internacional Afonso Pena, em São José dos Pinhais, já sentiu algo diferente. Sua sensibilidade parecia mais aflorada, mais intensa. Queria ir diretamente ao local onde vivera e visitar a mãe de Patrícia. Sentia necessidade de confrontar agora a mulher da qual trazia pálida lembrança, apenas uma sensação alusiva ao passado, quando compartilhou das memórias da amiga desencarnada, enquanto ele esteve em desdobramento. Embora Igor quisesse ficar em Curitiba, a fim de conhecer melhor a cidade, que achava muito charmosa, César fez questão de seguir diretamente para Colombo, município localizado na região metropolitana da capital paranaense. Igor apoiava César integralmente, sobretudo nas questões emocionais, pois este precisava, de alguma maneira, ver aquela que no passado usara e abusara dele. Embora considerasse haver superado tudo, principalmente a partir da presença do namorado em sua vida, queria a todo custo visitar a mãe de sua amiga. Repercutia em sua mente alguma coisa do

que ouviu e testemunhou durante o transe, no momento em que, ao lado de Samuel, percebeu o passado de Patrícia e como ele próprio havia participado intensamente da história de vida dela e do espírito que lhe dera à luz.

Retornou ao antigo lar da amiga para ver a mulher que deveria estar sofrendo com a falta da filha. César lembrava-se de alguns detalhes do seu desdobramento; tinha certa consciência do que lhe ocorrera durante o período em transe, no qual pensou que estivesse desencarnado, morto mesmo. Ao adentrar a casa onde sua amiga vivera, teve um choque. Agora mais consciente, voltavam-lhe à memória as emoções de outros tempos, de outra vida, em que convivera com a mulher à sua frente. Idosa, amarga, sozinha, ela pareceu não se recordar de César, embora as emoções do reencontro parecessem, por algum mecanismo ignorado, manifestar-se em ambos. Igor segurava firme a mão do namorado, dando-lhe apoio, em silêncio. Assim que a mulher fixou o olhar em César, pareceu transportar-se a outro tempo.

– Você... parece que o conheço – balbuciou, meio atordoada.

– Sou César, amigo da Patrícia!

– Patrícia? Não conheço ninguém com este nome. Não conheço nenhuma Patrícia.

César olhou para Igor num relance, sem entender nada, no primeiro momento.

– Você, moleque! Você é propriedade de Alves... – não lhe viera o nome completo do parceiro de aventuras tão imorais quanto ilícitas, que havia reencarnado na pessoa da filha, Patrícia. Parecia delirar.

– Alves? Eu não pertenço a ninguém! A senhora está enganada.

– Pertence, sim – interferiu Igor carinhosamente, porém firme.

Mirando o namorado com um olhar de candura, ele entendeu o que Igor quis dizer. Esboçou um sorriso condescendente e continuou, em seguida, olhando para a mulher:

– A senhora está enganada, dona Ione! Acho que está delirando.

– Você é quem está delirando! Já se esqueceu de mim? Eu sou a Feliciana. Sou dona disso aqui – falou, apontando ao redor, porém enxergando outra imagem, outro ambiente.

– Ela não está bem, meu amor – falou Igor para César. – Precisamos encaminhá-la para tratamento. Parece que está presa em outra época.

– Sei o que está acontecendo. Vou procurar ajuda para ela no centro espírita que frequentei, lá em Curitiba.

César se despediu rapidamente da mulher, que ficara sozinha com a culpa, os medos e os tormentos íntimos que a afligiam. Não suportou a morte da filha, e sua mente, repleta de culpa, forjou o clima de autopunição. Ione mergulhara na escuridão mental, atormentada pelas imagens e cenas do velho prostíbulo da antiga cidade do Rio de Janeiro. E ali permanecera, cativa das próprias lembranças.

César retornou a Curitiba e conversou sobre o caso de Ione e Patrícia com um homem chamado Epaminondas. Ele encaminhou a pobre mulher a uma casa onde pudesse ser atendida espiritualmente, enquanto procuravam um local próximo onde pudesse viver. Finalmente César enfrentava a situação. Agora, amparado emocionalmente, sentia-se preparado para essa empreitada, que acabou se constituindo numa espécie de desfecho, liberando-o das amarras que o mantinham vinculado ao passado.

Agora deveriam regressar, decidir como viveriam a partir de então. O namorado insistia para que se mudasse para seu apartamento. Mas César, ponderando, recusou-se:

– Acredito que não seja uma boa hora, Igor. Acho que minha presença mais constante ao seu lado, principalmente morando juntos, despertaria a atenção dos seus familiares e amigos. Também temo que essa mudança possa ser interpretada como uma afronta à sua ex-noiva. Está muito recente nosso namoro, e, tanto para mim quanto para você, tudo isso é muito novo. É melhor irmos com calma. Vamos nos adaptando devagar, sem pressa alguma. Que me diz?

Pensando melhor, Igor concordou com César:

– Tem razão! Acho que estou muito envolvido com tudo que nos aconteceu. Mas vamos aguardar. Eu também não gostaria que a situação parecesse uma afronta a Ana Cristina ou a meus pais. Deixemos que a transição seja realizada aos poucos, sem violentar aqueles que nós amamos, não é?

A decisão de viverem separados foi tomada em comum acordo. Em seguida, Igor convidou

César para conhecer a comunidade budista da qual participava. No outro domingo, pela manhã, foi a vez de César levar Igor para conhecer um centro espírita. Eles chegaram por volta das 9h30 da manhã. A casa se localizava no Bairro do Tatuapé, na zona leste paulistana. A multidão que acorria ao centro parecia vir de todos os lados.

César desejava, antes de mais nada, fazer uma oração na sala dedicada ao espírito Bezerra de Menezes. Queria agradecer por todo o bem que recebera da vida. Juntos, rezavam diante da figura imensa do médico e amigo, estampada na parece daquele recinto. César preparava-se para o trabalho no campo abençoado da mediunidade. Deram-se as mãos, sentados e profundamente agradecidos pelo reencontro de suas almas, e pediram forças para os desafios vindouros. Pois eles viriam, com certeza; mas juntos, quem sabe, teriam a coragem e a fortaleza necessária para vencê-los, e seriam um o apoio do outro, a fim de romper os obstáculos comuns à vida de todas as pessoas.

RONIE, UM RECADO DA VIDA

Ele acordou do seu pesadelo com um suspiro forte. Mas acordou para outro pesadelo, que teria de enfrentar de maneira consciente, sem o transe a que fora submetido em virtude da dor, do choque e do estresse causados pelos últimos acontecimentos. Acordou, porém não se mexeu; não conseguia se movimentar. Ouviu muita conversa a seu lado, alguém chamando a ambulância; no entanto, não era capaz de movimentar sequer os lábios, a fim de pedir socorro ou demonstrar lucidez. Voltara de uma dimensão desconhecida para ele; voltara à vida, à existência de quem não respeitava a própria vida.

A ambulância corria por uma das avenidas de Salvador, saindo do Rio Vermelho já com as sirenes ligadas e as luzes indicando emergência. Os paramédicos faziam o que podiam para estancar o sangue e imobilizar o rapaz que estava estirado sobre a maca. Durante a tentativa de lesar uma pessoa e a altercação que se seguiu, além dos socos e porradas que recebeu dos amigos da vítima, alguém disparou um tiro, que atingiu em cheio a coluna vertebral de Ronie. O golpe perfeito, o *boa noite, Cinderela* que aplicaria no cliente que julgara ser alvo fácil, havia ido por água abaixo. Perdera a consciência durante um minuto. Mas foi o minuto mais longo de sua vida; um minuto de reflexões, apelos, xingamentos, pesadelo, enfim. Aquele minuto passou, contudo ficaram as impressões, as sensações e alguns lances da experiência extrassensorial que se dera num ambiente totalmente moldado, forjado pela força da própria mente, da culpa e do remorso dele e de outras pessoas, as quais se enredaram numa história que mudaria para sempre a vida de todos eles, mas principalmente de Ronie. Agora ele era levado ao hospital, totalmente imóvel e imobilizado. Não conseguia falar; não conseguia se mexer, pois a bala acertara em cheio a coluna vertebral. Sequelas? Somente depois de uma cirurgia é que se poderia saber. Ele movimentava os olhos, parecendo estar em estado de choque. E a ambulância ululava, gritava; a sirene enlouquecida abria caminho no trânsito enfurecido da maior capital do Nordeste.

Logo que chegou ao pronto-socorro de um hospital respeitadíssimo, Ronie foi atendido somente depois de aguardar bom tempo. E esse período em que esperou na maca foi fatal para definir seu estado pós-traumático e pós-operatório.

Com algum custo, os enfermeiros localizaram o celular do paciente e fizeram diversas chamadas, até conseguirem falar com sua namorada. Ela demorou algum tempo para chegar ao local onde o rapaz recebia cuidados.

– Ele precisa ser submetido urgentemente a uma cirurgia. Mesmo assim, não podemos saber as consequências do tiro – falou um dos médicos de plantão. – Depende muito da localização da bala.

– Não creio que vá se recuperar totalmente – acrescentou outro médico, o anestesista. – Já vi vários casos semelhantes; não sei não, mas imagino...

– Nem pense nisso! Não quero nem imaginar a situação do rapaz após a cirurgia, caso não dê certo.

Sob os olhares duvidosos dos médicos, Ronie foi conduzido ao bloco cirúrgico. Nos bastidores da vida, alguns amigos invisíveis acompanhavam o processo, sem poder interferir. Ronie semeara a situação com suas atitudes. Seu espírito estava severamente comprometido, em razão das práticas ou dos débitos contraídos por meio de desequilíbrios mil, durante os quais estabeleceu, como ideal para si, uma forma de vida repleta de consequências drásticas. Teriam de aguardar. Mesmo se tivessem condições de intervir, os benfeitores espirituais deparariam com limitações provenientes da necessidade do rapaz de passar por um método reeducativo.

Após mais de 12 horas de cirurgia, Ronie seguiu diretamente para a unidade de recuperação intensiva. Não poderia receber visitas por algum tempo. Estava sedado.

– Fale, doutor – principiou a namorada,

acompanhada de uma amiga e do irmão de Ronie. – Como ele está? Será que ficará bom da cirurgia?

– Não podemos assegurar nada. Infelizmente, somente depois que ele acordar é que ficaremos sabendo. Mas...

– Mas o quê, doutor? – perguntou a namorada, visivelmente ansiosa.

– A bala atingiu um local muito perigoso. Não estamos certos de que ele se recuperará totalmente. Digo, por ora não há certezas.

O irmão estava abalado. Já há algum tempo tinha sérias suspeitas sobre o tipo de trabalho de Ronie. Não queria de forma nenhuma que o restante da família desconfiasse, portanto ficara calado; guardava para si o segredo do comportamento do rapaz. A namorada sabia, era conivente com toda a situação. Agora se mostrava interessada em saber da recuperação dele; porém, com alguma frieza, sem derramar uma lágrima sequer, conversava num canto com a amiga. Após as notícias do médico, saiu à francesa, sem ao menos se despedir do irmão de Ronie, que estava aflito, quase desesperado.

Quando, muito mais tarde, o rapaz voltou da anestesia, os médicos já estavam a seu lado. Ronie pressentia o pior; voltara abaladíssimo, pois se recordava de alguns eventos ocorridos antes do internamento. Eram lembranças de outra dimensão, de pessoas e personagens com os quais convivera no minuto mais longo de toda a sua vida. Embora fossem lembranças vagas, sabia que deveria enfrentar algo grave.

– Doutor, não sinto minhas pernas!... – balbuciou, meio sonolento.

– É assim mesmo, rapaz! Fique tranquilo. Daqui a pouco virá um psicólogo conversar com você e o ajudará a retomar sua vida.

– Mas parece que está tudo morto daqui para baixo! – exasperou-se, apontando com dificuldade em direção aos membros inferiores.

Os médicos olharam um para o outro; tocando levemente o ombro de Ronie, evitaram falar mais alguma coisa. Saíram devagar, preocupados, e procuraram o irmão do rapaz, na sala de espera.

– E aí, doutores? Como ele está? Já acordou?

O irmão encontrava-se, ainda, muitíssimo apreensivo. Estava sozinho, pois a namorada de Ronie fora embora com a amiga e não mais atendia o celular. Roberto, o irmão, já havia lhe telefonado muitas vezes. Por fim, recebera dela uma mensagem de texto, pedindo para não incomodá-la mais. Enfim, ela se fora, para sempre, da vida de Ronie. Não queria mais saber dele, afinal – pensava –, ele já não tinha qualquer serventia.

– Não temos notícias boas, meu caro – falou

um dos médicos, serenamente, procurando amenizar a situação emocional.

– Diga, pelo amor de Deus: ele sobreviveu? Está acordado?

– Sim, sim, ele sobreviveu. Mas, como temíamos, a bala pegou em cheio um local importante da coluna. Seu irmão ficará com sequelas graves.

– Quero vê-lo imediatamente!

– Calma, muita calma, Roberto. Ronie precisa primeiro conversar com o psicólogo. Daqui a pouco, liberaremos sua entrada.

– Mas para que um psicólogo? O problema dele é físico; foi apenas uma cirurgia...

– É o procedimento padrão para casos assim. Não há como pular essa etapa. Ele precisará de apoio emocional e psicológico.

– Então ele...

– Seu irmão ficou paraplégico!

A revelação do médico foi um choque para Roberto. Ele tonteou, ameaçou cair, mas foi logo amparado por um dos cirurgiões. Recebeu auxílio imediato; um medicamento lhe foi ministrado para ajudar na experiência impactante. Passadas mais duas horas, após se recuperar do choque, Roberto foi admitido junto ao irmão. Quando entrou, viu o retrato da destruição. Ronie estava abaladíssimo. Seu olhar, quase perdido; seu rosto, marcado com uma expressão de horror, uma apatia ou depressão que se instalara de vez. Ao lado dele, um psicólogo segurava-lhe o ombro. Ronie balbuciava:

– Quero ver minha namorada! Quero-a perto de mim...

Era outro problema que teria de enfrentar. Roberto não saberia como contar a ele, naquele momento, que a namorada o abandonara de vez. Não sabia o que dizer. Com as lágrimas nada disfarçadas, engolindo em seco, quase sem forças para pronunciar algumas palavras, Roberto ousou um esforço diante do irmão, que jazia desolado, emocionalmente abalado, visivelmente deprimido:

– Calma, meu irmão – falava, chorando. – Cada coisa a seu tempo! Aqui no hospital não pode haver muitas visitas, por isso me deixaram entrar, por ser o parente mais próximo.

Com certa dificuldade na voz, Ronie esforçava-se e repetia:

– Quero ver Betinha...

– Calma, Ronie! Aqui devemos obedecer as regras. Assim que sair do hospital, vamos conversar sobre isso.

– Conversar? Conversar pra quê? Eu quero ver Betinha. Será que não entende? Será que não lhe contaram? Estou paralítico, paraplégico. Não sinto mais nada do umbigo para baixo.

Não poderei mais fazer sexo, nem andar, nem... – disparou um pranto convulsivo.

Os dois choraram, enquanto o irmão o abraçava no leito. Ronie deparava com o resultado das próprias escolhas. Do outro lado do véu que separa as dimensões, no Invisível, um dos amigos espirituais chorava também. Não havia nada a fazer.

Samuel tocou delicadamente o ombro do amigo espiritual, chamando a atenção dele para as ocorrências:

– Agora é com a vida, meu caro Arthur! Nada mais podemos fazer por seu pupilo. Ronie

precisa se submeter a um método reeducativo com ferramentas novas. De certa forma, a própria vida o conduziu a uma etapa muito intensa de reflexões. Primeiro virá a revolta, depois a reflexão. Quem sabe numa próxima existência ele modificará o cerne de sua conduta? Aguardemos em silêncio, amparando quanto pudermos.

Enquanto isso, Ronie se revoltava, xingava, com as poucas forças de que dispunha. Teria de ficar um bom tempo no hospital. Dali, sairia para enfrentar a vida, a nova fase de sua vida. Fazer fisioterapia, modificar o curso dos pensamentos e contentar-se com um estilo de vida mais pacato, agora que fisicamente era incapaz de levar avante projetos de abuso e desrespeito ao ser humano, que eram sua especialidade. Enfim, deveria reaprender a viver. E para isso teria um longo tempo à sua frente.

– Sinto algo diferente em mim, Roberto – falou, levando instintivamente a mão dentro das calças, num esforço imenso. – Parece que não sinto meu próprio pênis; será que nunca mais vai funcionar? Será que estou fadado a viver sem sexo para o resto da vida?

Roberto não respondeu. Os médicos haviam falado algo a respeito, mas ele preferia que o irmão descobrisse sozinho. E Ronie, naquele momento, lembrou-se de um sonho que tivera logo após desacordar no Bairro do Rio Vermelho, naquela fatídica noite, no local onde encontrara seu antigo cliente. Lembrou-se do pesadelo – foi como interpretou o fato, a vivência extrafísica naquele seu minuto de reflexão – no qual parecia ter desenvolvido outro órgão sexual, feminino, uma espécie de vagina no lugar do períneo. Era um sonho, um pesadelo ou uma intuição do que acontecia agora? Não saberia dizer o que lhe sucedia. Mas a revolta era grande dentro dele. Não se conformava. Novo, jovem, cheio de vida, deveria agora – pelo resto da vida! – ficar numa cadeira de rodas, paraplégico, dependente do irmão e de alguns amigos?

E a namorada? Ela conhecia seu estilo de vida, porém, agora, o abandonara. Era mais um golpe com o qual teria de conviver. Sua dor era imensa; mas sua rebeldia, ainda maior. Quantos anos viveria assim? Quantos anos teria de vida naquele corpo limitado? Lembrava-se do cliente que queria lesar e fervia de raiva; sentia ódio dele. E tinha ódio de si mesmo, muito ódio.

Assim, Ronie foi levado pela própria consciência a enfrentar os resultados de suas atitudes, prejudiciais não somente para ele, mas para quantos elegera como alvo. Entretanto, muito mais difícil do que lidar e reaprender a viver com as limitações físicas e a dependência alheia, era conviver consigo mesmo. Com seus desejos, que, ao que tudo indicava, jamais poderiam ser realizados no corpo deficiente e permanentemente afetado. Estava sexualmente incapacitado, emocionalmente deficiente, desmantelado, descontrolado. Teria uma longa caminhada pela frente. Um percurso imenso a trilhar dentro de si mesmo, prisioneiro de um corpo sarado, bem composto, mas que se convertera numa prisão sem grades para seu espírito adoecido. Ninguém saberia dizer, naquele momento – nem ele, nem tampouco os amigos do Invisível –, como seria o resto de sua vida. Tudo dependia dele próprio. A vida lhe concedera uma chance, embora de caráter incomum, uma oportunidade indesejada, mas seguramente o remédio que mais lhe convinha. Por certo, ele teria de reorganizar emoções e pensamentos e, somente ele, Ronie, poderia dizer como seria seu próximo minuto.

14

3H33 DA MADRUGADA

PALOMA RESPIROU FUNDO, acordando do transe nos braços de um soldado. Ficara exatamente um minuto inconsciente. Ou será que estava consciente, porém em outra dimensão? Ofegante, levou a mão ao peito e notou que o tiro passara de raspão. Não morrera. Estava ferida; contudo, isso ocorrera devido aos pontapés recebidos de um dos policiais. A gritaria estava por toda parte. Os frequentadores daquele lugar fugiam apavorados, enquanto outro guarda chamava a ambulância para levar Paloma ao hospital. Foi apenas um minuto, um longo minuto, quase uma eternidade, em que ficou cativa de si mesma numa dimensão da qual pouco se conhece. Havia entrado numa espécie de transe, experimentando um estado alterado de consciência. Acordava agora, ofegante, suando frio, tremendo feito vara verde, como alguém diria.

Um dos policiais militares aproximou-se, usando um palavreado que desrespeitava Paloma, numa tentativa inócua de produzir qualquer reação por parte dela. Mas nada. Ela se dedicava a interpretar o sonho, rever imagens, paisagens e, quem sabe, até mesmo, personagens de uma história que vivera ou experimentara no seu minuto de reflexão, nesse instante de quase-morte. A ambulância a carregava até o hospital. E Paloma inquieta, quieta, em transição de emoções, sentimentos e reflexões. Fora salva; revivera, em meio àquele corre-corre de gente por todo lado.

Aquele era um hospital comum, geral, que atendia pessoas pobres, em sua maioria. O namorado, desolado, parecia não combinar com o cenário à sua volta, vestido elegantemente de *blazer* com calça jeans, num esporte fino que lhe talhava a silhueta e lhe realçava o charme. E os olhos, ah!... Os olhos! Marejados, coração atormentado pelo seu Hector, disfarçado de Paloma, que dera entrada num hospital da capital paulistana. Em um tom respeitoso, baixo, quase sensível demais, perguntou ao atendente:

– Por favor, poderia me dizer onde está sendo atendido um paciente de nome Hector?

Notando a dificuldade do rapaz em encontrar alguém com esse nome, esclareceu:

– Fui avisado que um amigo meu deu entrada aqui, ferido... Ele foi trazido por policiais. Talvez tenha dado entrada com o nome de Paloma.

– Ah! O travesti!...

– Não, meu amigo – falou sério, firme e com um tom de voz que impunha respeito. – Ele é transformista, é um artista e, ao que parece, tanto o policial como o senhor o confundiram com um travesti. É meu namorado – o atendente entendeu e calou-se, mas não pediu desculpas.

Alguém conduziu Diego ao quarto onde Hector-Paloma se encontrava. Mas ele não reparou na pessoa que o conduzia. Tinha os pensamentos voltados, inteiramente voltados para seu Hector, seu menino, seu amor. Ao ver Paloma deitada sobre o leito, quase não teve reação. Estancou-se na porta; parecia paralisado. Somente depois de a enfermeira tocar-lhe o braço é que conseguiu esboçar algum gesto. Aproximou-se devagar, olhos nos olhos de Paloma – o seu Hector. Gostava de chamar assim o namorado. Paloma era somente um nome artístico, escolhido com a finalidade de apresentar-se nos palcos. Hector, o seu menino, o olhava com um olhar de quem pedia socorro.

As paredes brancas e azuis do hospital, as roupas brancas, porém surradas dos atendentes que ali trabalhavam, tudo ajudava a compor um quadro que, para Diego, era atemorizante. Ele estava apreensivo. Ver seu namorado, a pessoa com quem escolhera viver sua vida, ali deitado, semilúcido, devido a um medicamento que lhe fora administrado, foi um choque para o coração sensível de Diego. Abraçou Hector em lágrimas. Estava no hospital, e seu Hector ali, internado. Fora vítima da brutalidade de um oficial da lei, mas nada poderiam fazer; nada que fizesse livraria Hector do sofrimento. Assim que abraçou o namorado, chegou uma enfermeira.

– Desculpe, mas aqui é proibido este tipo de comportamento!

– Mas que tipo? – perguntou à enfermeira, olhando em seus olhos, de maneira fulminante, como nunca antes olhara para alguém. – Você por acaso sabe quem é este aqui sobre o leito? Sabe porventura que não se pode aprisionar um sentimento de afeto, de amor e inibir qualquer ser humano de sentir o que sente? Por acaso você conhece de leis? Ora, bolas! – completou o rapaz, raivoso com a atitude da mulher. – Faça o seu trabalho e nos deixe em paz, senão vou fazer uma denúncia contra você por discriminação.

Ele falou com tanta ênfase, com tanta força e magnetismo na voz, que a enfermeira recuou imediatamente. Quatro pessoas que estavam na enfermaria aplaudiram Diego e Hector, como a apoiar os dois na demonstração de afeto e na afirmação do direito de expressá-lo livremente. Diego chorou muito. Hector, embora o estado em que se encontrava, fraco e abatido após a ocorrência na rua, consolava-o:

– Fique tranquilo, meu querido! Estou bem, agora. Estou bem... – mas não conseguia disfarçar a lágrima que lhe caía discreta num canto do olho. – Amanhã sairei daqui e tudo isso terá passado.

Diego permaneceu mudo ao lado de Hector, segurando-lhe a mão.

– Tive um sonho estranho... Parece que fiquei desacordado por uns momentos; para mim, foi como se uma vida inteira tivesse se passado naqueles instantes. Não consigo precisar quanto tempo, mas, na minha memória, é como se fossem dias e horas; um tempo longo. Quando acordei, estava respirando, pois até então havia pensado que tinha morrido.

– Me diga: você está realmente bem? Vou tirar você daqui e levá-lo para outro hospital, onde pode ser atendido por nosso plano de saúde.

– Não se preocupe, Diego querido; estou bem. Só um pouco incomodado com as impressões que estão gravadas em minha memória, mas nada desagradável. Sinto necessidade de falar, de encontrar meu padrasto, voltar à casa da minha família e dizer a eles quanto os amo.

– Fique quieto. Acalme-se agora você, Hector. Tudo a seu tempo. Eu mesmo irei com você. Conte comigo. Agora quero tirá-lo daqui, pois necessito de você ao meu lado. Então, fique bem. E beijou-lhe a testa carinhosamente, segurando-lhe as mãos e evitando beijar-lhe a boca, pois entendia as limitações das demais pessoas presentes naquele local.

Hector adormeceu ali mesmo, aconchegado pelo namorado, que o amparava e acariciava seus cabelos soltos, suaves e, apesar de tudo, perfumados. Os dois contrastavam totalmente com o ambiente. Diego trouxe roupas masculinas para Hector, pois ele ainda vestia as que usara na apresentação artística. Assim que Diego saiu do quarto, da enfermaria, foi abordado por um guarda:

– Por favor! – disse o policial para ele. – Queria uma palavra com você.

– Está acontecendo alguma coisa?

– Não, nada disso! É que eu fui salvo por este rapaz que está no leito. Notei que vocês têm certa intimidade...

– É o meu namorado, meu homem – declarou Diego, assumindo os sentimentos em relação a Hector. – E olhe que eu nunca conheci nenhum homem tão cheio de valentia, de coragem e honradez como meu Hector.

– Imagino... – falou o soldado, olhando para baixo, como se estivesse pensativo. – Ele se jogou à minha frente na hora em que o tiro foi disparado. Por sorte, a bala o atingiu de raspão. Ele me empurrou para que o tiro não pegasse em mim! Eu queria fazer alguma coisa para agradecer a ele.

– Pelo que conheço do meu Hector, não precisa se preocupar. Ele é assim mesmo. Não precisa agradecer, de verdade.

– Mas eu faço questão! Estou muito emocionado e pedi licença para não trabalhar mais por hoje. É da minha vida que estamos falando, e ela foi salva por alguém que eu não conheço...

Tirando um bloco de anotações do bolso do paletó, Diego anotou o número de um telefone e o entregou ao guarda.

– Aqui está o número do celular de Hector. Mas, por favor, nos dê um tempinho até ele se recuperar mais. Depois é só ligar e falar com ele. Direi que você esteve aqui. Falarei sobre seu desejo de agradecer-lhe.

O guarda assentiu e se retirou, olhando para trás por um instante, como se hesitasse em partir, enquanto Diego telefonava para algum lugar, a fim de transferir Hector de hospital.

Passaram-se os dias. Hector recuperou-se, conquanto não tirasse da memória as lembranças, ainda que fragmentárias, do que lhe ocorrera no Invisível. Decidiu, então, que deveria visitar um centro espírita do qual ouvira falar algumas vezes. Chamou Diego, e este logo se prontificou.

– Quero rezar para agradecer a segunda chance de vida que tive. Sobretudo, agradecer por você, que é minha vida, meu amparo, meu amor. O homem com quem escolhi viver, por quem tenho uma gratidão que não sei pôr em palavras.

Nos dias que se seguiram, Hector e Diego conversaram muito. Parece que o reflexo das conversas que Hector teve com Samuel enquanto estava em transe, no seu minuto de reflexão, começavam a surtir efeito.

– Quero lhe falar sobre alguns traumas meus; acho que estão me impedindo de ser mais feliz ou, quem sabe, de fazer você mais feliz.

– Que é isso, Hector? Sou feliz ao seu lado, e isso me basta.

– Não mesmo, Diego! Quero resolver isso. Você tem me dado tanto apoio, tem me dado sua vida, então tenho certeza de que é hora de enfrentar isto que me consome internamente. Tenho algo muito mal resolvido em relação à minha sexualidade e acho que é por isso que fiquei tantos anos com você sem uma proximidade maior ou uma intimidade de casal.

– Já falamos sobre isso, amor. Lembra que eu disse que aguardaria seu momento? Saberei esperar! Não se preocupe.

– Sim, eu sei, Diego. Mas agora sou eu quem estou incomodado, e quero resolver essa pendência de vez. Quero ser seu sem barreiras, sem limites.

– Estou com medo desta conversa. Por que logo agora?

– Não sei o porquê. Mas depois que voltei do acidente, meus pensamentos parecem estar mais claros, como se recebesse uma intuição ou inspiração a fim de solucionar este lado da minha vida. Além do mais, meu querido, precisamos mesmo ficar bem um com o outro. Anseio conversar mais sobre o assunto e compartilhar com você algumas coisas que, para mim, eram delicadas demais. Agora sei que é a hora certa.

– Hector, Hector!... Você está me deixando intrigado. Talvez seja melhor a gente procurar uma terapia ou algo assim.

– Não descarto a possibilidade, mas primeiro quero dividir com você meu passado, sem reservas. Quem sabe você possa me ajudar, como amigo, como parceiro e, sendo meu amor, meu homem, estou certo de que enfrentaremos isso juntos.

E Hector falou de seus traumas, do padrasto e da rejeição que sentiu já na infância. Falar do padrasto foi a parte mais delicada, pois, ao mencioná-lo, emocionou-se, à medida que lhe assomavam à mente as cenas de abuso que sofreu durante a adolescência. Diego amparou Hector, abraçando-o e beijando-o ternamente. Ambos se comoveram.

– Amor, nem sei o que dizer, além do fato de que estarei ao seu lado para tudo o que precisar e que, agora, compreendo melhor o porquê de sua dificuldade em manter um relacionamento mais íntimo, de se entregar sexualmente a mim. Eu compreendo, Hector, de verdade.

Hector chorava baixinho, recordando as dificuldades que vivenciara com o padrasto e do quanto teve de lutar para sobreviver emocionalmente. Depois, a vida profissional, a decisão de atuar como transformista, como artista e, mais tarde, de iniciar uma atividade social junto às prostitutas e aos rapazes da noite, necessitados de amparo e de alguém que os recebesse num lugar de tratamento.

– Tenho pensado, Hector. Será que não é hora de você se dar um tempo em relação às apresentações artísticas e se dedicar um pouco mais ao trabalho como *designer*? Depois do que ocorreu, do tiro que, graças a Deus, passou de raspão, do trauma gerado por tudo isso...

– Também tenho pensado seriamente nisso, Diego, mas não tenho como arranjar dinheiro para manter o Palácio de Cristal. Você já tem ajudado tanto... O que ganho como *designer* não é suficiente para levar avante o trabalho com as meninas da noite. Não sei como solucionar essa situação financeiramente.

– Andei pensando e acho que podemos resolver isso. Claro, se você achar boa a ideia de dar um tempo como transformista. Talvez seja hora de a gente se concentrar e dar um passo além. Já que resolveu me contar tudo sobre seu passado, que era tão difícil para você, acho que este momento deve ser aproveitado, amor. Quem sabe pudéssemos fazer uma parceria com alguma instituição e dar maior qualidade ao trabalho que você faz?

– Trabalho que nós fazemos, Diego. Pois sem você, eu, sozinho, não teria condições, jamais, de levar adiante o projeto com as meninas da rua.

– Pois bem. Vou procurar me informar direito; assim que tiver os elementos necessários, volto a falar com você.

– E vai me deixar esperando, assim? Não vai me adiantar nada?

– Curioso!... – falou, beijando-lhe a testa. – Sabe que te amo profundamente? Não sei o que seria da minha vida sem você.

– Bobo!

– De verdade! E me orgulho tanto do seu trabalho, da sua generosidade em se entregar sem reservas a um trabalho dessa natureza, amparando pessoas tão rejeitadas pela sociedade: garotas de programa que usam drogas, travestis que vivem caídos pelas ruas, sem teto, sem ter qualquer amparo ou família...

– Deixe isso pra lá, Diego! – falou Hector sensível, após a confissão do namorado. – Sabe de uma coisa? Quero terminar o namoro com você.

O anúncio abrupto de Hector pegou Diego de surpresa. Foi um choque, pois Hector despejou aquilo assim, sem preparar o parceiro para o que viria. Sem saber ainda o que pensar, Diego ficou branco, lívido.

– Não se preocupe! Não fique assim, não – Hector tentou remediar, rindo e denunciando a brincadeira. – É que quero lhe pedir em casamento! Quero que seja meu marido e que vivamos o mais intensamente possível. Se quiser, pode se mudar lá para casa definitivamente. Vai ser o dono da minha vida e, quem sabe, encontramos alguém, algum doido por aí que possa celebrar nossa união.

Diego permitiu que os olhos se enchessem de lágrimas e beijou Hector ali mesmo, emocionado, terno, profundamente grato à vida pela bênção que recebia. Era tudo o que mais queria. Ele ia com constância ao apartamento de Hector, passava alguns dias com ele, mas sempre tinha de deixá-lo, sempre voltava para casa. Ficava um vazio. Queria mesmo era constituir família com ele e construir a vida na companhia da pessoa que amava. Não lhe agradava deixar seu menino sozinho. Os dois se abraçaram satisfeitos com a decisão. Parece que o esforço de Samuel junto a Hector surtira efeito. Aos poucos, as intuições afloravam à sua mente e os dois amigos, amantes e parceiros se ajustavam mais e mais para uma vida em comum, mais íntima, intensa, familiar.

– Tenho um sonho, Hector, que gostaria de compartilhar com você. Claro, você não precisa concordar, mas quem sabe possamos encontrar um jeito...

– Adotar uma criança!

– Isso mesmo. Sempre tive o sonho de ser pai e, como você me pediu a mão em casamento...

Hector riu gostosamente, demonstrando enorme ternura pelo companheiro. Tocaram-se as mãos. Tocaram-se os corações e as almas, quase numa fusão, caso possível fosse. Conversaram longamente sobre os planos para o futuro.

No domingo seguinte, resolveram visitar um centro espírita no Tatuapé. Não sabiam que, no mesmo dia, César e Igor estariam naquele exato local, agradecendo pelo apoio espiritual. Também não os conheciam, pelo menos não fisicamente, no caso de Hector.

Ao chegarem à rua Dr. Gabriel de Rezende, notaram intensa movimentação. Nunca haviam ido ao lugar, e as surpresas foram se mostrando a cada passo que davam. Finalmente, na rua do centro, admiraram a grande multidão que ia e vinha de todos os lados. Parecia que toda a Chácara Mafalda ou a população deste e dos demais bairros vizinhos se dirigia à casa espírita. Diego e Hector, captando uma intuição, tiveram a ideia de perguntar a um dos trabalhadores, vestido com um uniforme impossível de não ser notado, de cor vibrante, aonde poderiam ir para fazer uma oração, uma vez que havia tanta gente de um lado e outro da rua, e tantos pontos de concentração, que não sabiam que rumo tomar. De mãos dadas, sem se importar se eram observados ou não, dirigiram-se ao lado oposto ao local onde ficava o centro espírita, o grande salão, a fim de orar e agradecer. Sentaram-se exatamente à frente de César e Igor, sem percebê-los de imediato. Na parede, a figura do venerável médico dos pobres. O ambiente, com todos em oração, inspirava o recolhimento espiritual. Soltaram-se as mãos, mas entrelaçavam-se pelos corações. E juntos oraram, agradeceram, louvaram pelas inúmeras bênçãos que estavam experimentando.

Terminados mais de 30 minutos de meditação, levantaram-se e saíram, dirigindo-se ao outro lado da rua. Vibrações dulcíssimas de intensa paz pareciam envolver ambos os casais. Sim, pois que César, obedecendo a um impulso, talvez à mais pura intuição, levantou-se também, chamando Igor e rumando para o local onde ouviriam a palestra. Mas as músicas cantadas, a alegria e a descontração de toda a gente os impressionou sensivelmente. Enquanto Hector estava parado ao lado de Diego, Igor tocava disfarçadamente o ombro de César, logo na entrada do salão de grandes proporções. Estavam paralisados, ouvindo a música que falava de Evangelho, louvor e gratidão a Jesus. Tudo formava um ambiente de pura espiritualidade. Os dois casais olharam-se mutuamente. E, sem premeditar nada, apresentaram-se. César olhou Hector mais detidamente e disse-lhe:

– Não o conheço de algum lugar? Por acaso você conhece a cidade de Curitiba, onde me criei?

Hector, um pouco pensativo, parecia sentir alguma vibração que ainda não conseguia explicar. Sendo o mais cortês e elegante possível, respondeu:

– Não creio, pois nunca fui a Curitiba. Mas, falando assim, talvez o conheça de algum lugar. E apresentou seu namorado, Diego, acentuando que eram namorados e estavam ali para agradecer. Por sua vez, César também apresentou Igor como seu namorado. Resolveram sentar-se próximos, pois o salão já estava quase lotado e precisavam escolher um lugar. Encontraram cadeiras contíguas. Nascia ali uma amizade no plano físico, já inaugurada num plano mais além daquele usualmente percebido pelos sentidos humanos.

O tempo passou, Dois meses depois, Hector e Diego convidaram alguns amigos e parentes para uma festa especial, sem comunicar do que se tratava. Compareceram também César e Igor. Havia um toque de elegância no local, no apartamento de Hector e Diego, embora a simplicidade da decoração, que era minimalista. Após os convidados se apresentarem e alguns minutos de suspense sobre o motivo da reunião, Diego e Hector se deram as mãos e falaram, emocionados:

– Nós os convidamos aqui, nesta noite, os amigos recentes e os mais antigos, os parentes que têm afinidade conosco, para uma comemoração especial.

E chamaram para junto de si um homem vestido de maneira descontraída, descolada, porém com um toque de charme e elegância. Logo o apresentaram:

– Este é um médium e dirigente de uma casa espírita que convidamos. É que, hoje, eu e Diego... – falou Hector emocionado, olhando diretamente nos olhos do namorado – hoje celebraremos nossa união com um momento de oração.

Todos ficaram surpresos e aplaudiram a iniciativa. Passado o breve momento de euforia, Diego se pronunciou:

– Resolvemos fazer uma cerimônia simples, sem chamar a atenção de ninguém, pois queríamos algo intimista, só nosso, que pudéssemos compartilhar apenas com pessoas que nos amam e que são queridas por nós. Por isso, estamos aqui, eu e o meu menino, Hector, que me pediu em casamento!... – o olhar furtivo e a entonação de Diego inspiraram a reação bem-humorada de todos. – Ao mesmo tempo em que celebramos a vida, agradecendo por esta alegria, queremos também anunciar uma decisão importante. Nós adotamos uma criança, e nosso lar já nasce sob essa bênção, que, para nós, é muito significativa.

Mal Diego encerrara a fala, todos os cumprimentaram, efusivamente. Os noivos estavam ele-

gantemente vestidos, embora descontraídos, com traje despojado, sem excessos. Apresentavam a fisionomia radiante de felicidade. Em seguida, o médium convidado para realizar a cerimônia colocou-se em posição que lhe permitia ser visto por todos os presentes. Hector e Diego, de mãos dadas, postaram-se à sua frente. Foi lido um trecho da Bíblia, mais precisamente uma passagem do livro de *Cantares*, de Salomão, também conhecido como *Cântico dos Cânticos*. O dirigente espiritual se pronunciou:

– Para mim é uma honra estar aqui nesta noite, a fim de dirigir esta celebração à vida. Enquanto muitos se unem e se separam, indiferentes à importância do compromisso assumido com o coração um dos outro, nossos amigos Diego e Hector estão aqui para selar seu compromisso de carinho, amor, afeto e amizade, celebrando e rogando as bênçãos de Deus. Não sou representante de Deus na Terra, mas ocupo a posição de representante de uma comunidade de pessoas que têm um relacionamento com Deus. E é por isso que, junto dos amigos, daqueles que amam os noivos, dos que lhes são caros e simpáticos, estamos reunidos para compartilhar este momento, que é realmente significativo, mágico e muitíssimo especial.

"Estas duas almas já se encontram unidas desde muito tempo, quando resolveram trocar seu afeto, confortar-se mutuamente e selar seu amor através do compromisso um com o outro. Vivendo juntos em coração e parceria, a cumplicidade dos sentimentos marcou o início de uma relação afetiva que se consolida aqui, nesta noite, quando juntos elevamos os pensamentos ao Pai, que não faz acepção de pessoas, a Jesus, que abençoou a samaritana, caminhou entre os rejeitados da sociedade de sua época e abriu os braços a todos que soubessem amar. Como estamos falando de amor, de um amor incomum que une duas almas sensíveis, falamos de Deus. Pois quem ama, não importando a forma de amar, está em Deus e Deus está nele. O mandamento de Jesus é: 'Amai-vos uns aos outros'.[1] E não: 'Amai apenas as pessoas do sexo oposto'. Considerando que o amor de Hector e Diego é muito maior do que o amor de muitos casais tradicionais, vim aqui de bom grado, sob o patrocínio de entidades superiores, que aqui estão neste momento, comemorando conosco a consolidação desse amor e a união pública e duradoura dos dois. Essa união é coroada, ainda, pela bênção de uma criança, que empresta a este casamento a qualidade de família."

Todos ergueram os braços na direção dos noivos, atendendo ao convite do oficiante, elevando os pensamentos e os corações em gratidão à vida e a Deus. A cena era realmente comovente. Do outro lado da vida, os invisíveis, amigos espirituais presentes, também elevaram as mãos. Somaram seus pensamentos às vibrações emitidas e irradiadas pelos corações presentes à celebração do amor que unia aquele casal, aqueles parceiros, amantes e amores, que aproveitou o momento para apresentar a criança, o filho que coroava aquela família alternativa com as bênçãos da alegria. De dois em dois, cada um se dirigiu ao cômodo onde repousava a criança, numa cama pequenina, preparada com esmero; o

[1] Jo 13:34; 15:12,17. Cf. Rm 12:10; 1Pe 1:22.

quarto, em toda a decoração, refletia os cuidados dos novos pais.

– Com a chegada do nosso filho – manifestou-se Hector, imensamente satisfeito e comovido –, encerro minha participação na noite como artista. Tenho de me dedicar agora ao nosso filhinho; a vida de artista, com seus desafios, horários loucos e irregulares, não me permitiria ficar atento à educação dele. Além do mais, minha motivação para trabalhar na noite, à parte a satisfação, era também sustentar uma obra social, pois o dinheiro que eu ganhava, mesmo somado com a ajuda que Diego sempre deu, não era suficiente para sustentar o Palácio de Cristal.

E Diego complementou, demonstrando um contentamento que dificilmente poderia ocultar:

– Nosso amigo Igor, namorado de César, conseguiu excelentes parceiros para o sustento do Palácio de Cristal, fundado por Hector. Ele próprio, o Igor, nos ofereceu ajuda, e agora existe um grupo de parceiros que é mantenedor da obra social, que não podemos parar.

Encerrada a fala de Diego, três pessoas os chamaram à parte e ofereceram colaboração financeira, como investidores, visando à manutenção do trabalho que tanto exigiu de Hector.

Muitos dias se passaram desde esses acontecimentos. Porém, Hector não se sentiria totalmente satisfeito enquanto não visitasse a velha mãe e o padrasto. Precisava ir ao encontro de ambos. Todos os meses enviava uma soma de dinheiro para a mãe; porém, até então, havia evitado procurá-la, devido ao episódio ocorrido na adolescência, quando do abuso sofrido por parte do padrasto. Agora queria apresentar Diego e falar do filho que adotara. E mais ainda...

Quando chegou a São José do Rio Preto, cidade distante pouco mais de 400km da capital paulista, sentiu-se vacilar. Será que deveria ir ao encontro da mãe? Como veria o padrasto? A esta altura, este já estava mais velho, é verdade – embora esse fato em nada ajudasse a tornar mais fácil o esquecimento, pois se sentia incapaz de subtrair da memória os abusos sofridos. Com muito custo, lograra atenuar o impacto emocional decorrente das lembranças tormentosas, mas estas ainda se faziam notar. Enfim, como seria recebido? Mais ainda: como abordaria o padrasto e a mãe?

Apoiado por Diego, Hector foi estimulado a prosseguir.

– Você não veio até aqui para desistir neste ponto da jornada! Não era essa sua necessidade? Tantas vezes você me disse, Hector, que queria muito enfrentar e resolver a situação. Estarei ao seu lado e juro: não vou deixar você desistir, logo agora.

Os dois se dirigiram ao Parque Estoril, região da cidade onde viviam a mãe e o padrasto de Hector. Ele havia ligado para a mãe quando chegaram ao aeroporto da cidade. Ela os esperava ansiosa.

Assim que Hector viu a casa onde moravam, o coração disparou; as lembranças vieram à tona. Apoiou-se no marido instintivamente, como a pedir ajuda. A mãe o recebeu eufórica. Abraçaram-se, choraram bastante, enquanto Diego respeitosamente se mantinha a alguns passos, esperando a hora de ser apresentado à sogra. Trazia nas mãos um ramalhete como presente, além da caixa de chocolates de uma marca famosa. Aguardou até que mãe e filho pudessem se tocar, compartilhar emoções, trocar carícias. A mãe de Hector acariciava sua face, seus cabelos e olhava o filho extasiada.

– Quantos anos, meu filho! Quantos anos... – e chorava de contentamento. – Me perdoe, meu Hector! Me perdoe pelo meu silêncio, meu filho.

– Que é isso, mamãe? Não fale assim. Estou aqui agora e é isso que importa. Aliás, quero aproveitar e lhe apresentar alguém.

Apontou para Diego, que se comovera com

o reencontro de mãe e filho. E esse reencontro realmente fez bem para o seu Hector, que chorava a olhos vistos.

– Este é Diego, o homem que me faz feliz, minha mãe. É com ele que escolhi viver e ele é a pessoa da qual lhe falei, que me deu apoio durante todos estes anos.

A mulher, já idosa, demonstrou abertura mental incrível. Estendeu os braços e falou:

– Venha, meu filho! Você é também um filho para mim. Nas cartas que Hector me escreveu, ele sempre falava de você. Me sinto honrada em conhecer o homem que faz meu filho feliz. Venha, me abrace.

Diego abraçou a sogra chorando, tremendo, emocionado com a forma como foi acolhido. Hector se uniu a ambos, igualmente sensibilizado. Deveras aliviado, também. Ignorava como a mãe receberia o seu Diego. Agora, portanto, estava sinceramente mais tranquilo: uma pressão interna havia sido liberada. E tudo isso ocorrera ainda do lado de fora da casa onde morava dona Edite, a mãe de Hector.

Adentraram a casa e notaram um ar de simplicidade em todo o ambiente, embora o bom gosto na decoração, da distribuição dos móveis às flores expostas no vaso sobre a mesa. Hector permanecia apreensivo, pois não vira o padrasto.

Não queria tocar no assunto ainda, mas, como não notou a presença dele, teve de perguntar:

– Onde está o Rui? Não o vejo por aqui...

– Ah! Meu filho. Eu nunca quis atormentá-lo falando de questões difíceis. O Rui está muito mal no hospital da cidade. Desde alguns anos que ele entrou num processo grave de depressão. Falava dormindo; dizia que queria pedir perdão. Mas por mais que eu lhe perguntasse, nunca se revelou por inteiro. Só consegui interná-lo, mais recentemente, e pagar todo o tratamento por causa da contribuição generosa que você me dá todos os meses. Vivíamos da minha aposentadoria e da aposentadoria do Rui, porém o dinheiro não era suficiente para pagar as despesas cada vez maiores com medicamentos, médicos, hospitais, enfermeiros e psiquiatras. Principalmente os remédios são muito caros. Quando decidimos parar com tudo, entregando a situação à vontade de Deus, você começou a enviar dinheiro. Foi a salvação do Rui. A princípio, ele ficou mais deprimido ainda ao saber que era tratado com o dinheiro que você enviava. Mas não tínhamos como fazer diferente.

– E você passou necessidade, minha mãe? Me diga...

– Não! Não, meu filho. Com a aposentadoria, dava tranquilamente para vivermos. Como éramos apenas nós dois, nos adaptamos a um estilo de vida simples. Tive de reaprender a viver sem excessos, sem luxo e sem ultrapassar os limites. Foi um aprendizado.

– Mas me fale, e o Rui? Como ele está?

– O Rui, meu filho, foi se fechando cada dia mais. Entrou num estado de culpa e infelicidade tão grande que finalmente parou de falar. Já é assim faz três anos. Só se comunica com gestos. Os psiquiatras não sabem muito mais o que fazer. Não fosse o dinheiro que você me envia, não teríamos condições de pagar o plano de saúde, muito menos os medicamentos. Agora faz seis meses que ele está internado. Desenvolveu um câncer de próstata, que se alastrou para a região dos testículos. Não sei o que fazer. Ele definha a cada dia. Mas parece que a morte foge dele. Por mais grave que seja a situação, ele sobrevive, persiste, como que aguardando alguma coisa. A quimioterapia acabou com as resistências do Rui. Teve de extrair a próstata, mas não adiantou mais. Os testículos estavam, também, comprometidos. Estamos esperando o momento final a qualquer hora. Mas ele se apega à vida de uma maneira que não entendemos.

– E você nunca falou disso pra mim, minha mãe! Nem consigo imaginar o sofrimento que você passou todo esse tempo.

Diego permanecia calado, ouvindo, respeitando o momento de ambos.

– Sabe, meu filho? Todos nós sofremos estes anos. Sabe que, por mais que eu tente, nunca consegui imaginar a extensão do seu sofrimento, desde que saiu de casa? Então, estamos todos no mesmo barco. O que me resta é a religião. Rezo todos os dias por você. Não quis falar nada com você, Hector, porque eu sabia do seu sofrimento íntimo. Jamais ignorei seus sentimentos, meu filho. Algum dia, ainda hei de contar pra você os detalhes da nossa história, a parte que você não conhece, e então entenderá o porquê do meu silêncio estes anos todos.

Hector abraçou a mãe, amparando-a nos braços e afagando seus cabelos. Percebeu que não tinha parâmetros para avaliar a história dela, o silêncio e os motivos que a levaram a se omitir à época em que foi abusado pelo padrasto. Mas não queria pensar nisso agora.

– Quero visitar o Rui no hospital. A senhora me acompanha?

– Hector!... – exclamou Diego, reticente.

– Eu sei o que estou fazendo, Diego. Não se preocupe. Acho que sei o que prende Rui ao corpo de uma maneira tão sofrida. Preciso falar com ele. Vai comigo, mamãe?

– Claro, filho. Posso telefonar para o médico e pedir a permissão dele para uma visita hoje. Mas...

– Mas o quê, mamãe?

– Você deve se preparar, meu filho. A situação física de Rui não é nada agradável. Sinceramente, não sei se você ficará bem ao vê-lo como está.

– Não importa isso agora, mamãe. Eu preciso vê-lo. E penso que ele também precisa desse encontro.

Após alguns telefonemas, Hector, Diego e Edite se dirigiram ao Hospital de Base, a fim de visitar Rui. Ao chegarem lá, tiveram de aguardar pelo menos por uma hora. Foi a hora mais longa de todas, pois Hector parecia totalmente alterado com a possibilidade de rever o padrasto. Diego o abraçou e amparou a sogra, Edite, que não recusou a atitude carinhosa. Hector apoiava-se no ombro de Diego, visivelmente agitado. Assim que a recepcionista os chamou, os três caminharam até a unidade de câncer. E o que viram chocou até mesmo Diego, que jamais havia tido contato com Rui. O homem estava desfigurado. De uma magreza atroz, jazia estendido na maca, entubado, tendo ao lado um auxiliar de enfermagem, a lhe prestar assistência. O corpo apresentava escaras em diversas partes. Exalava um odor repulsivo, e tanto Edite quanto Hector levaram instintivamente a mão ao nariz, ao se aproximarem de Rui. O quadro era desolador. Diego hesitou um pouco mais, procurando permanecer ligeiramente afastado. Sentiu uma tremenda opressão, pois nunca vira alguém naquele estado.

Ao se aproximarem de Rui, ele abriu os olhos. Reconheceu Edite e ameaçou um movimento com os olhos, tentando se comunicar. Edite chorou. O enfermeiro aventurou-se a dizer:

– Desde hoje cedo que o quadro dele parece ter piorado, e nenhum dos médicos entende como ele ainda se mantém vivo. Parece grudado no corpo...

Hector se aproximou um pouco mais; fixando os olhos de Rui, principiou:

– Rui, sou eu, o Hector... Você me reconhece?

Rui fitou o rapaz, num nítido esforço para lembrar-se da fisionomia à sua frente; arregalou os olhos logo em seguida. Respirou mais sofregamente. Tossiu muito. O enfermeiro acudiu, aplicando algum medicamento no soro que era conduzido às veias de Rui.

– Sou eu, Rui, o Hector – tornou a falar para o velho padrasto. E Hector chorava, tocado profundamente pelo sofrimento do homem que abusara dele na adolescência. Mil pensamentos cruzavam sua cabeça naquele momento. Edite fez menção de se aproximar, mas Diego abraçou-a delicadamente, oferecendo apoio para aquele momento. Com a outra mão, tocou levemente o ombro de Hector, dando a entender que estava ali, amparando-o.

Para a surpresa de todos, inclusive do enfermeiro que acompanhava o caso de Rui, ele abriu a boca, esforçando-se ao máximo para se comunicar. Forçou muito, a ponto de provocar uma crise de tosse. Há alguns anos parecia ter emudecido de tanta depressão, agravada mais recentemente pelo câncer, que o consumia e o levara àquele quadro deplorável. Mas o câncer era somente o reflexo do remorso, este sim, que lhe corroía verdadeiramente a intimidade. Quase engasgado, balbuciou:

– He... Hec... Hector... Me per... – e tossiu ainda mais, expelindo sangue pela boca. O enfermeiro acudiu, limpando, mas Hector, mesmo chorando, não arredava pé do lugar ou da sombra daquele homem.

– Rui, não fale nada! Eu venho aqui apenas... – Hector soluçava, amparado mais intensamente por Diego, que lhe deu um beijo na cabeça, demonstrando apoio e afeto. Hector precisava dessa força. Edite se retirou, induzida por uma enfermeira, que se compadecera da situação da mulher. Ela chorava muito, pois não sabia mais o que fazer pelo seu Rui. Queria poupá-lo de tamanho sofrimento.

– Rui – continuou Hector, limpando as lágrimas enquanto reunia forças e finalmente lhe dizia. – Quero lhe pedir o seu perdão, Rui. Me perdoe!...

Uma revoada de pensamentos passou pela cabeça do homem moribundo. Ele queria e precisava do perdão de Hector. Havia destruído a juventude, os sonhos do adolescente e marcado profundamente a vida do rapaz. E mesmo corroído pelo remorso, já no fim da vida, só eram possíveis o tratamento e o cuidado médico em virtude do dinheiro que Hector enviava todo mês para a velha mãe. Embora fosse eternamente grato a Hector por esse gesto, era uma situação com a qual não conseguia conviver. Na totalidade, sua vida dependia da mão generosa do mesmo Hector de quem abusara, fizera sofrer e espezinhara os enlevos da juventude. Mas agora, que finalmente teria a chance de pedir perdão ao rapaz, era ele quem estava ali, rogando-lhe clemência. E ele, Rui, não tinha o que perdoar. Fora ele o agressor, e não o ofendido. Vendo aquela situação, as lágrimas de Hector caindo-lhe sobre a face desfigurada, Rui procurava, a todo custo e com muito esforço, expressar seu pedido de perdão, seu clamor por misericórdia. Sentia-se envergonhado;

não, sentia-se mais que envergonhado.

Nos bastidores da vida, Samuel e outros amigos invisíveis presenciavam o desenrolar da situação. Aguardavam o desfecho daquele drama que durara tantos anos. Diego beijou os cabelos de Hector uma vez mais, despertando a atenção do enfermeiro, que não entendia tanto carinho de um homem para outro. E mais ainda: nenhum dos dois sequer parecia afeminado. Eram másculos, homens mesmo, conforme pensava o enfermeiro. Ele não sabia que Diego e Hector formavam um casal *gay*, uma família alternativa.

Hector, num ímpeto, surpreendeu a todos mais ainda quando debruçou a cabeça em direção a Rui e o beijou na testa, deixando as lágrimas descerem e molharem a pele do padrasto. Este lhe sentiu as lágrimas como um bálsamo que invadia sua alma. Após esse gesto, Hector, ainda amparado pelo marido, tocou a face de Rui e falou baixinho, de maneira que somente o padrasto pudesse ouvir:

– Vá em paz, Rui! Não sofra tanto; não se martirize assim. Se puder, me perdoe, pois eu não soube compreender você e seus sentimentos, ao longo de todos estes anos. Me perdoe.

Rui estremeceu. Tossia tão violentamente que o enfermeiro pediu para Hector e Diego se afastarem um pouco. Diego sugeriu que fizessem uma oração. Hector imediatamente se prontificou:

– Meu Deus, meu pai. Em teu nome, Senhor, pedimos o amparo de nosso amigo Dr. Bezerra e sua falange de espíritos do bem. Que o médico dos pobres possa se condoer de Rui e de minha mãe, e ampará-lo em nome do seu amor... – Diego chorava, embevecido pelas palavras de Hector e, ao mesmo tempo, cativado pela grandeza de sua alma, de seu coração, que pedia perdão quando ele próprio, Hector, é quem fora agredido, violentado. Como amava, como admirava aquele homem. Como se espelhava nele e se orgulhava de tê-lo recebido como marido, como companheiro de sua vida. Ambos se derretiam em pranto, enquanto Hector pronunciava a prece, em meio a soluços e ao sabor salgado das lágrimas, que lhe escorriam até a boca e além.

Nos bastidores da vida, até mesmo Samuel se sentiu emocionado, principalmente quando uma luz diferente apareceu na frente dele e dos demais espíritos. Aquela luz, materializando-se ou coagulando, eis que surge, nada mais, nada menos, que a personalidade venerável de Bezerra de Menezes. Samuel e seus companheiros reverenciaram aquele ser iluminado, que vinha, em nome do amor de Jesus e em resposta às orações de Hector, libertar Rui das amarras e do sofrimento do corpo físico. Bezerra passou por Samuel e pelos outros amigos espirituais, tocando suavemente em seus ombros e pronunciando uma frase que lhe era bem característica:

– Não estão sós aqueles que amam, meus filhos…

O laço que prendia Rui ao corpo foi definitivamente rompido pela vontade e pelo magnetismo de Bezerra, que o conduzia, desacordado, a uma instituição de socorro no espaço. A luz permaneceu no ambiente espiritual por mais alguns minutos, atestando a presença da equipe espiritual que acompanhava o venerando médico.

Hector chorava muito; foi levado, juntamente com Diego, a outro aposento do hospital. Rui vomitava sangue; entrara numa espécie de convulsão. Estava esperando apenas o perdão de Hector e fora surpreendido com este a lhe rogar indulgência e compaixão. Encerrava-se ali um drama complexo, secular, por meio da vitória do bem e do amor, que sobrepujou a dor e a própria morte.

Quando Diego apareceu, ao lado de Hector, Edite fitou-os, aflita. Porém, o olhar de seu Hector já dizia o bastante. Ela entendeu imediatamente o que ocorrera, sem palavras, sem frase alguma pronunciada. Hector e Diego a abraçaram e novamente as lágrimas assinalaram aquele momento de libertação. Lágrimas de alivio, lágrimas de saudade, lágrimas que caíam como bênçãos. Lágrimas de esperança e de sonhos. Ah! As lágrimas! Como dizem muito mais do que mil palavras, do que frases inteiras. As lágrimas... somente as lágrimas!

Após o enterro do corpo de Rui, Hector e Diego tentaram convencer Edite a ir morar com os dois em São Paulo. Mas a mãe de Hector se recusou. Queria ficar ali mesmo, na cidade onde passou toda a vida. Não obstante, ofereceu-se para visitá-los e, acima de tudo, queria muito conhecer o netinho, o filho de Hector e Diego. Ao se despedir dos dois, Edite abraçou Diego falou:

– Cuide muito bem do meu filho. E você também, Hector – rogou, emocionada. – Tome conta deste novo filho que a vida me deu.

E beijou a face de Diego, dizendo-lhes adeus no Aeroporto Estadual de São José do Rio Preto. Profundamente aliviado, de alma lavada, Hector entrou na aeronave acompanhado do marido. Acomodou-se na poltrona, mirou o horizonte e teve um pensamento de gratidão. À frente de ambos, as páginas brancas de suas vidas, à espera de que rescrevessem a própria história. Uma nova história, cujo final dependia exclusivamente deles. Mas este final, caro leitor, ficará para um outro tempo, para um próximo minuto...

BÍBLIA de referência Thompson. Tradução Contemporânea de Almeida. São Paulo: Vida, 1995.

KARDEC, Allan. *O Evangelho segundo o espiritismo*. 1ª ed. esp. Rio de Janeiro: FEB, 2004.

____. *O livro dos espíritos*. 1ª ed. esp. Rio de Janeiro: FEB, 2005.

____. *O livro dos médiuns*. 1ª ed. esp. Rio de Janeiro: FEB, 2005.

____. *Revista espírita*. Rio de Janeiro: FEB, 2004. V. I, out 1858.

PINHEIRO, Robson. Pelo espírito Joseph Gleber. *Além da matéria*. 2ª ed. rev. Contagem: Casa dos Espíritos, 2011.

____. Pelo espírito Joseph Gleber. *Consciência*. 2ª ed. rev. Contagem: Casa dos Espíritos, 2010.

XAVIER, Francisco Cândido e VIEIRA, Waldo. Pelo espírito André Luiz. *Evolução em dois mundos*. 20ª ed. Rio de Janeiro: FEB, 2002.

XAVIER, Francisco Cândido. Pelo espírito André Luiz. *Nosso lar*. 3ª ed. esp. Rio de Janeiro: FEB, 2009.

Transcenda-se. Para o catálogo completo, acesse www.casadosespiritos.com

+ publicações

Tambores de Angola | *Coleção Segredos de Aruanda, vol. 1*
A origem histórica da umbanda e do espiritismo.
Robson Pinheiro *pelo espírito Ângelo Inácio*

Uma visita a bases das trevas e a uma agência de vinganças do umbral. O magnetismo como poderosa ferramenta para desequilibrar consciências e observará o trabalho redentor dos espíritos – índios, negros, soldados, médicos – e de médiuns que enfrentam o mal com determinação e coragem. A primeira obra espírita a mostrar a origem histórica e as diferenças entre umbanda e espiritismo, respeitosamente.

ISBN: 978-85-87781-21-5 • ROMANCE MEDIÚNICO • 1998 • 256 PÁGS. • BROCHURA • 14 X 21CM

Aruanda | *Coleção Segredos de Aruanda, vol. 2*
Um romance espírita sobre pais-velhos, elementais e caboclos
Robson Pinheiro *pelo espírito Ângelo Inácio*

Por que as figuras do negro e do indígena – pretos-velhos e caboclos –, tão presentes na história brasileira, incitam controvérsia no meio espírita e espiritualista? Compreenda os acontecimentos que deram origem à umbanda, sob a ótica espírita. Conheça a jornada de espíritos superiores para mostrar, acima de tudo, que há uma só bandeira: a do amor e da fraternidade.

ISBN: 978-85-99818-11-4 • ROMANCE MEDIÚNICO • 2004 • 245 PÁGS. • BROCHURA • 16 X 23CM

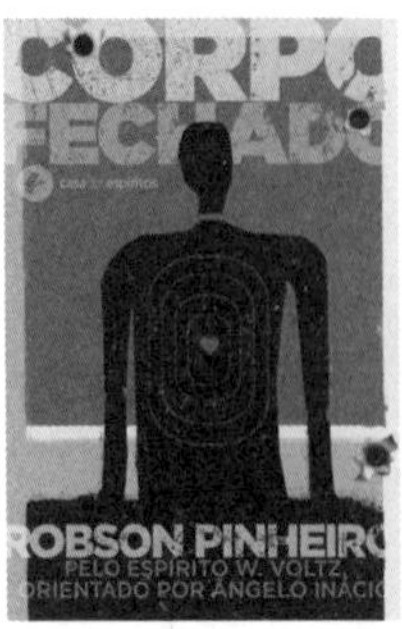

Corpo fechado | *Coleção Segredos de Aruanda, vol. 3*
Robson Pinheiro *pelos espíritos W. Voltz, Ângelo Inácio*

Reza forte, espada-de-são-jorge, mandingas e patuás. Onde está a linha divisória entre verdade e fantasia? Campos de força determinam a segurança energética. Ou será a postura íntima? Diante de tantas indagações, crenças e superstições, o espírito Pai João devassa o universo interior dos filhos que o procuram, apresentando casos que mostram incoerências na busca por proteção espiritual.

ISBN: 978-85-87781-34-5 • ROMANCE MEDIÚNICO • 2009 • 303 PÁGS. • BROCHURA • 16 X 23CM

Além da matéria

Programação neurolinguística e espiritualidade

Robson Pinheiro *pelo espírito Joseph Gleber*

Exercitar a mente, alimentar a alma. Além da matéria é uma obra que une o conhecimento espírita à ciência contemporânea. Um tratado sobre a influência dos estados energéticos em seu bem-estar, que lhe trará maior entendimento sobre sua própria saúde. Físico nuclear e médico que viveu na Alemanha, o espírito Joseph Gleber apresenta mais uma fonte de autoconhecimento e reflexão.

ISBN: 978-85-99818-13-8 • SAÚDE E MEDIUNIDADE • 2003/2011 • 320 PÁGS. • BROCHURA • 16 X 23CM

Medicina da alma

Saúde e medicina na visão espírita

Robson Pinheiro *pelo espírito Joseph Gleber*

Com a experiência de quem foi físico nuclear e médico, o espírito Joseph Gleber, desencarnado no Holocausto e hoje atuante no espiritismo brasileiro, disserta sobre a saúde segundo o paradigma holístico, enfocando o ser humano na sua integralidade. Edição revista e ampliada, totalmente em cores, com ilustrações inéditas, em comemoração aos 150 anos do espiritismo [1857-2007].

ISBN: 978-85-87781-25-3 • SAÚDE E MEDIUNIDADE • 1997 • 254 PÁGS.
CAPA DURA E EM CORES • 17 X 24CM

Consciência

Em mediunidade, você precisa saber o que está fazendo

Robson Pinheiro *pelo espírito Joseph Gleber*

Já pensou entrevistar um espírito a fim de saciar a sede de conhecimento sobre mediunidade? Nós pensamos. Mais do que saciar, Joseph Gleber instiga ao tratar de materialização, corpo mental, obsessões complexas e apometria, além de animismo – a influência da alma do médium na comunicação –, que é dos grandes tabus da atualidade.

ISBN: 978-85-99818-06-0 • SAÚDE E MEDIUNIDADE • 2007 • 288 PÁGS. • BROCHURA • 16 X 23CM

O fim da escuridão

Reurbanizações extrafísicas

Robson Pinheiro *pelo espírito Ângelo Inácio*

Os espíritos milenares que se opõem à política divina do Cordeiro – do *amai-vos uns aos outros* – enfrentam neste exato momento o fim de seu tempo na Terra. É o sinal de que o juízo se aproxima, com o desterro daquelas almas que não querem trabalhar por um mundo baseado na ética, no respeito e na fraternidade.

ISBN: 978-85-99818-21-3 • ROMANCE MEDIÚNICO • 2012 • 380 PÁGS. • BROCHURA • 16 X 23CM

Apocalipse

Uma interpretação espírita das profecias

Robson Pinheiro *pelo espírito Estêvão*

O livro profético como você nunca viu. O significado das profecias contidas no livro mais temido e incompreendido do Novo Testamento, analisado de acordo com a ótica otimista que as lentes da doutrina espírita proporcionam. O autor desconstrói as imagens atemorizantes das metáforas bíblicas e as decodifica.

ISBN: 978-85-87781-16-1 • JESUS E O EVANGELHO • 1997 • 272 PÁGS. • BROCHURA • 16 X 23CM

Crepúsculo dos deuses

Um romance histórico sobre a vinda dos habitantes de Capela para a Terra

Robson Pinheiro *pelo espírito Ângelo Inácio*

Extraterrestres em visita à Terra e a vida dos habitantes de Capela ontem e hoje. A origem dos dragões – espíritos milenares devotados ao mal –, que guarda ligação com acontecimentos que se perdem na eternidade. Um romance histórico que mistura CIA, FBI, ações terroristas e lhe coloca frente a frente com o iminente êxodo planetário: o juízo já começou.

ISBN: 978-85-99818-09-1 • ROMANCE MEDIÚNICO • 2002 • 403 PÁGS. • BROCHURA • 16 X 23CM

Legião | *Trilogia O Reino das Sombras, vol. 1*
Um olhar sobre o reino das sombras
Robson Pinheiro *pelo espírito Ângelo Inácio*

Veja de perto as atividades dos representantes das trevas, visitando as regiões subcrustais na companhia do autor espiritual. Sob o comando dos dragões, espíritos milenares e voltados para o mal, magos negros desenvolvem sua atividade febril, organizando investidas contra as obras da humanidade. Saiba como os guardiões enfrentam esses e outros personagens reais e ativos no mundo astral.

ISBN: 978-85-99818-19-0 • ROMANCE MEDIÚNICO • 2006 • 502 PÁGS. • BROCHURA • 14 X 21CM

Senhores da escuridão | *Trilogia O Reino das Sombras, vol. 2*
Robson Pinheiro *pelo espírito Ângelo Inácio*

Das profundezas extrafísicas, surge um sistema de vida que se opõe às obras da civilização e à política do Cordeiro. Cientistas das sombras querem promover o caos social e ecológico para, em meio às guerras e à poluição, criar condições de os senhores da escuridão emergirem da subcrosta e conduzirem o destino das nações. Os guardiões têm de impedi-los, mas não sem antes investigar sua estratégia.

ISBN: 978-85-87781-31-4 • AUTOCONHECIMENTO • 2008 • 676 PÁGS. • BROCHURA • 14 X 21CM

A marca da besta | *Trilogia O Reino das Sombras, vol. 3*
Robson Pinheiro *pelo espírito Ângelo Inácio*

Se você tem coragem, olhe ao redor: chegaram os tempos do fim. Não o famigerado fim do mundo, mas o fim de um tempo – para os dragões, para o império da maldade. E o início de outro, para construir a fraternidade e a ética.
Um romance, um testemunho de fé, que revela a força dos guardiões, emissários do Cordeiro que detêm a propagação do mal. Quer se juntar a esse exército? A batalha já começou.

ISBN: 978-85-99818-08-4 • ROMANCE MEDIÚNICO • 2010 • 640 PÁGS. • BROCHURA • 14 X 21CM

SUPERANDO OS DESAFIOS ÍNTIMOS
A NECESSIDADE DE TRANSFORMAÇÃO INTERIOR
ROBSON PINHEIRO *pelo espírito Alex Zarthú*

No corre-corre das cidades, a angústia e a ansiedade tornaram-se tão comuns que parecem normais, como se fossem parte da vida humana na era da informação; quem sabe um preço a pagar pelas comodidades que os antigos não tinham? A serenidade e o equilíbrio das emoções são artigos de luxo, que pertencem ao passado. Essa é a realidade que temos de engolir? É hora de superar desafios íntimos.

ISBN: 978-85-87781-24-6 • AUTOCONHECIMENTO • 2000 • 200 PÁGS. • BROCHURA COM SOBRECAPA EM PAPEL VEGETAL COLORIDO • 14 X 21CM

PELAS RUAS DE CALCUTÁ
ROBSON PINHEIRO *pelo espírito Teresa de Calcutá*

"Não são palavras delicadas nem, tampouco, a repetição daquilo que você deseja ouvir. Falo para incomodar". E é assim, presumindo inteligência no leitor, mas também acomodação, que Teresa retoma o jeito contundente e controvertido e não poupa a prática cristã de ninguém, nem a dela. Duvido que você possa terminar a leitura de *Pelas ruas de Calcutá* e permanecer o mesmo.

ISBN: 978-85-99818-23-7 • AUTOCONHECIMENTO • 2012 • 368 PÁGS. • BROCHURA • 16 X 23CM

MULHERES DO EVANGELHO
E OUTROS PERSONAGENS TRANSFORMADOS PELO ENCONTRO COM JESUS
ROBSON PINHEIRO *pelo espírito Estêvão*

A saga daqueles que tiveram suas vidas transformadas pelo encontro com Jesus, contadas por quem viveu na Judeia dos tempos do Mestre. O espírito Estêvão revela detalhes de diversas histórias do Evangelho, narrando o antes, o depois e o que mais o texto bíblico omitiu a respeito da vida de personagens que cruzaram os caminhos do Rabi da Galileia.

ISBN: 978-85-87781-17-8 • JESUS E O EVANGELHO • 2005 • 208 PÁGS. • BROCHURA • 14 X 21CM

Encontro com a vida
Uma jovem. Muitas vidas. Um encontro
Robson Pinheiro *pelo espírito Ângelo Inácio*

Uma história de fé: na vida, na força de recomeçar, no poder que a oração sentida tem de ultrapassar barreiras religiosas ou de qualquer natureza. Conheça Joana Gomides, que emerge das drogas com a ajuda dos espíritos e o fervor sincero de sua mãe numa igreja evangélica.

ISBN: 978-85-87781-20-8 • ROMANCE MEDIÚNICO • 2001 • 278 PÁGS. • BROCHURA • 14 X 21CM

Canção da esperança
Diário de um jovem que viveu com aids
Robson Pinheiro *pelo espírito Franklim*

O depoimento de um jovem que viveu com aids e suas descobertas ao chegar ao plano espiritual. A visita à Crosta e a atuação junto aos encarnados, inclusive num caso de implante de larvas astrais no corpo espiritual. Uma narrativa cheia de otimismo, que ajudará você a encontrar mais sentido na vida. Prefácio pelas mãos de Chico Xavier.

ISBN: 978-85-87781-03-1 • ROMANCE MEDIÚNICO • 1995/2002 • 230 PÁGS. • BROCHURA • 14 X 21CM

Sob a luz do luar
Uma mãe numa jornada pelo mundo espiritual
Robson Pinheiro *pelo espírito de sua mãe Everilda Batista*

Um clássico reeditado, agora em nova edição revista. Assim como a Lua, Everilda Batista ilumina as noites em ajuda às almas necessitadas e em desalento. Participando de caravanas espirituais de auxílio, mostra que o aprendizado é contínuo, mesmo depois desta vida. Ensina que amar e servir são, em si, as maiores recompensas da alma. E que isso é a verdadeira evolução.

ISBN: 978-85-87781-35-2 • ROMANCE MEDIÚNICO • 1998 • 264 PÁGS. • BROCHURA • 14 X 21CM

Negro

Robson Pinheiro *pelo espírito Pai João de Aruanda*

A mesma palavra para duas realidades diferentes. Negro. De um lado, a escuridão, a negação da luz e até o estigma racial. De outro, o gingado, o saber de um povo, a riqueza de uma cultura e a história de uma gente. Em Pai João, a sabedoria é negra, porque nascida do cativeiro; a alma é negra, porque humana – mistura de bem e mal. As palavras e as lições de um negro-velho, em branco e preto.

ISBN: 978-85-99818-14-5 • AUTOCONHECIMENTO • 2011 • 256 PÁGS. • CAPA DURA • 16 X 23CM

Sabedoria de preto-velho

Reflexões para a libertação da consciência

Robson Pinheiro *pelo espírito Pai João de Aruanda*

Ainda se escutam os tambores ecoando em sua alma; ainda se notam as marcas das correntes em seus punhos. Sinais de sabedoria de quem soube aproveitar as lições do cativeiro e elevar-se nas asas da fé e da esperança. Pensamentos, estórias, cantigas e conselhos na palavra simples de um pai-velho. Experimente sabedoria, experimente Pai João de Aruanda.

ISBN: 978-85-99818-05-3 • AUTOCONHECIMENTO • 2003 • 187 PÁGS. • BROCHURA COM ACABAMENTO EM ACETATO • 16 X 23CM

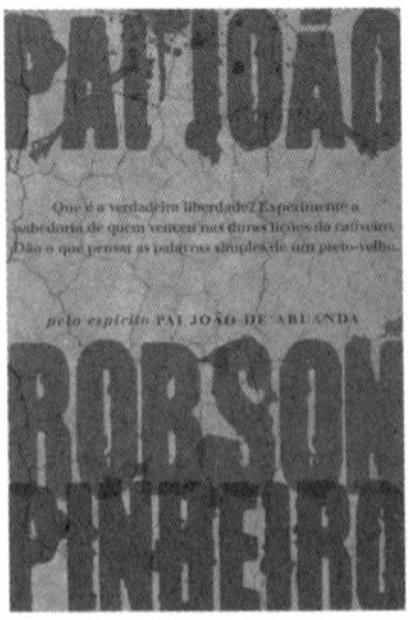

Pai João

Libertação do cativeiro da alma

Robson Pinheiro *pelo espírito Pai João de Aruanda*

Estamos preparados para abraçar o diferente? Qual a sua disposição real para escolher a companhia daquele que não comunga os mesmos ideais que você e com ele desenvolver uma relação proveitosa e pacífica? Se sente a necessidade de empreender tais mudanças, matricule-se na escola de Pai João. E venha aprender a verdadeira fraternidade. Dão o que pensar as palavras simples de um preto-velho.

ISBN: 978-85-87781-37-6 • AUTOCONHECIMENTO • 2005 • 256 PÁGS. • BROCHURA COM CAIXA • 16 X 23CM

Você com você

Marcos Leão *pelo espírito Calunga*

Palavras dinâmicas, que orientam sem pressionar, que incitam à mudança sem engessar nem condenar, que iluminam sem cegar. Deixam o gosto de uma boa conversa entre amigos, um bate-papo recheado de humor e cheiro de coisa nova no ar. Calunga é sinônimo de irreverência, originalidade e descontração.

ISBN: 978-85-99818-20-6 • AUTOAJUDA • 2011 • 176 PÁGS. • CAPA FLEXÍVEL • 16 X 23CM

Mudando para melhor

Programação neurolinguística e espiritualidade

Kau Mascarenhas

Que ferramentas utilizar para promover o autodescobrimento e o desenvolvimento espiritual? Como aprender a mudar sem traumas, tirando proveito do dinamismo inerente à vida? A programação neurolinguística – PNL – é poderoso instrumento para o autoconhecimento e a transformação. Traz práticas, ilustrações, metáforas e poesias do autor, que ministra formações em PNL desde o ano 2000.

ISBN: 978-85-99818-01-5 • AUTOAJUDA • 2006 • 204 PÁGS. • BROCHURA • 16 X 23CM

Faz parte do meu show

A trajetória de um artista em busca de si mesmo

Robson Pinheiro *orientado pelo espírito Ângelo Inácio*

Um livro que fala de coragem, de arte, de música da alma, da alma do rock e do rock das almas. Deixe-se encantar por quem encantou multidões. Rebeldia somada a sexo, drogas e muito *rock'n'roll* identificam as pegadas de um artista que curtiu a vida do seu jeito: como podia e como sabia. Orientado pelo autor de *A marca da besta*.

ISBN: 978-85-99818-07-7 • ROMANCE MEDIÚNICO • 2004 • 181 PÁGS. • BROCHURA • 14 X 21CM

Magos negros
Magia e feitiçaria sob a ótica espírita
Robson Pinheiro *pelo espírito Pai João de Aruanda*

O Evangelho conta que Jesus amaldiçoou uma figueira, que dias depois secou até a raiz. Por qual razão a personificação do amor teria feito isso? Você acredita em feitiçaria? – eis a pergunta comum. Mas será a pergunta certa? Pai João de Aruanda, pai-velho, ex-escravo e líder de terreiro, desvenda os mistérios da feitiçaria e da magia negra, do ponto de vista espírita.

ISBN: 978-85-99818-10-7 • AUTOCONHECIMENTO • 2011 • 394 PÁGS. • CAPA DURA • 16 X 23CM

Energia
Novas dimensões da bioenergética humana
Robson Pinheiro *sob orientação dos espíritos Joseph Gleber e André Luiz*

Numa linguagem clara e direta, o médium Robson Pinheiro faz uso de sua experiência de mais de 25 anos como terapeuta holístico para ampliar a visão acerca da saúde plena, necessariamente associada ao conhecimento da realidade energética. Anexo com exercícios práticos de revitalização energética, ilustrados passo a passo.

ISBN: 978-85-99818-02-2 • SAÚDE E MEDIUNIDADE • 2008 • 238 PÁGS. • BROCHURA • 16 X 23CM

Trilogia O reino das sombras | *Edição definitiva*
Robson Pinheiro *pelo espírito Ângelo Inácio*

As sombras exercem certo fascínio, retratado no universo da ficção pela beleza e juventude eterna dos vampiros, por exemplo. Mas e na vida real? Conheça a saga dos guardiões, agentes da justiça que representam a administração planetária. Edição de luxo acondicionada em lata especial. Acompanha entrevista com Robson Pinheiro, em CD inédito, sobre a trilogia que já vendeu 200 mil exemplares.

ISBN: 978-85-99818-15-2 • ROMANCE MEDIÚNICO • 2011 • LATA COM *LEGIÃO, SENHORES DA ESCURIDÃO, A MARCA DA BESTA* E CD CONTENDO ENTREVISTA COM O AUTOR • 16 X 23CM

A força eterna do amor
Robson Pinheiro *pelo espírito Teresa de Calcutá*

"O senhor não daria banho em um leproso nem por um milhão de dólares? Eu também não. Só por amor se pode dar banho em um leproso." Cidadã do mundo, grande missionária, Nobel da Paz, figura inspiradora e controvertida. Desconcertante, veraz, emocionante: esta é Teresa. Se você a conhece, vai gostar de saber o que pensa; se ainda não, prepare-se, pois vai se apaixonar. Pela vida.

ISBN: 978-85-87781-38-3 • AUTOCONHECIMENTO • 2009 • 318 PÁGS. • BROCHURA • 16 X 23CM

Os espíritos em minha vida
Robson Pinheiro, *editado por Leonardo Möller*

Relacionar-se com os espíritos. Isso é mediunidade, muito mais do que simples fenômenos. A trajetória de um médium e sua sintonia com os Imortais. As histórias, as experiências e os espíritos na vida de Robson Pinheiro. Inclui CD: os espíritos falam na voz de Robson Pinheiro: Joseph Gleber, José Grosso, Palminha, Pai João de Aruanda, Zezinho e Exu Veludo.

ISBN: 978-85-87781-32-1 • MEMÓRIAS • 2008 • 380 PÁGS. • BROCHURA • 16 X 23CM

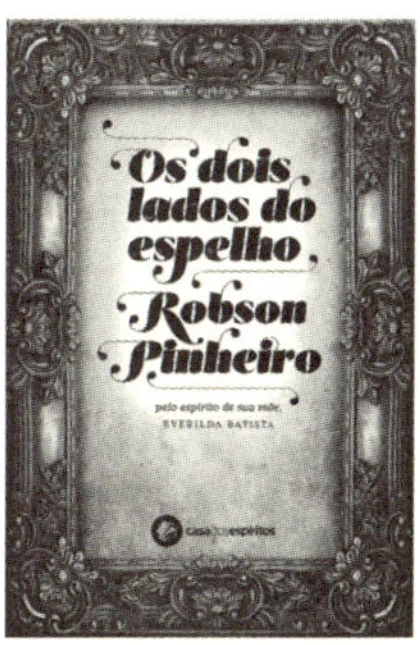

Os dois lados do espelho
Robson Pinheiro, *editado por Leonardo Möller*

Às vezes, o contrário pode ser certo. Questione, duvide, reflita. Amplie a visão sobre a vida e sobre sua evolução espiritual. Aceite enganos, trabalhe fraquezas. Não desvie o olhar de si mesmo. Descubra seu verdadeiro reflexo, dos dois lados do espelho. Everilda Batista, pelas mãos de seu filho Robson Pinheiro. Lições da mãe e da mulher, do espírito e da serva do Senhor. Uma amiga, uma professora nos dá as mãos e nos convida a pensar.

ISBN: 978-85-99818-22-0 • AUTOCONHECIMENTO • 2004/2012 • 208 PÁGS. • BROCHURA • 16 X 23CM

Responsabilidade Social

A Casa dos Espíritos nasceu, na verdade, como um braço da Sociedade Espírita Everilda Batista, instituição beneficente situada em Contagem, MG. Alicerçada nos fundamentos da doutrina espírita, expostos nos livros de Allan Kardec, a Casa de Everilda sempre teve seu foco na divulgação das idéias espíritas, apresentando-as como caminho para libertar a consciência e promover o ser humano. Romper preconceitos e tabus, renovando e transformando a visão da vida: eis a missão que a cumpre com cursos de estudo do espiritismo, palestras, tratamentos espirituais e diversas atividades, todas gratuitas e voltadas para o amparo da comunidade. Eis também os princípios que definem a linha editorial da Casa dos Espíritos. É por isso que, para nós, responsabilidade social não é uma iniciativa isolada, mas um compromisso crucial, que está no DNA da empresa. Hoje, ambas instituições integram, juntamente com a Clínica Holística Joseph Gleber e a Aruanda de Pai João, o projeto denominado Universidade do Espírito de Minas Gerais — UniSpiritus —, voltado para a educação em bases espirituais *[www.everildabatista.org.br]*.

Faça seu cadastro

Faça seu cadastro e fique por dentro da Casa dos Espíritos. Você será informado sobre últimos lançamentos, promoções e eventos da Editora, acompanhará a agenda dos autores e muito mais.

Basta preencher este formulário e enviá-lo por fax ou correio. Se preferir, acesse www.casadosespiritos.com.br e cadastre-se em nosso site ou mande um e-mail para editora@casadosespiritos.com.br.

Aproveite este espaço para sugerir, dar toques e apontar caminhos. Vale até reclamar – ou fazer um elogio! Sua contribuição será ouvida com a atenção que merece.

Nome ____

Logradouro ________________________ nº ______ compl.: ______

Bairro ____________________ Cidade ____________________

Estado __________ CEP ____________ País ____________

Tel. ( ) ____________________ Nascimento ____/____/____

E-mail ____

casadosespíritos

Qual livro você acabou de ler?

____

____

E qual avaliação faz dele?

☐ Excelente ☐ Muito bom ☐ Bom ☐ Regular ☐ Ruim

Por quê?

____

____

Você é espírita? ☐ Sim ☐ Não

Frequenta alguma instituição? ☐ Sim ☐ Não

Se quiser cadastrá-la, anote aqui os dados da instituição:

Nome____________________________________

Logradouro________________ nº_____ compl.:__________

Bairro____________________ Cidade______________

Estado_______ CEP______________ País____________

Tel. ( )___________________________________

E-mail____________________________________

Se quiser fazer mais comentários,
escreva-nos: editora@casadosespiritos.com.br

casadosespíritos

Rua Floriano Peixoto, 438 | Contagem | MG | 32140-580 | Brasil
Tel./Fax (31) 3304 8300 | editora@casadosespiritos.com.br
www.casadosespiritos.com.br